贺雄飞 著

信仰与危机

犹太思想和中国问题

思想者书系

贺雄飞 主编

華龄出版社

责任编辑：李成志

责任印制：李浩玉

图书在版编目（CIP）数据

信仰与危机／贺雄飞著．—北京：华龄出版社，2009.12

ISBN 978-7-80178-694-4

Ⅰ.信…　Ⅱ.贺…　Ⅲ.西方文化—研究　Ⅳ.G15

中国版本图书馆 CIP 数据核字（2009）第 209575 号

书　　名：信仰与危机

作　　者：贺雄飞

出版发行：华龄出版社

印　　刷：北京温林源印刷有限公司

版　　次：2010年1月第1版　2010年1月第1次印刷

开　　本：720×1030　1/16　　**印张**：15

字　　数：175千字　　**印数**：1～8000册

定　　价：25.00元

地　　址：北京市西城区鼓楼西大街41号　　**邮　　编**：100009

电　　话：(010) 84044445　　**传　　真**：84039173

编者的话

2008 年，全球陷入到了一场巨大的经济危机之中。这场经济危机几乎波及到了世界的各个角落，超越了意识形态、政治制度、社会发展模式乃至宗教。给整个地球轰轰烈烈的现代化运动，敲响了警钟。

随着危机的到来和危害的不断体现，全世界范围内不约而同地对西方发达国家所实行的经济金融体制提出了质疑和反思，并逐渐形成共识。以美元为核算单位的世界金融体制以及美国长期以来所积极标榜的信用体制遭受到了强烈的抨击。正如历史一贯的发展一样，旧体制的破灭，孕育着新体制的诞生。多元化的发展成为人们思考的焦点问题。

新的世界经济发展模式在阵痛中开始孕育。

从理论上讲，经济现象是社会整体的集中反映。遗憾的是，过去的一年多以来，各国精英们在探讨经济危机的解决办法时，始终将自己的研究目光集中在经济领域，而没有更深刻地解剖造成这种经济混乱的更深层次原因，没有充分意识到，没有认真地对经济活动背后潜藏着的文化精神所带来的巨大影响进行深刻的剖析。

某种意义上，经济发展的全面危机，正是文化发展矛盾交错的结果。在这样的历史关头，寻求解决问题的办法，不仅仅是经济学家们的使命，也是所有有良知的知识分子们的使命，更是文化的使命。

基于上述原因，我们编辑出版了《老不死的传统》、《人类的自我毁灭》、《信仰与危机》这三本书，试图从不同区域文化发展的探索与反思中，对世界现代化发展的走向，做更广泛、更全面的探讨。

毋庸置疑，中国传统文化、欧洲文化以及犹太民族文化是当今世界极为活跃的三种区域性文化。中国是世界上人口最多的国家，也是历史文化传统最悠久的国家之一，更是 20 世纪末和 21 世纪初在经济领域发展最快的国家之一。在某种意义上，中国文化的传播与中国经济的发展，代表了世界未来的走向之一；欧洲文化曾经在过去的几个世纪中始终占据着世界发展的主导地位，在此次经济危机过程中，以欧洲文化为主体的发展模式，理当承担起重要的责任；犹太民族文化不是以地域划分的，其之所以对世界经济和文化有着重要意义，是因为它的宗教传统和价值观念，更因为在这个民族文化的熏陶下，产生过众多的杰出人物，在过去100年中以其最独特的方式影响着世界发展的进程。将对这三种文化的讨论放在一起，将三种在世界发展中居于最活跃地位的文化放在一起进行比较，目的就是使读者可以更清楚地对影响当今世界发展的文化因素，有更深刻的了解，并在比较的过程中，形成更有价值的结论。

在《老不死的传统》一书中，作者黎鸣秉承一贯的学术风格，以其犀利的语言，对中国传统文化中阻碍现代化发展的种种方面进行了剖析。作者并不是要全面否定中国的传统文化，而是试图在中西方近现代化发展比较研究的基础上，对中国传统文化进行扬弃，从而找出一条适合未来发展的道路。

而王文元先生的《人类的自我毁灭》，则将自己的研究目光投向了100多年以来，在西方甚嚣尘上的实用主义、工具主义以及科学主义哲学，特别是对“科学至上”的思潮进行了批判，试图以中国传统文化中的优秀部分为基础，重建对科学的价值评定标准，从而得出科学带来的技术发展不应当成为人类未来追求目标的结论。

《信仰与危机》重点探讨了犹太民族的宗教和文化信仰。作者贺雄飞先生，多年以来一直致力于挖掘犹太文化中对中国现代化发展有所裨益的成分。值得注意的是，此次世界经济危机的始作俑者美国，在过去的几十年中，其经济和文化外交政策，深受犹太文化的影响。基辛格、索罗斯、格林斯潘等长期活跃于美国社会的知名人士都是犹太人，他们的宗教信仰、价值观念以及人生理想，无疑在过去的几十年中甚至包括现在，对美国社会产生了并继续产生着极大而深刻的影响。

上述三位学者，从不同的角度对文化影响社会的方式等进行了富有哲学意义的探讨：中国的现代化，在当今世界的形势下，应当如何选择一条最终适合自己的发展道路。

为了使读者能够更清晰地在阅读过程中，感受到作者思想脉络的跳动，我们尽量尊重作者思想的完整性，力图将一个个鲜活的思想呈现给读者。

我们和读者一起期待着中国和世界未来的共同发展。

目　录

第一章　信仰战胜苦难

一神论，是犹太教不同于其他宗教的重要特征，所以我们看到了这样的箴言："凡摒弃偶像崇拜者，均被视为犹太人。"

——《大众塔木德》

人与上帝截然不同的特点是，人不能同时说出两件事，而神圣的上帝却能同时说出十诫；人不能同时倾听两种呼唤，而神圣的上帝却能同时倾听全世界人的呼唤。

——《大众塔木德》

人首先是以个体被创造出来的，这样做是要教导人们无论谁毁灭了一条生命，上帝便视其为毁掉了整个世界；无论谁拯救了一条生命，上帝便视其为拯救了整个世界。因此，对人类的冒犯就是对上帝的冒犯。

——《塔木德》

上帝创造的人类具有四种天使的品质，又具有四种低等动物的特点。

跟动物一样，人要吃、喝、生育、死亡。

跟天使一样，人能直立行走，会说话，思考（理解）和见识（从物体的侧面和正面）。

——《塔木德》

人类生命的意义是什么？或者联系到这个问题来说，任何生物的生命的意义是什么？要知道这个问题的答案，就意味着要有宗教信仰。……凡是以为他自己的生命和人类的生命是无意义的人，他不仅是不幸的很，而且也难以适应生活。

——爱因斯坦《人生的意义》

一、决定命运的选择

希伯来宗教，又称犹太教或摩西教，是人类最早的系统的一神教，对基督教和伊斯兰教的产生和发展，都发生过极为重要的影响。

希伯来一神教是随着该民族的社会生产力和人们抽象思维能力的发展，逐渐从原始宗教发展而来的。一神教的产生是人类宗教史上的一次巨大进步和质的飞跃。从此，宗教不再是一种仅仅屈服于自然压力的神秘反映，而是一种具有系统神学观念的超验力量，不仅推动了人类的发展，而且奠定了人类绝对道德和伦理的基础。①

希伯来一神教的滥觞可追溯到传说中的氏族始祖亚伯拉罕。他认为宇宙间定有一个冥冥中的主宰，从而产生一种信仰主神的朦胧思想。②但一神教的真正诞生时间大约在公元前13世纪的摩西时代，这是犹太民族决定命运的选择。

在摩西时代，当地人通常在高地山冈、青翠树下敬拜自己的神。此外，他们还用金属或泥石制造大量偶像，用来代表神，进行敬拜。在近现代的考古发掘中，发现有雕刻绘画神像的纪念碑及大量小型金属神像，其中最多见的是巴力神像，这些神像通常用金箔或银箔裹着，一般用黄铜或青铜制成。另外还发现一大批用陶土制成的代表生殖女神的神像模板。最后，众神的行为全然缺乏伦理道德的制约。在当地广为流布的神话传说中，伊力神给人的强烈印象是嗜杀成性，他不仅杀死独生的爱子，将之当做祭牲向天献祭，还砍掉自己女儿的头。据出土的史书记载，伊力神还犯有不轨行为，他诱奸了两个女人，等她们生下二子，并分别取名为清晨与黄昏之后，便将她们放逐于旷野之中。神性与道德的疏离，对社会伦理往往带来负面影响。迦南地方宗教对性欲作用的过分强调，往

① 参见《希伯来文化》，朱维之主编，浙江人民出版社1996年1月版，第71页。

② 据约瑟夫斯《犹太古史》记载，在亚伯拉罕99岁那年，了解到埃及人“对于神所持的观念”后，某一天突然当众宣称，上帝已向他呈现，并和他立约。

往导致一些污秽和卑劣的后果，也反映出当地民众对神的崇拜还建立在祈求满足欲求的功利基础上。[①]

多神崇拜和偶像崇拜的斗争，是摩西引导犹太人出埃及的主要障碍。按《圣经》的说法，当摩西在西奈山与上帝立约时，因他四十昼夜未下山，山下以亚伦为首的希伯来人就铸造了金牛犊，并向它跪拜。摩西下山后，怒摔法板，命利未人处死那些判教者（《出埃及记》32：27)。希伯来人占领摩押、米甸后，又崇拜当地神祇，不少希伯来人在外族女子的引诱下背弃亚卫，改拜她们的巴力神（《民数记》25)。因此，摩西颁布“十诫”强调上帝的惟一性，既防止了犹太人被外族同化，又增加了犹太人战胜苦难的信心，确实是决定犹太民族命运的选择。[②]出埃及后的犹太人，长期流浪在旷野上，过着半兵半民的生活，犹太教赋予他们一种强烈的热情和使命感，尤其是需要一种内在的伦理气质与氛围。确立了犹太人绝对的道德信仰。

从此以后，犹太人便成了上帝的选民，上帝不仅是他们心中惟一的真神，而且他还不宽容犹太人对虚假神祇的错误崇拜。犹太系宗教的皈依者们认为，“除了上帝以外，不存在别的神”的断言蕴含了《圣经》中“除了我以外，你不可能有别的神”（《出埃及记》20：3）的戒律；并且，他们相信，上帝对虚假神祇的感受，为上帝的“选民”自信可以对异教徒形式的感受规定了标准。[③]这样，在犹太系社会里，人性先天的自我中心是为不仅全能而且无所不知的公正无私之上帝的恩惠所赐。这种对自我中心的大规模宣扬是一种罪恶，它源自于这样的信仰：存在着一种“选民”，我和我的同胞就是选民。这种罪恶不能通过要求选民履行所赋有的崇高质朴的使命——如同先知们曾经做的那样——来消除。他们可能会接受严苛的教义，对他们的要求并不是享受惟一的权利、财富和光荣，而是

---

① 参见《神性与人性——上帝观的早期演进》，翁绍军著，上海人民出版社 1999 年 4 月版，第 64 页。

② 弗洛伊德指出：“摩西不厌其烦地以出埃及作为上帝恩宠犹太人的证明”，“他确定了犹太人是上帝的选民，增强了他们的自信心”。

③ 引自《一个历史学家的宗教观》，［英］汤因比著，晏可佳等译，四川人民出版社 1998 年 2 月版，第 21 页。

为了实现上帝的目的承担独一无二的重负，忍受绝无仅有的苦难。[①]

在犹太人五千多年的历史中，犹太教通过信奉独一无二的上帝，获取了前后一致和普遍适用的行为规范，从而使上帝成为人类惟一最高的伦理意志。犹太教的全部道德教诲，以在人类关系中奉行公义和怜悯为基础，由所有犹太人对上帝负责，既要努力尊奉诫命以提高现世生活的道德水准，又要尽其所能按照宗教理想去改善人类社会。因此，有人宣称，整个犹太教实际是个道德体系。[②]也正是由于上帝统一信仰的力量，使所有的犹太人都成为一个整体。上帝把他们从奴役中解放出来，赐予他们一整套律法《托拉》，并命令他们按他所昭示的道德法则生活。依照这些道德标准和律法（包括一系列饮食规则），犹太人在与上帝的契约中找到了完善自己的源泉。因此，对于犹太人来说，律法并不是一个负担，而是上帝赐予的恩典。[③]

汉斯 · 昆指出："这种对一个上帝的信仰本身不必定就代表任何精神的褊狭。相反，它提供了巨大的自由，因为它把世上所有如此轻易地奴役人们的其他力量和权力都作为相对物看待。通过将自己连结于一个真正的上帝，人类因此得以真正摆脱所有相对的事物；相对物不再能成为他们的一个偶像。如此严格的、有生命的、多情的、不妥协的对上帝的信仰，它是并依然是以色列人的标志，并且同时是它对其他民族的赠礼——并且它不会被充分赞扬——这应当被看做是以希伯来《圣经》中普遍的人的视域为背景的。这里我们趋近了以色列人信仰的中心。这对不断重新发现犹太教中的同一性和一致性的形成是有根本意义的。"[④]

① 参见《旧约及其环境》G · E. 赖特著，1950 年伦敦版；《圣经的选举教义》，H · 罗利著，1950 年伦敦版。

② 参见《犹太教伦理》，周燮藩著，载于《犹太研究》（2003），第 1 页。

③《伦理学与现实生活》一书，[美] R · T. 诺兰等著，姚新中等译，华夏出版社 1988 年 4 月版，第 50 页。

④《犹太教》，汉斯 · 昆著，1992 年伦敦版，第 35 页。

二、犹太教的本质：反对偶像崇拜

在犹太教中，所有信仰都是人与上帝之间关系的信仰。人的生命将面对两个世界：一个是现世的世界，另一个则是永恒的赎罪悔过的世界。生命既是世俗的寄存，又指向超越并将人从世俗的存在中解放出来。它是一种有限的、既定的事实，又是具有走向无限的使命。宗教通过生活被证明，生活为宗教所充盈。宗教信仰不在生活的日常行为中得到确证就没有虔诚。同样，也只有在宗教诫律被忠实地践履的地方，才有合法有效的日常行为。①

从犹太先知开始，犹太教的目标就不是要描述或者界定神与人的本质。先知们的愿望是想通过自己的思想表明，犹太教关心的是这样一些问题：上帝对人意味着什么，以及人应该如何面对上帝。利奥·拜克赋予上帝观念以极其强烈的伦理色彩。人不是在神性的生活中，而是在人的现实生活中，感受到上帝的存在。人也只有在上帝的现实性中才能找到自己善良本性的现实性。上帝并不神秘，上帝通过在世的各种存在寻找着我们，在显现中教诲我们，通过劝慰将爱洒向我们。上帝医治我们的良心伤痛，开发我们内在的本质规定，通过对话与沟通克服我们现世的苦难、罪和局限性，使我们获得无比坚定的生活态度，避免使我们的生活前提陷入致命的冲突。拜克说：

> 对犹太教来说，宗教并不仅仅在于承认上帝的存在。只有当我们知道我们的生活与某种永恒事物密切相关，我们感觉到我们与上帝紧密相联并且感到上帝是我们的上帝时，我们才拥有了宗教。正像谚语所说的那样，如果我们爱上帝，如果通过上帝能发现我们的真诚与谦恭、勇敢与平和，如果我们将我们内在的存在向上帝的启示和训诫敞开，上帝就

① 《犹太教的本质·译者序》，［德］利奥·拜克著，傅永军等译，山东大学出版社 2002 年 2 月版，第 12 页～第 13 页。

是我们的上帝。[①]

由此可见，信仰惟一的上帝，人清楚地发现了自己心灵的价值、同类的价值和人类整体的价值，并勇敢地承担起自己的责任。“我们要圣洁，因为我们的神耶和华是圣洁的。这是人对上帝的责任。对于我们的邻居，我们也负有同样的责任：我们必须知道‘他的心’，我们要尊奉他的上帝形象，他与我们同住，我们必须爱他，因为他喜欢我们。最后，是我们以上帝的名义承担对人类的责任：我们是在世的上帝的见证，秉承他的名为将世界再造为上帝的王国铺平道路。”[②]因此，对上帝的信仰不是一种心存疑虑或者绝望的期待，不是听天由命的疲惫的期待，而是一种充满希望的期待，一种忠实履行义务与责任后心灵得到的褒奖。真信仰者面对上帝，就应该对上帝负责，而遵循善行就是信仰真纯的证明，是每个信仰者必须承担的生命责任。犹太伦理一神教由此严肃地提出了人应该承担自己责任的意义。这种伦理性决定了犹太教特别重视个人的内省、自新和精神上的自我净化。只有如此，犹太人才能从容面对永恒，其心灵可以真切聆听到上帝的召唤，浸透于为无限所簇拥的至上境界。“正是为了这惟一的神，那创造和支配的惟一的神，犹太教的殉道者不惜牺牲生命；正是为了这个上帝，成千上万的人，作为真理的见证者，抛家舍业，摈其所有，从堕落宗教的迫害中拯救自己。在对上帝的信仰中，犹太教的历史获得了意义，它的史诗般的意义。谁在那惟一的、仅有的神那里找到自己存在的根基与目的，谁就体验到了犹太教。他也就是一个真正的犹太人。”[③]

犹太教的伦理一神性，最大的特点是，要求人过一种神圣的生活，并不意味着统一所有人的信念，依照上帝形象创造出来的人们在信念上的差异太大了，形神各异，气象万千。而且，本身上帝的特性和内涵很丰富，至少可以归结为如下几个方面：

---

① Leo Baeck, *The Essence of Judaism*, 97.

② Leo Baeck, *The Essence of Judaism*, 88.

③ Leo Baeck, *The Essence of Judaism*, 148～149.

1．超验性：上帝不是自然的一部分，而是超越宇宙而存在，是一种最高的超自然的精神实体，是无形的、不可见、不可摸、无法描述的；

2．永恒性：上帝自有永有，不受任何物质形式、存在形式和表现形式的约束；

3．全能性：上帝是无所不在、无所不知、无所不能；上帝是造物主，创造并主宰宇宙的一切；

4．公正性：上帝是立法者和执法者，不仅创造了宇宙（自然）法则，而且制定了人类的道德律法，并负责执行。在执法中，上帝以公正对待所有人；

5．仁慈性：上帝是仁慈的牧者，通过一切途径关怀人、帮助人、引导人。

犹太人的一神思想是彻底的，它通过承认上帝的上述本质和特征否定所有其他神祇的神圣性，从而达到上帝的惟一性、绝对性和终极性。一神思想博大精深，内涵和外延都十分丰富，始终贯穿了犹太人的宗教体系，为犹太人所坚持、固守和信仰。[①]事实证明，在这一思想提出后的3000多年中，它对世界的影响是巨大的。这些影响主要体现在以下几个方面：

1．统一宇宙观：由于承认神的造物主地位，即承认整个宇宙是一个统一、有序而和谐的世界，从而人类可以认识和发现自然规律，万事万物是一个相互关联的整体；

2．对时间的全新认识：在一神思想的观照下，时间不再是“无始无终”和轮回的，而是单向和不可逆转的，是一种线性直进的历史过程，并且变化和不断更新；所以才产生了今世的观念；

3．对人和生命的重视：因为每个人都是按照上帝的形象造出来的，所以人人生而平等，他们被造物主赋予某些不可让渡的权利，其中包括生存权、自由权和追求幸福的权利；[②]

---

① 《犹太文化史》，徐新著，南京大学犹太文化研究所，第63页。

② 有谁能够说，倘若没有犹太人提出的一神思想以及所包含的“人人生而平等”的思想，《独立宣言》的起草人杰斐逊会以此思想作为美国人争取独立的依据？

4. 确立评判善恶和伦理道德的统一标准：正是在犹太人一神论的基础上，《摩西十诫》列出的“要孝敬父母；不可谋杀；不可奸淫；不可偷盗；不可作假证陷害人；不可贪别人的妻子与财产”等戒律才成为人类伦理道德的根基，任何人都应当无条件遵守。

此外，契约观、末世论，以及律法思想，也成为犹太教的基本组成部分。但是，按照《塔木德》的观点，犹太教最本质的精神特征是：反对偶像崇拜。[①]在哈德良皇帝的暴虐统治期间，一个权威委员会将犹太教的基本教义减为以下三条：反对偶像崇拜，不淫荡以及不伤害人的性命。[②]在犹太教中，有四种罪恶是穷凶极恶的滔天大罪：偶像崇拜、淫荡、杀人和诽谤。据说在2世纪哈德良对犹太人迫害时期，罗马的暴政以死刑相威胁来限制宗教活动的自由。拉比们为此专门召开了一个会议来研究处于迫害之下的犹太人应如何履行自己的宗教责任。得出的结论是：“就《托拉》中所提到的禁律而言，如果一个人被告知说：‘你要去触犯，否则就杀死你。’他可以去触犯而保全性命，但偶像崇拜、淫荡和杀人不在此例。”意思是说，人宁死也不得犯这些罪。后来，在这三大罪状之后又加上了第四大罪状——诽谤罪。但最大的罪还属偶像崇拜，其严重的程度相当于其余的罪状全部加在一起。何以这样呢？因为它必定导致对神的启示的否定，从而否定了整个律法。凡摒弃偶像崇拜者，等于承认了全部《托拉》。[③]对那位罗马皇帝，斐洛[④]谈了这样的观点：“画家和雕塑家们的作品，表现的是被感觉感知的神祇，但是，要画出或铸出我们祖先所信仰的不可见之物的肖像，则是违背他们的宗教的。”（《出使盖乌斯》290）斐洛经常提到埃及人的动物崇拜，与他所知道的其他任何民族不同，他们“把

---

① 《大众塔木德》说：一神论，是犹太教不同于其他宗教的重要特征，所以我们看到了这样的箴言：“凡摒弃偶像崇拜者，均被视为犹太人。”

② 《理性之光——阿哈德·哈姆与犹太精神》，[美] 高乔克著，徐新等译，内蒙古人民出版社1999年1月版，第164页。

③ 《塔木德——犹太人的第二本“圣经”》，赛妮亚编译，云南人民出版社2006年1月版，第50页。

④ 斐洛：生于公元前约159/158年，死于公元前约84/83年，又称犹太人斐洛或亚历山大里亚斐洛，是希腊化犹太教的代表人物，是沟通希腊哲学、犹太传统与早期基督教思想的典范。

无理智的动物提升到神的高位来崇敬”，甚至走到极端，选出最凶猛的动物，譬如狮子、鳄鱼和有毒的巨蟒来敬拜，“还有什么比这一切更加荒谬可笑的呢？”[①]当代人对那些政客和明星的崇拜，同样是一种地地道道的偶像崇拜，同样荒谬可笑。

所以，犹太教和基督教的最大分歧之一，耶稣在犹太教中只是一个先知，而在基督教中却成了“神”。按照犹太教的观点，基督教对耶稣的膜拜也是一种偶像崇拜，因而基督教的合法性遭到质疑。在犹太人的心目中，摩西也不是神，只是一个伟大的先知，为犹太人带来解放和律法的传奇英雄。弗洛伊德甚至认为，摩西本人是一个埃及人，他传给犹太人的宗教是从埃及带去的。[②]在一些圣经外文学中，非常引人入胜地描述了摩西在童年时就已经表现了他的野心。当法老把他抱起来逗着玩，把他高高举过头顶时，年仅 3 岁的摩西揭起了法老头上的皇冠，把它戴在自己头上。那位法老被这一不祥之兆震惊了，于是诚惶诚恐地去和他的哲人商量。那些传奇还讲到摩西作为埃及军队的首领在埃塞俄比亚作战取得了胜利。他之所以逃离埃及，就是因为担心在朝廷的倾轧中引起别人甚至法老本人的嫉妒。《圣经》故事中也赋予了摩西某些使人易于相信的特色。它把摩西描述为一个暴躁易怒的人，当他义愤填膺的时候，他杀掉了虐待犹太劳工的野蛮监工；当他为手下的人变节而愤慨时，他在西奈山上打碎了为他摆好的桌子。确实，上帝最终因为他的暴躁亲自惩罚了他，我们不知道是怎样惩罚的。既然这种特色本身并不能给摩西添加光彩，它很可能就会是历史的真实事实。我们甚至不能排除这样的可能性，在犹太人早期关于上帝的概念中，他们之所以认为上帝是善嫉妒、难和解并且令人害怕的，从根底上说可能是出自他们对摩西其人的记忆，因为事实上并非一个不可见的上帝，而是摩西其人带领他们逃出了埃及。[③]

---

① 《希腊化世界中的犹太人》，[英] 威廉逊著，徐开来等译，华夏出版社 2003 年 8 月版，第 29 页。

② 《摩西与一神教》，弗洛伊德著，李展开译，生活 · 读书 · 新知三联书店 1989 年 6 月版。

③ 有关摩西的另一个特征值得我们特别注意。据说他“讲话迟钝”，那就说明他肯定有口吃或发音抑制的毛病，以至于在他同法老讨论时，只好叫哥哥亚伦协助。犹太人绝不将他们的领袖神化。

对于掌握政权的人来说，再没有比摩西更好的例子了。强制推行一套道德标准，保证了民众对其政治活动的支持和忠诚。他们相信领袖的愿望已经不止一次地玩弄了他们。那种愿望不但使摩西满足了他们的幻想，而且还传播了真理。那种伦理道德起了锻造并保持一种人性的作用。它在经过精制磨练以后，已经胜利地经受住了历史的风暴。铭刻在人们心中的“十诫”产生了巨大的影响。与希特勒、墨索里尼或者斯大林之类流星般迅捷的沉浮相比，摩西在历史上持久不衰的存在就证明了这一点。爱因斯坦在1953年说，分析到最后，我们发现人类所有的价值都是以道德为基础的。摩西独特的伟大之处在于，他在古代就看清并实践了这种思想。①

随着摩西的归来以及犹太人对其宗教的皈依，他们的史前史时期就此结束，而历史也就开始了。他们强烈地排斥本能的规则，不再把人作为崇拜的偶像，认为那就是奴役的根源。他们的神无形、无名，也无任何相似物。他就统治着人类的灵魂。他们对能够控制自己的本能感到很自傲。他们抛弃了他们一度接受过的金牛、偶像以及其他的宗教道具，认为自己这个民族是被神选定的。作为他们的传统以及服从其神灵的一个组成部分，犹太人从此以后就不很尊重权力的象征。如果说他们是倔强的，就像《圣经》上所说的，那是因为他们认同了摩西的不妥协的个性。他们害怕会失去他的恩宠。②

摩西缔造了犹太民族的品质，就像列宁创建了苏维埃，华盛顿和富兰克林缔造了美国一样。那为什么犹太人要把他们激起的那么多的敌意归咎于他呢？摩西的情况很特殊。他要求他们接受一种极其理性的伦理，禁止他们及其领袖去寻求偶像和魔术的帮助。这就带来了一种非常特殊的权力格局。马克斯·韦伯写道，拒绝魔术意味着犹太祭司不能利用它来系统地控制民众。这与其他民族的情况是不同的。摩西也命令他们与其他的民族分开，并保持他们的特殊性。他们在服从其命令的同时，也受到了他作为少数派人物个性的影响。在某些人看来，他还是一个被社

---

①《群氓的时代》，[法] 塞奇·莫斯科维奇著，许列民等译，江苏人民出版社2003年4月版，第403页。

② 同上，第431页。

会抛弃的人，受到他内在理想和目标的顽强影响。他丝毫都不受绝大多数人的命运的影响，并且只要需要就从来都不怕挑起冲突。换句话说，他为他们创造的精神世界属于那种活跃的少数人，也是那个领袖的精神世界。它是坚忍不拔、毫不妥协的，并且随时准备说不。几千年来，人们在说到犹太人时，与斯大林对戴高乐的评价是同一句话：他真是个非常倔强而顽固的家伙。①这样，我们可以将领袖分成两类：摩西式的和图腾式的。对于第一类，我们马上就想到先知，共和国的建立者，以及社会运动和宗教运动的创始人，比如像穆罕默德、马克思或者甘地。对于第二类，我们则马上想到独裁者、民众演说家、巫师国王等等。区分他们之间的最大特征之一，即是否禁止偶像崇拜。②

莫斯科维奇认为，图腾式的领袖则想方设法进行个人崇拜，不停地创造关于自己的神话传奇，从而欺骗民众。他们不仅努力捕捉大众的注意力，而且要全世界都去制造自己肖像的徽章，并让百姓对自己的像章跪拜祈祷。有时候，军队和警察成为达到这一目的的最有效手段。

三、对人类的冒犯就是对上帝的冒犯

人，是一切价值的尺度。

人只能从人的角度出发去思考一切、判断一切、评价一切、选择一切。

是的，如果没有了人类，那曾经回荡过牧童笛声的田野小溪，那曾经留下过情侣足迹的林间小路，那山川草木、日月星辰，除了“存在”之外,还有什么“魅力”？那狼虫虎豹、地震洪峰又算是什么“灾害”呢?不言而喻，世界之所以有善与恶、美与丑、欢乐与苦难的冲突，全部是因为有了人这“万物之灵”。

宇宙本无所谓无情有情，有情的世界是人创造的，是人的世界。虽

---

① 《群氓的时代》，[法] 塞奇·莫斯科维奇著，许列民等译，江苏人民出版社 2003 年 4 月版，第 433 页。

② 弗洛伊德把禁止偶像崇拜当做一种文化和理智的进步，以及远离奴役本性的前进。

然结构主义者福柯认为，世界开始的时候不需要人，世界结束的时候也不需要人。但问题在于，不管世界是否需要人，人都需要世界，正如恩格斯所说："人是最名副其实的社会动物，不仅是一种合群的动物，而且是只有在社会中才能独立的动物。"

马克思说过："人是人的最高本质。"因此"必须推翻那些使人成为受屈辱、被奴役、被遗弃和被蔑视的东西的一切关系。"可悲的是，人经常把自己当做实现非人目的的手段。因此，人啊，不能不无数次地向自己提出在童年时代就已经提出的要求：好好地认识自己，解开人生之谜，以最终"成为自己的社会结合的主人，从而成为自然界的主人，成为自己本身的主人——自由的人！"①

这段话虽然在一定程度上道出了"人是什么"的部分涵义，却有着某种哲学的空泛。正如德国一位空想共产主义理论家和活动家威廉·魏特林所批判的："还有一些自称共产主义者的人，他们竭力告诉人们说，共产主义是德国哲学造就的；这真是有点太厚颜无耻了。德国哲学除了制造德国式的概念混乱之外，并没有造就任何东西。德国哲学恰恰是德国谬论的精粹。总之，人们当做哲学从事的东西，无非是荒谬的东西，是用形而上学的把戏人为地拼凑起来的博学空谈。有一位著名的哲学家曾经亲口供认，没有哪个哲学家不是坚持和维护荒诞和谬误的。蒲鲁东读了哲学著作也说过同样的话。"②因此，纯粹从"哲学上看问题"来探讨"人的问题"或"人道主义"的问题容易凌空蹈虚，将哲学变成"知识界的鸦片"。③

但是，哲学经常涉入对人们意义最为重大的问题并与捍卫真理连在一起，这一点在苏格拉底的生涯中生动地显示出来。正如在西方传统中宗教方面最伟大的殉难是耶稣之死一样，哲学方面的最伟大的殉难便是苏格拉底之死。而正像《新约全书》用简明优美的语言讲述耶稣的难忘故事一样，柏拉图的《对话录》永久地铭镌着对苏格拉底的记忆。古代

---

①《文化神学》，[美] 保罗·蒂利希著，陈新权等译，工人出版社 1988 年 8 月版，第 1 页。

②《现实的人类和理想的人类，一个贫苦罪人的福音》，[德] 威廉·魏特林著，胡文建等译，商务印书馆 1984 年版，第 216 页。

③《人道主义哲学》，[美] 科利斯·拉蒙特著，贾高建等译，华夏出版社 1990 年 7 月版，第 8 页。

雅典的当政者指控苏格拉底腐蚀年轻人的心灵，说他提出许多蛊惑人心的问题，并对这些问题作出了属于异端邪说。苏格拉底不愿保持沉默或表示妥协，而是公开反抗当局，宁肯服毒而死。“不经过审视的生活是不值得过的。”根据《自辩篇》的记述，苏格拉底在对法官们的最后谈话中这样说道。“我宁愿死，”他接着说，“也要按照我自己的方式说话，而不愿以你们的方式说话而活着……朋友们，困难的不是避免死亡，而是避免不义……一个优秀的人是不会去行不义的，不论在生前还是死亡。”[①]正是在这一时刻，公元前399年，苏格拉底永远地为哲学家们确立了一条道德规则：无论是生或死，都要捍卫自由和真理，这是哲学家必须信奉的基本原则。由于种种原因，许多哲学家最常见的问题是，喜欢用一些晦涩冗赘的言辞编织概念的网，结果造成一团混乱，把真正有意义的问题推到一边。宗教却不是如此，当上帝诞生的那一天起，他始终如一地用一种声音在说话。

费尔巴哈和克尔凯戈尔宁愿采用“激情”一词来表示存在主义思想家的态度。费尔巴哈在他那部精彩的著作《未来哲学原理》中说：“不希望成为一个哲学家而希望成为一个人……不要像一个思想家那样去思维……而要像一个活生生的、真正的人那样去思维……在实存中思维。”[②]“爱就是激情，只有激情才是实存的标记。”[③]为了把这种态度与对客观性的要求结合起来，他说：“只有作为激情对象的那种东西真正存在着。”[④]只有充满激情地生活，人才懂得人和生活的真正本质。

马丁·布伯是打通神学和哲学的犹太大思想家之一，他将“我—你”关系和“我—它”关系进行了区别。在现代存在主义思潮出现以前很久，布伯就依靠预言性宗教的力量，在根本上提出并回答了这些问题：除了遇到一个“你”并承认这个“你”之外，没有办法成为一个“我”，而除了在无限的“你”中遇到和承认“永恒”的你，便没有办法去遇到和承认一个“你”。这中间的中介便是“对话”——人与人之间的对话，人与

① 《自辩篇》，柏拉图著，第38、39、41节。

② 费尔巴哈：《未来哲学原理》（苏黎世，1843年），第78页。——原注

③ 同上，第60页。——原注

④ 同上，第78页。——原注

上帝的对话。这就是有名的“对话哲学”。布伯和虔敬派都认为，宗教是在这个世界上的一种奉献。它既不满足于这个世界的现状，又不绕过这个世界去追求超验的神性，而是在一切事物中看到神性这种双重意义上的一种奉献。人在这个世界上的行为，不仅对人而且对上帝都是有意义的。就上帝存在于这个世界而言，人是要对上帝的命运负责的；人被要求在自身内部和这个世界上弥合和重建破裂了的统一。上帝期待着人，对人的行为的回答是神圣的恩惠。人的行为是一种对上帝的奉献，是一个特殊的个人在特殊情况下所要求的朴素行为，是默默无闻的普通人，是儿童和单纯朴素的人的行为。在奉献中进行的行为，就是在迎接上帝王国的到来，就是救世主的行为。

按照《塔木德》的观点：“人是被宠爱的，因为他是按上帝的形象创造的，然而，人是按上帝的形象创造的这一点是通过一种特殊的爱才让人知道的，如《圣经》所说：‘因为神造人是照自己的形象造的。’”(《创世记》9：6）身体是上帝的杰作，它证明了上帝的无限美德和无穷的智慧。每一个人都是一个与众不同的个体，这一点证明了这种美德和智慧所能创造的奇迹，这昭示了上帝的伟大。因为人用同一模具铸就的许多硬币都相似，而神圣上帝用一个人的模具所造就的每一个人却彼此不同。为什么没有相同的脸呢？是为了不让人看到华美的宅宇或漂亮的女人时声称为自己所有。人在三个方面区别于他的同胞——声音、相貌和心灵。声音和相貌上的不同是为了维护道德，心灵上的不同是因为强盗和暴徒之敌。[①]

看，上帝赋予了人这么多奇迹，而人却一无所知。“假如人吃了一块坚硬的面包，它会把肠道划伤；然而，神圣的上帝在人的咽喉中间造了一只泉眼，以便让面包（湿润后）安全地进去。”(《大出埃及记》,24:1)“气囊只要用一根针刺一下气就跑光了，然而人身上有那么多孔，吸进的气却跑不掉。”(《大创世纪》1：3)“上帝为人创造的脸的其大小只相当于手指伸展开的尺寸，但却包含了互不相犯的数种水源。眼里流出的水是咸的；耳里流出的水带油性；鼻子里流出的水有恶味；口里流出的水是

① 《塔木德——犹太人的第二本“圣经”》，赛妮亚编译，云南人民出版社 2006 年 1 月版，第 38 页。

甜的。为什么眼泪是咸的呢？因为人如果因丧亲而不停地哭泣就会哭瞎了眼睛，但由于眼泪是咸的（它能使眼睛难受），人便不哭了。为什么耳内的水有油性呢？因为人听到坏消息时，若耳朵内留住了这消息，它便会萦绕于心，人就会死去。由于耳内水是油性的，消息便从这耳进，从那耳出去了。为什么鼻涕有恶味呢？因为一个人嗅进了不好的气味，倘若不是有恶味的鼻涕保护他，他就会死去。为什么唾液是甜的呢？因为有时人吃了讨厌的东西会呕吐，倘若唾液不是甜的，人的灵魂就不会归来了。"（《大民数记》18：22）"人有六种器官为其服务，其中三种在人的控制之下，另外三种则不受人控制。前三种器官是口、手、足，如果人愿意，既可以读书也可以满嘴脏话；至于手，它既可以行善，也可以偷盗或杀人；而脚呢，不言而喻。后三种器官是眼、耳、鼻，人能看到他不愿看的事物，听到他不愿听的声音，嗅到他不愿嗅的气味。"（《大创始记》67：3）

可见，人是多么宝贵而珍奇的生命，要不是上帝的杰作，谁会有这么完美而高超的手艺呢？《塔木德》说：

上帝创造的人类具有四种天使的品质，又具有四种低等动物的特点。

跟动物一样，人要吃、喝、生育、死亡。

跟天使一样，人能直立行走，会说话，思考（理解）和见识（从物体的侧面和正面）。

一位拉比说："天使是按上帝的形象被创造出来的，他们不生育；尘世上的万物虽能繁衍，但不是依照上帝的形象被创造出来的。"上帝说："我将依照我的形象和特点创造人类，从形体上看，人类和天使没有什么区别，但人类跟动物一样能生育。"

当然，人又是最复杂的，有些人本性的东西，非常有趣而耐人寻味。比如说：

世界上有四种人：

第一种人说："我的是我的，你的是你的。"——这种人最普通。

第二种人说："我的是你的，你的是我的。"——这是愚蠢的人。

第三种人说："我的是你的，你的也是你的。"——这是圣贤。

第四种人说："我的是我的，你的也是我的。"——这是坏人。

——《神父们的伦理学》第五章

拉比希勒尔说："如果我们不为自己努力，我们靠谁？如果我们只为自己努力，我们成了什么？如果我们现在还不明白，我们什么时候才明白？"其实，到了拉比犹太教的时候，犹太人的上帝已经变成了一个非常理性的上帝，思考人和上帝的关系，思考"什么是人"，思考什么是"人的需要"，已经成了拉比们思想的主要任务。以人为中心，或者说强烈关注人的境遇和命运，是犹太理性主义的突出特点。①

有两则案例非常值得思考，第一则案例如下：

"市长要我去谋杀一个人，我要是不去，市长就会派人来杀了我。在这种情况下，我该怎么办？"

阿瓦拉比回答说：

"宁可让市长杀掉，也不要犯谋杀罪。你为什么认为你的血就比他红呢？"②

第二则案例如下：

两位行人在沙漠中迷了路。只有一人还剩有一瓶水——他们两人剩下的惟一的生活资料。分享的话，两人将会一起死去；留给一个人的话，它就会给予他走出沙漠的足够力量，职责为握有这瓶水的人规定了什么呢？

本·佩托拉比说："宁可两人都死去，也比一个人成为他的同伴之死的目击者要好。"

拉比阿基巴反对说："保持自己的生命优先于他人的生命。"③

---

① 《犹太文化要义》，刘洪一著，商务印书馆 2004 年 7 月版，第 184 页。

② 《犹太的智慧：创造神迹的人间哲理》，顾骏著，浙江人民出版社 1993 年 10 月版，第 51 页。

③ 《我与他》，卡林·瓦尔特编，陆世澄等译，生活·读书·新知三联书店 1995 年 5 月版，第 9 页。

这两则故事从两个侧面思考了“生命的价值”这一重大的问题。拉比们认为：人不应该视自己的生命价值高于他人，同样一个人自己的生命价值决不低于他人，人的生命都是同等重要的。也即“己所不欲，勿施于人”或“人所不欲，勿施于己”，这也许是犹太人的一种道德智慧吧。

犹太人从来不去玩弄空洞的理论概念或说教，而是用幽默或耐人寻味的小故事来启迪人的思想。通过上述两则故事看出，一个人没有权利把自己不愿意要的东西（死亡）强加于他人（谋杀别人），但一个人也不应该把一般人都不要的东西（死亡）留给自己。而当人己双方都面临着人类所不要的东西，而又必须由一方作出选择时，关键要看个人具备的客观条件。道德是绝对的，当我们身陷困境时常常又无所适从，这就需要智慧，生存的大智慧。

但是，我觉得犹太人有关“人的教义”和生命的大智慧最重要的是下面一句话，这句话值得每一位中国人铭记：

人首先是由个体被创造出来的，这样做是要教导人们无论谁毁灭了一条生命，上帝便视其为毁掉了整个世界；无论谁拯救了一条生命，上帝便视其为拯救了整个世界。因此，对人类的冒犯就是对上帝的冒犯。①

正如爱因斯坦所言：

从哲学意义上来说，我认为并没有什么特殊的犹太人的观点。我觉得犹太教几乎只涉及人生的道德态度和对待生命的道德态度。我认为，与其说它是《摩西五经》所规定的并为《犹太教法典》所解释的那些戒律的本质，倒不如说它是犹太民族中间所体现的对待生命的态度的本质。在我看来，《摩西五经》和《犹太教法典》都不过是对犹太人的生命观在古代是怎样占支配地位的最重要的见证。

这种生命观的本质，我认为就在于它对天地间万物的生命的肯定态

① 《塔木德——犹太人的第二本“圣经”》，赛妮亚编译，云南人民出版社2006年1月版，第36页。

度。个人的生命只有当它用来使一切有生命的东西都生活得更高尚、更优美时才有意义。生命是神圣的，也就是说它的价值最高，对于它，其他一切价值都是次一等的。把个人以外的生命视为神圣，就引起了对一切有灵性的东西的尊敬——这是犹太传统的一个突出的特征。

犹太教并不是一种信条：犹太人的上帝简直是对迷信的否定，是消除了迷信之后的幻想的结果。它也是把道德戒律建立在恐惧上的一种尝试，一个可悲的和不光彩的尝试。但我认为犹太民族的坚强的道德传统已在很大程度上摆脱了这种恐惧。同样很明显，“为上帝服务”也就等于“为生命服务”。犹太人中的最优秀者，特别是先知们和耶稣，就曾为此进行了不懈的斗争。

由此可见，犹太教决不是一种先验的宗教；它所涉及的是我们在过着的生活，并且是在一定程度上能够掌握的生活，此外就没有别的。因此，我觉得，如果按照宗教这个词的公认意义，那就很难说它是一种宗教，特别是要求于犹太人的，不是“信仰”，而是超越个人意义上的生命的神圣化。[①]

在犹太人当中，这种对生命的神圣感发展得特别强烈，德国的外交部长拉特瑙曾对爱因斯坦说：“当一个犹太人说他要去打猎取乐时，那一定是说谎。”这再简单不过地表明了犹太人对生命的神圣感，因为犹太人绝不可能打猎。

四、犹太人与自杀问题

生存还是毁灭，这是个问题。有比忍受多种命运更高贵的灵魂吗？有比反抗苦难人世更高贵的灵魂吗？死了：仅仅是睡了。终于在睡眠中停下可恶的心跳，有什么结局能比这样了结传承而下的痛苦更让人渴求呢？死了；睡着了；睡着了……也许还会做梦。问题的关键就在这儿！

---

① 《爱因斯坦文集》（第三卷），商务印书馆 1994 年 11 月版，许良英等编译，第 103 ~ 104 页。

因为当我们摆脱了肉体后，如果在死亡的睡眠里出现一些梦……赶快就此停住！这种想法会延续生命的苦难。因为谁忍受得了压迫者的凌辱和暴政、傲慢者的冷眼、爱情遭到蔑视的惨痛、公正的迟延、官吏的横暴和小人的鄙视，而只要一柄小小的刀子就可以结束这一切？谁愿意负着这些负担，在生命的压迫下呻吟流汗，倘不是因为惧怕死后那个从来不曾有一个族人回来过的神秘地方？就是这个谜使我们宁愿忍受目前的折磨，而不敢摆脱它们去投向另一些未知的痛苦。因此，这些意识将我们全变成了懦夫，将我们炙热的决心变得黯淡下来，也使我们具有伟大意义的事业逆流而退，使我们在行动面前退却。①

这段世界文学史上最著名的文字写于 1600 年。莎士比亚通过这几行字向我们揭示了一切：人在生存状态中的约束和限制能作为延续生命存在的理由吗？哈姆雷特的内心独白使这一作品超越了时空：作者神秘的个性深藏于显赫的名声之后，无人洞悉；几乎不可能做出的决定让人陷入两难的窘境；戏剧本身波澜起伏，淋漓尽致地表现了人在生存过程中接连不断地遭遇到的希望与失望。难道生存不就是痛苦和失望的交融吗？耻辱和不公正，心灵苦难和身体辛劳，不应遭受的失败、鄙视和冷漠，这一切都是达官显贵和傲慢之徒所赐。痛苦和失望的积累使每个人都成为了“行走的幽灵，可悲的小丑，在生命舞台上都只有短暂一刻的表演，而后便销声匿迹”。“这是一个痴人讲述的故事，充满骚动和狂热，没有任何意义。”麦克白如是说。这样的生活，如此荒谬，如此艰难，我们为什么不立即结束它，沉入永恒的睡眠中去呢？原因很简单：我们害怕陌生的事物。我们不是害怕死亡，而是对死亡之后可能面对的事物心存畏惧。意识和想像力将我们和自杀对立起来，我们被悬在生死之间。从来没有足够的事实向我们表明什么是自杀的主要诱因。哈姆雷特就是莎士比亚吗？这并不重要，重要的是莎士比亚所提出的人生课题产生了巨大的反响，而且这种共鸣一直延伸至今。哈姆雷特是一个角色，我们每个人也都是；他处于癫狂和清醒之间，我们每个人也都一样。哈姆雷特的问题

---

①《自杀的历史》，乔治·米诺瓦著，李佶等译，经济日报出版社 2003 年 1 月版，第 94 页。

也就是全人类的问题。[①]

当今的人类自杀率普遍提高，尤其是当代的中国大学生，名牌大学的大学生，天天传来他们自杀的消息。这一问题足够引起人们的重视。据统计，在19世纪，犹太教徒的自杀率在西方文明社会里的三个主要宗教派别中是最低的。[②]因此，犹太人与自杀的问题值得我们探讨。

《旧约》中曾以非常中立的态度提到数例自杀行为。扫罗在对抗非力士人的战役输了之后以剑自刺。阿比梅莱克被一个女人用石磨投中脑袋之后疼痛难忍，便对仆人喊道："拿出你的剑把我杀了吧，不要给别人留下话柄：是一个女人杀了他。"拉兹，被尼克诺的军队擒获之后，以壮烈的方式自尽。马克隆因被控判国而服毒自杀，拉谷埃勒的女儿撒拉，因造恶意中伤而想上吊自杀……此类自杀行为大多像中国的"董存瑞舍身炸碉堡"一般，是一种英雄行为，犹太历史上此类行为层出不穷，最著名的是公元73年的犹太人抗击罗马军队的"马萨达堡"[③]集体殉难，那一天，960名犹太人集体自杀。

不要认为我们没有资格享受上帝赐给我们的能够在活着时就自愿而光荣地死去的权利。这是无法抗拒的希望带来的幸福。我们的敌人只渴望将我们活捉；然而，无论我们如何抵抗，我们也不知明日如何逃脱；但是他们却阻止不了我们以慷慨的死来回应他们，来结束与我们最亲爱的人共同生活的时光……我们给自己施加的这种惩罚远远小于我们所应承受的惩罚，因为这样我们保护了我们的妻子不被侮辱，我们的孩子不会失去自由。而我们自己尽管命运不幸，却能够光荣地掩埋在我们国土的废墟之中，而不至于忍受被捕的侮辱，我们死而无憾。

……在如此可怕的不幸面前，有谁能够再看得到太阳的光芒？尽管

---

① 《自杀的历史》，第95页。

② 《自杀论》，[法] 杜尔凯姆著，钟旭辉等译，浙江人民出版社1988年9月版，第17页。

③ 公元66年，巴勒斯坦的犹太人掀起反抗罗马统治的第一次犹太战争，罗马尼禄皇帝派兵镇压，并于公元70年8月攻陷耶路撒冷城，圣殿化为灰烬，被处死的犹太人不计其数。残存的犹太义军不足1000人，退守死海东南岸的马萨达要塞，坚守两年之久——罗马军队围困要塞付出伤亡1．5万人的代价，最终于公元73年4月15日犹太逾越节集体自杀。当罗马兵登上山头时，只剩下两名妇女和5个孩子。

他可能被告知可以无忧无虑地活下去；或者说得更明白一些，有谁能够与自己的祖国为敌，在巨大的不幸前表现懦弱、苟且偷生，而丝毫不羡慕那些在我们神圣的城池天翻地覆、我们的社稷被一场亵渎神圣的动乱完全摧毁之前就死去的人们所拥有的幸福呢？就算我们希望能够勇敢地抵抗敌人，我们的抵御也只能到此为止了，这种希望已经消失，现在难道不过是在我们尚有自杀权利、尚能让我们的妻子也有自杀权利——因为这也是我们赋予她们的最大恩赐——之时，延迟我们奔向死亡的进程吗？我们是为死亡而出生的；这是不可逆转的自然规律，所有的人，无论他如何强健如何幸福，都必须遵从这条规律。然而，大自然毫不强迫我们去忍受凌辱和奴役，不强迫我们在依然有能力以死亡来维护妻子的荣誉和孩子的自由之时，眼睁睁地看着由于我们的懦弱而让别人将其掠夺。

这就是犹太首领埃拉扎·本·耶尔发表的著名的《马萨达殉难演说》[①]，表现了犹太民族大无畏的英雄气概和“宁为自由而死，不为奴隶而生”的民族精神。1963年～1965年，考古学家对整个山头进行发掘，结果与犹太史学家约瑟夫斯在《犹太战争史》中的史料叙述完全吻合。[②]在埃拉扎的演说中，通篇为自杀而进行真正的辩护，把自杀说成是禁欲主义、新柏拉图主义以及印度主义融为一体的行为，并为自杀哲学找到经典论据：死亡犹如睡眠，它把我们带离短暂而不幸的存在；当我们眼前只剩下痛苦时，没有理由再继续生存下去；既然我们终有一天要离开人世，我们为什么不能为自己选择一个最佳时机呢？我们的灵魂渴望逃离躯体的监狱，在度过了可恶的人间生活之后获得无尽的幸福。自杀是我们自由的最高标志，使得我们能够战胜所有的邪恶。因此，上帝希望我们受惩罚。

有了毒药，便会有解毒的药。事实上，《犹太战争史》一书收录了与埃拉扎的演说相悖的言论。这些话，是约瑟夫斯本人在某些特定的场合中表达出来的。约瑟夫斯是1世纪初著名的犹太史学家，在犹太人反抗罗马的大起义（公元67～70年）之初受命担任加利利地区的行政长官，并率众抗击罗马军队。由于敌众我寡，犹太军队击击败退，在最后一批

---

① 《犹太人告白世界》，徐新、宋立宏编译，中央编译出版社2006年8月版，第9～12页。

② 《犹太百科全书》，徐新等主编，上海人民出版社1993年8月版，第45页。

士兵逃进山洞躲藏时，深知抵抗无望，他们决定自杀成仁。自杀开始了，每个人都让抽到签的战友将自己杀死，直到只剩下两个人：约瑟夫斯劝说他的朋友活下来，双双向罗马人投降了。约瑟夫斯投降后，开始为罗马人效劳，也许是他认为犹太人的抵抗毫无意义，因而他竭力劝说犹太人放弃抵抗。据记载，当时约瑟夫斯是站在耶路撒冷城外发表《劝降》演说的。在演说中，他恳请自己的同胞向罗马人投降，以保全生命。站在城墙外，约瑟夫斯让人想起耶利米600年前同样恳请耶路撒冷的犹太人向入侵者投降的情景。[①]约瑟夫斯一生最大的成就是撰写了著名的《犹太战争史》由于出自亲眼目睹而令人信服，留下了宝贵的历史资料。在《劝降》的演说中，包含了许多至今仍为自杀的反对者所引证的论据：这种行为是懦夫的标志，与叛逃无二；这是一种违背自然规律的行为，因为自然规律反映着我们生命的本能；这是对上帝意志的背叛，因为上帝赋予我们生命，而且仍然是我们余生的主宰；我们没有权力去毁灭上帝的任何一种创造物；自杀的人将会下地狱，他们的尸首也将会被展示于众。约瑟夫斯的演说虽然没有成功，但他那诚恳的话语却令人难忘：

当没有任何事情迫使我们自寻短见时，面临危险自杀就是一件比害怕和逃跑更为懦弱的行为。如果不是因为害怕死亡，那么是谁阻止我们向罗马人投降呢？可以选择某一种确定的方式来保证另一种不确定的方式吗？如果有人说这是为了避免成为奴隶，我就要问问我们沦陷的国家是否能变回自由。如果有人还说自杀是一种英勇的行为，我依然坚持说这是一种懦弱的表现：这是模仿一个胆怯的首领的行为，他知道将有的风波却在成功地逃脱死亡之前就让自己血管里的鲜血将自己淹没了；说到底，这是出于对上帝的蔑视和亵渎而做出的、与一切动物的本能相违背的行为。上帝在创造了万物之时赋予了它们本能，对于那些自杀者而言，渴望生存不就不再是不可侵犯的自然规律了吗？难道我们不该把这种观念看做是敌人，不该惩罚侵犯我们生命的人吗？既然我们归属于上帝，我们能不能想像得出上帝正在忍受着侮辱，因为有人胆怯藐视他的馈赠？……我们赞同人终有一死的说法，而且我们也赞同惩罚从主人身

① 参见《犹太人告白世界》，徐新、宋立宏编译，中央编译出版社2006年8月版，第6～8页。

边逃走的奴隶，无论他的主人是否是阴险恶毒的；那么想像一下我们抛弃了上帝——他不仅是我们的主人，而且是至高无上的善主——而问心无愧！……这些大逆不道的人犯下了罪行，用自己的双手结束了自己的生命之后，就立刻被遣送到地狱中最黑暗的地方去……这就说明了为什么我们的英明的立法者知道有这么一种骇人的罪行，而命令在太阳落山之前不得埋葬那些自杀的人的尸首，尽管在以前的时候那些在战争中死去的人可以被掩埋；甚至有些国家还会砍下那些鲁莽地拿起武器杀死自己的人的手，因为这些国家认为将自杀者的手与身体分离是正确的，正如把他们的灵魂与躯体相分离一样……我不愿意成为我自己的敌人，不愿意给我的忠诚抹上难以解释的背叛。[①]

究竟是约瑟夫斯贪生怕死，还是如他所说"当自杀一事被提出之时，自己是持明显反对态度的"，这已成千古谜案，但他对自杀者的鞭挞却非常有力。最关键的是，在犹太教与基督教分离之际，直接出自《旧约》的犹太人世界中，对自杀问题没有一个明确的表态，即使是《摩西十诫》中也只是"不准杀人"，而不是"不准自杀"，再加上还有战争等特殊情况，使自杀的天平经常倾斜。因此，在中世纪的时候，由于十字军东征基督教对犹太人的迫害，许多犹太人在经受不住磨难和不愿放弃原来的信仰时，便毫不犹豫地自杀。正如编年史学家阿尔贝·代克斯所言："当犹太人看到基督教徒拿起武器视他们和他们的子弟如敌人一样杀戮，没有丝毫对弱小的怜悯时，他们也拿起了武器，对着自己的同教中人，他们的妻子、他们的孩子、他们的母亲、他们的姐妹，甚至相互之间屠杀。真是说起来都觉得恐怖！母亲们拿起凶器，割断了正在吃奶的婴儿的喉咙，他们希望孩子死于自己之手，而不是屈服于外族的刀枪之下。"[②]像马萨达殉难的这样一些集体自杀，分别在1069年、在12世纪的英格兰，以及1320年和1321年都发生过，犹太人真是一个可怜的民族啊。

拉比犹太教的时候，许多犹太智者开始大规模讨论"自杀问题"，可惜影响太小。但《塔木德》中的许多观点，却值得我们深思。正如阿哈

① 《自杀的历史》，第20页～第21页。

② 同上，第15页。

德·哈姆的《在两种观点之间》所言："导致丧失生命的任何行动都是罪恶，即使这个行动产生于爱和同情这样最纯洁的感情，即使受害者是他自己，这也是罪恶……克服同情的感情，并挽救有可能获救的人是一种道德义务。但是挽救谁呢？公正地说，让有能力挽救自己的人获救。每个人的生命都是托付给他自己保护的，保护你自己的生命与保护你周围人的生命相比，前者是第一位的责任。"

犹太人对"自杀问题"有详细地论述：

如果一个人能够拯救另一个人而没有去救，那他就违背了这条圣训："当你周围的人处于危险之中时，你不能袖手旁观。"

类似的，如果一个人看见另一个人落入海中，或受到了强盗的袭击，或受到了野兽的袭击，他虽然有能力自己去救这个人或雇用他人去救这个人，但他没有去救；或者，如果一个人听到了异教徒或告密者在策划针对另一个人的罪恶阴谋，或在对另一个人设圈套，他没有去提醒这个人注意并让他知道这件事；或者，如果一个人知道一个异教徒或一个极端分子打算袭击另一个人，虽然他能够为这个人平息这件事，使有这种打算的人改变主意，但他没有这样做；或者，一个人有任何类似的行为——在上述各种情况下他都违反了禁令："在你周围的人处于危险之中时，你不能袖手旁观。"

虽然没人对这些禁令提出严厉批评，因为破坏这些禁令属于非法行为。但是冒犯行为是十分严重的，因为如果一个人杀害了一个以色列人，这会被人们看做好像是他毁灭了整个世界，如果一个人保护了一个以色列人的生命，这会被人们看做是他保护了整个世界。

——迈蒙尼德《法典·关于谋杀和生命保护》第1章

20世纪40年代在澳施卫兹的犹太教新年前夕，大约有1400名青少年受到围捕，并被关在一个监狱中，计划第二天晚上在火葬场杀害他们。在这之前的整整一天中，这些青少年的父母和朋友们都来到营地与看守牢房的犹太卫兵们（看守们）进行交易，以求放了这些青少年。这些人们私下带着珠宝和金钱贿赂看守们，以使他们的孩子获释。由于看守们要保证被捕的青少年人数，所以，在每次放了一个人后，他们又将另一个人抓到牢房中去。此后，营地的人们都知道了，每当他们挽救了一个年轻人后，又同时将另一个年轻人推向死亡。在营地中的一个拉比后来写道：

“一个来自奥勃兰的普通犹太人走近我并对我说：

“拉比，我惟一的儿子在这些指定要被烧死的孩子中，他比我的眼珠还要宝贵啊。我可以用钱财将他赎回来，但我知道，看守们毫无疑问会将另一个孩子抓到牢房来。拉比，我请求你给我一个规则，根据《旧约全书》，是否允许我赎回我儿子？无论你说什么我都会照办。’当我听到提问后，我开始颤栗了，我回答他说：

“我亲爱的教民，对这个问题我怎么能给你一个明确的答复呢？即使是在教堂还存在的时候，像这样涉及到生与死的问题都要提到高等参议院和法庭决定。但现在是在澳施卫兹，由于这儿发生了严重困难和惨案，这儿又没有一本有关犹太教法律的书，没有其他拉比，头脑中也得不到宁静。

“如果看守们是先放一个青少年，然后再抓一个顶替，那么我们还可以想些办法。我可以推理认定不一定在每个孩子释放以后再抓其他的孩子来顶替，毕竟看守们是犹太人，犹太法律严格禁止为挽救一个人的生命而牺牲另一个人的生命。我可以去进行说服，以求在最后时刻唤醒他们的犹太人意识，他们就不会违背这一十分重要的法规了……

“‘但很不幸，我已确知看守们一直是先抓好顶替的人，然后再放被赎回的孩子。他们以这种方法来保全自己，保全被抓的青少年人数。我没有任何办法来改变这种局势。’

“前来求助于我的这个人跟在我后面说道：

“‘拉比，你必须为我做个决定。’他坚持说道。我再一次恳求他：‘我亲爱的教民，让我好好想想这个问题，因为这个问题很麻烦，不去研究一本有关的书籍我不可能给你一个回答，甚至连半个回答也不可能。’

“最后，当他看出我不会为他就此事做出决定时，这个人以十分激动的情绪对我说：‘拉比，我做了《旧约全书》要我做的事。我已请求我的拉比为我做出决定，而且这里也没有其他拉比可求教。如果你不回答我是否可以赎回我的儿子，这个迹象表明，根据法律你不允许这样做。如果允许这样做，你肯定会这样告诉我的。所以，我理所当然地认为，根据犹太法律我不能这样做。这对我已足够了。为了履行《圣经·旧约全书》，我惟一的儿子将被烧死。但我将怀着至爱和愉快的心情接受这个决定……'"

——泽威·赫尔士·梅塞尔斯《答问录》

对于自杀者，不举行任何形式的仪式。依什梅尔拉比说："他们可能是由于十分悲痛。哎，误入歧途的蠢人！哎，误入歧途的蠢人啊！"

阿基巴拉比在谈到不论是谁自杀时说："让人们忘却他吧，既别赞美他，也别咒骂他！"

没人悲痛欲绝，没人伤心哭泣，也没有人颂扬他。但人们应该排队向他朗诵送葬者的祝福，这是出自于对活着的人的尊敬。一般规则是：公众应参加出自于对生者尊敬的一切活动，而不参加出自于对死者尊敬的一切活动。

什么样的人可以认为是自杀呢？

并不是那些爬到树顶上或房顶上并掉下来摔死的人算是自杀。而是那些说"请看，我要爬到一棵树顶上"或"我要爬到房顶上，然后自己跳下来摔死"，并且有人看见他爬上了树顶或房顶并跳下来摔死了，这样的人被认为是自杀。对这样的人，不应举行任何仪式。

如果人们发现一个人吊在一颗树上勒死了，或者是被剑刺死，这将认为他是无意识地使自己死亡，对这样的人不应拒绝举行任何形式的仪式。

戈高斯的儿子逃学，戈高斯威胁说要打他的耳光。由于惧怕他父亲，儿子逃了出来并跳入了水池中。这件事提交到塔福恩拉比面前，他规定说："不要拒绝举行任何形式的仪式。"

——《悲伤》第2章

毁灭自己的生命被认为是所有罪恶中最为凶残的罪恶，但是，为了信仰而牺牲自己的生命却属于所有最高尚的行为之一。然而，那些高度重视生命价值的圣人们警告人们不要寻求不必要的殉难。他们所强调的一点是，如果私下强迫一个犹太人这样做以挽救其生命是违反宗教法律的，如果公开进行这样的冒犯就"亵渎了上帝的名誉"。迈蒙尼德编纂了犹太教法典法则，但他也受到了一些注释者的激烈批评，因为他宣称，能够避免殉教时再去牺牲自己并不比自杀好。尤其是德国学者们，他们的观点与他不同，他们赞扬在即使是犹太教法律不需要殉教的情况下去殉教。

在整个中世纪及以后的几个世纪中，殉教的传统在德语国家中很盛行，并成了普遍文化观点的一部分，这个观点后来对大屠杀的殉难者们产生了很大影响。整个犹太群体不懈地为其信仰而奋斗或“为上帝的名誉而牺牲”自己的生命，并将此看做是一种抵制强制改变信仰和防止其宗教原则败落的方法。他们的榜样是阿基巴拉比和汉纳及她的七个儿子，他们在马卡比叛乱时期的殉难对早期基督教殉难者有很大影响。在西班牙语国家流行着一种不同的观点，这里的许多犹太人转入了基督教，但他们并没有放弃他们的宗教信仰，而是秘密进行犹太教活动。迈蒙尼德的原则在某种程度上反映了这种传统。

在大屠杀中牺牲了成千上万的犹太人，塞缪尔·齐波尔波姆就是其中的一个，他于1943年自杀，并想以此引起世界对欧洲纳粹恐怖统治下的犹太人的注意。他的死亡声明也是我们必须保护我们自己和其他人生命的箴言。

“那些热爱我并遵守我的圣训的人”（《出埃及记》20：6）是指那些生活在以色列的土地上，并以生命捍卫这些圣训的人。

“为什么要将你斩首？”

“因为我为我的儿子割了包皮，并使他成为一个以色列人。”

“为什么要将你烧死？”

“因为我读了《旧约全书》。”

“为什么要把你钉在十字架上？”

“因为我吃了未经发酵的面包（在逾越节）。”

“你为什么挨了一百鞭子？”

“因为我进行了犹太感恩节（Lulav）的庆祝。”

这些苦难使我感受到了天堂中圣父的爱。

——拉比伊思马尔·曼希尔塔，释文《巴和德什》篇，第6章

如果出现了一个偶像崇拜者，他强迫一个犹太人去违反在《旧约全书》

中提到的任何法规之一，并威胁说不如此便会将他处死，这个犹太人应该去违反法规而不要去死……

这项法则可以用于除了禁止偶像崇拜、淫荡和凶杀的法规之外的所有法规。对于这三条法规，如果一个以色列人被告知，“去违反这些法规的一种，否则要将你处死”，他应该迎接死亡而不去违反这些法规。上述区别仅仅当偶像崇拜者的动机是取得个人优越感时是成立的。例如，他强迫一个以色列人在安息日为他造房子或为他烹调，或者强迫一个犹太女人与他同居等。但是，如果他的目的是强迫以色列人违反其宗教法律，如果这只是在私下发生，并且没有十个以上以色列人在场，他可以接受违反法规的命令而不去送死。但如果是企图强迫以色列人在有十个以上以色列人在场的情况下违反法规，他应该选择死而不去违反……

所有上述规则可用于宗教迫害之外的时期。但是，在宗教迫害时期内，例如，当出现了一个邪恶的国王时……其法令反对以色列人，目的是取消犹太宗教或其宗教规则之一，这时以色列人的义务是承受死亡也不违反任何一条法规，即使是剩余法规也不违反，无论是在有十个以色列人在场或盲目崇拜者在场的情况都不屈服于强迫。

当其是以强迫违反法规取乐而不是要进行杀害时，如果选择死亡而不违反法规，这种死要受到责备。

当其是以死取乐而不是要强迫违反教规时，应选择死而不是去违反教规，这是为上帝的名誉而牺牲……

如果其目的是以死取乐而不是强迫违反法规，这时屈从于违反法规并逃脱死亡，这就是亵渎了上帝的名誉……然而，在强迫下他屈从于违反法规，他不会受到鞭打的惩罚，也不用说，即使是在强迫下他犯了凶杀罪，他也不会由法庭判处死刑。因为处死和鞭打的刑罚仅用于处罚那些有目击者在场和在为警告其他人的情况下，为了自己的自由而违反法规的人。

——迈蒙尼德《法典·与〈圣经·旧约全书〉的基本原则有关的法律》第5章

社会学家杜尔克姆在其代表作之一《自杀论》中严厉批驳了那些简

单地将自杀起因归结为心理机能因素（精神失常、遗传因素、种族特性）、天象因素（气候、季度、昼夜等）以及模仿过程的理论，用大量的事实和统计数字说明“自杀主要不是取决于个人的内在本性，而是取决于支配着个人行为的外在原因”，即外部环境及带有某种共性的社会思潮和道德标准。他指出，自杀是表达我们的集体弊病的形式之一，它能帮助我们理解这种弊病的实质。他通过官方统计数字的研究得出以下规律：自杀身亡者，男人比女人多，老年人比青年人多，军人比百姓多，新教徒比天主教徒多，独身者、鳏寡者或离婚者比结婚者多；自杀的百分比，夏天比冬天高，城市比乡村高。杜尔克姆根据诱发自杀的不同社会根源将自杀分为三类：利己型、利他型和动乱型。利己型的自杀者大多与社会脱节，缺乏集体的支持和温暖以至滋生孤独感、空虚感和生存的悲剧感；利他型的自杀者是为某种主义和集体献身的结果；动乱型的自杀者大多产生在巨烈的社会变革时期，因恐慌、困惑和绝望导致。

在一个野蛮的物质主义时代，经济虽然超高速发展，但是道德沦丧，人们缺乏精神信仰和幸福感，最容易产生利己型自杀行为，应该引起人们的高度重视。

五、与绝望作斗争

俄国作家安德列耶夫有一篇短篇小说《墙》，它用象征主义的手法描写“我和另一个麻风病人”在黑夜里爬行于黑沉沉的大地上。突然，一堵顶天立地的墙出现在面前，把天空和大地一截两半。他们“拼命用自己的胸膛去冲撞这堵墙，伤口滴出的鲜血把这堵墙染得通红，但墙却依然静静地耸立着，岿然不动”。于是，人与墙的搏斗开始了，这个“我和另一个麻风病人”夜以继日地“以头撞墙”，只有黑沉沉的夜，“把黑洞洞的无底深渊、傲慢地岿然不动的墙以及一小撮颤颤栗栗的可怜人照得通亮”。有的人“把墙视作朋友，紧紧地贴到它身上，把它当做靠山，求它保护自己；可是这墙却一直是我们的仇敌”。在与墙搏斗时，发生了一系列恐怖的不幸，有哭泣、有鲜血、有愤怒、有诅咒，也有欢乐和爱情。然而，我们与墙的搏斗注定是无望的，这个“我”只能说:“我们人很多，我们的生活都不堪忍受。就让我们用尸体铺满大地吧。”他们同其他的搏斗者一起，每隔一定时间就用前额撞一次墙，他们感到，自己虽然在搏斗中渐渐死去，但自己“是永生的，恰如上帝一样”。①

安德列耶夫笔下的墙，象征意义很丰富，我们可以作出无穷遐想。但真正提出“以头撞墙”和“绝望哲学”的却是另一个俄罗斯犹太大哲学家舍斯托夫。在 20 世纪璀璨闪烁的思想群星中，列夫 · 舍斯托夫（1866 ~ 1938）作为一位著名的宗教哲学家，却非常令人瞩目。他大胆质疑西方自古希腊以来尊崇理性的传统，标举信仰为其思想旗帜，重视个体的人，关注个人的苦难与绝望，其一系列思想对我们颇具启发性。

舍斯托夫非常关爱俄罗斯作家，尤其推崇契诃夫。舍斯托夫指出，尽管有人指责契诃夫的小说主人公都是“倒在地板上，哭喊着，并以头撞墙”，但面临绝望的尴尬境地正是人类真正的处境。真正的哲学不是源于惊奇，而是源自绝望，人只有面临绝望的深渊，才能领悟生命的真谛。据说，舍斯托夫大约在 12 岁时，曾被一伙人绑架为人质，以向其父勒索巨款。然其父不知什么缘故，竟然没有答应绑匪的条件，以致舍斯托夫被绑架半年之后才被释放，但是这半年中的生死考验，无疑给他幼小的心灵留下了严重的创伤，打下终生难忘的烙印，成为他产生“绝望哲学”的潜在动因。再加上他身为犹太人，从小身处异族文化圈的“边缘人”处境。对于俄国人，他是犹太人；对于法国人，他是犹太人。终生的无家可归和漂泊流亡，使他深悟生命的况味。在舍斯托夫看来，现代人从来没有如此软弱无力和疲惫不堪。在漫长的人类历史中，人们害怕孤独与黑暗，畏惧死亡与深渊，人类的苦难比海洋中的沙子更沉重，人的生命仍比所有的客观规律价更高。他关注着个体的人，关注着每个人的喜、怒、哀、乐、绝望与呼告，孤注一掷地走向《圣经》，并向先知和上帝发出呼告，希望通过信仰来战胜绝望和宿命。正如他在《论绝望与可能》中所言：“不要讥笑，不要哭泣，不要诅咒，而要理解……如果谁有即便是芥粒大小的信仰，那么他就能移山填海。只有纯粹的人类勇敢精神，才能因为荒谬

① 《走向十字架上的真》，刘小枫著，上海三联书店 1995 年 1 月版，第 1 页。

而控制一切有限。这就是信仰的勇敢精神……信仰并且只有信仰，才能摆脱人的罪孽。信仰并且只有信仰，才能使人从必然性真理的支配之中脱离出来，而必然性真理掌握了人的知识是在他尝了禁树之果以后。只有信仰才能赋予人以勇敢无畏和力量，去正视死亡和疯狂，而不是优柔寡断地向它们顶礼膜拜。因为，只有可能性才敞开了拯救之路……归根到底只剩下一条：对于上帝，一切都是可能的。只有这时才敞开了信仰之路。只有当人看不到任何可能性时，人们才去信仰。上帝就意味着一切都是可能的，而一切都是可能的，也就意味着上帝。只有身心受过震颤，变成精神的人，才能理解一切都是可能的，也只有这样的人，才能接近上帝。"[①]

德国犹太思想家瓦尔特·本雅明（1892 ~ 1940）生前默默无闻，但自杀后由于其友人舍勒姆、阿多诺和阿伦特等人的大力宣扬，逐渐名声鹊起。他是一个生长在德国、用德语阅读和思考的犹太人。卡夫卡[②]将这种土生土长的德国犹太人心理描述为，后腿依然站在父辈的犹太教上，但前腿却找不到新的立足点。不理解这种处境和心态，就无法理解本雅明、卡夫卡这样的思想家。他们无法用德语表达出这种在德国文化环境中所感到的孤立、排斥与他乡之感，但除了德语，他们又无以选择。因此，他们生活在"三种不可能之中……不可能不写作"，因为只有通过写作才不会泯灭他们的灵感；"不可能用德语写作"，卡夫卡认为他们使用德语是"公开地和隐蔽地甚至可能是忐忑不安地侵犯别人的财产。这不是正当获得的，而是偷来的，顺手捡来的。即使不会被挑出任何语言错误，而它依然是别人的财产"；"不可能用别的方式写作"，因为没有其他可供使用的语言。甚至"还可以补充上第四种可能，即不可能写作，因为这种绝望不是可以通过写作来减轻的"。犹太人问题在他们这代人身上看起来似乎不可解决，因为他们不想也无法"回归"犹太人的行列或者犹太教，因为他们对一切传统、文化和一切"归属"都表示怀疑。这也在很大程

① 《以头撞墙——舍斯托夫无根基生活集》一书，［俄］舍斯托夫著，方珊等译，陕西师范大学出版社 2003 年 10 月版，第 1 ~ 7 页。

② 卡夫卡（1883 ~ 1924）：犹太文学大师，与普鲁斯特和乔伊斯并称为"现代文学的三个奠基人"。

度上解释了为什么在他们的字里行间总是透出一种绝望。

本雅明的身上有多重思想面孔：他学识渊博，却不是学者；研究语言理论，却不是语言学家；批判哲学传统，却不是哲学家；翻译普鲁斯特、圣琼·佩斯和波德莱尔的作品，却不是翻译家；他研读犹太教经典，却不是神学家。但反过来说，他又兼有所有这些身份。此外，他还有多种角色："在纳粹德国，他是一个犹太人；在莫斯科，他是一个神秘主义者；在欢乐的巴黎，他是一个冷静的德国人。他永远没有家园，甚至没有职业"[①] 正如一位学者所言："本雅明被今天各种不同的人分别视为历史唯物主义、否定神学或文学解构主义的权威学者，但是他本人从来没有找到一个政治、宗教或学术的家园。"[②]而本雅明自己则认为，他身上具有人性与犹太性的双重性："我是一个犹太人，并且，如果作为一个有意识的人而活着的话，我作为一个有意识的犹太人而活着。"他认为，"犹太人代表着知识分子的精英"，"对我来说犹太性在任何意义上都不是目的自身，而是思想的高贵承担者和代表者"。"当代的思想文学的犹太人"，是"具有创造性的文化——犹太人"。[③]

随着第一次世界大战的爆发与结束，战争被同时代的知识分子看做西方文化的崩溃和技术与文明的胜利，本雅明则把它看做一场大火，以破坏性价值的名义威胁着吞灭所有资本主义文化。本雅明在战争期间发展的语言弥赛亚理论，和同时期布洛赫在《乌托邦精神》中的神学弥赛亚无政府主义，都是在犹太文化哲学的潜在灭绝面前的表达。"这个时代没有一种形式允许我们沉默的表达。但是我们感到自己被无言所捕获。我们鄙夷文字表达的轻松的不负责任。"[④] 1916 年，他在一封信中绝望地写道："我们处在暗夜之中……战争威胁着从我们手中夺走一切，艺术、真理、正义。""我曾经试图用言词和它（暗夜）搏斗，……但我随后知道了无论是谁，与黑夜搏斗就必须要抽走最深的黑暗，以便产生出光，

① 《论瓦尔特·本雅明》，理查德·卡尼，收入刘北成《本雅明思想肖像》，上海人民出版社 1998 年版，第 326 页。

② 同上，第 326 ~ 327 页。

③ 拉宾巴赫，《在灾难的阴影下：天启与启蒙之间的德国知识分子》，第 40 ~ 42 页。

④ 同上，第 43 页。

在这一巨大的努力中，言词只是其中一站。”[①] 1919 年三四月，本雅明和布洛赫相遇了，此时两人都开始把隐微的智识主义的语言作为世俗—神学的弥赛亚主义的表达。但是两人在政治领域有冲突，即内在于弥赛亚观念之中的伦理两难。虽然同是犹太人，但布洛赫是一名社会主义者和马克思主义者，而本雅明始终对政治抱有拒斥的态度，他的语言哲学是反政治的，他通过语言救赎反对马丁·布伯[②]的个人犹太教的思路关闭了同往行动的道路。同时，他还拒斥布洛赫的此世末世论和乐观的乌托邦主义，认为布洛赫的《乌托邦精神》一书存在着一种基督教与犹太教弥赛亚主义的混合。他拥护更加悲观的结论：“由于自然与孩子的缺席，人类注定要抵达灾难性的自我毁灭。”但是，无论是本雅明还是布洛赫，都具有利奥·拜克所说的“弥赛亚式的反讽”：对救赎的确信和凄凉的悲观主义，因为这种确信要求“只有那些被这种悲观、这种嘲笑、这种抗议和这种反讽所感染的人，才是真正的坚守未来，并引导世界朝向未来更迈进一步的伟大的乐观主义者”。语言是救赎的中介，但历史是灾难的剧场。

为了在“熟睡的忘却”之中不再感到痛苦，本雅明终于在德国民谣中找到一个“驼背小人”，他的深刻意图是将它作为一种传统，“既是德国的又是犹太的”，也就是说，将在尘世中因等不到弥赛亚救赎而痛苦扭曲的人，变成快乐的驼背小人，因为“当弥赛亚来临的时候，他就会消失（一位伟大的拉比曾说），弥赛亚并不希望通过暴力改变世界，而仅仅希望在其中做一点点调节”。之所以本雅明把这个“驼背小人”当做德国传统和犹太传统的交融，是因为他生存于此世，并不等待和盼望着另一个世界的到来。所以，他对生活在幻想中的人报以大声的嘲笑：

当我进入我的房间，
去铺我的小床，
一个驼背小人在那里，
笑得浑身打颤。

---

① 同上，第 51 页。

② 马丁·布伯：20 世纪最有影响的犹太哲学家和教育家，代表作有：《论犹太教》、《人与人》和《我与你》。

这笑声来自尘世之自然与无辜的生命对一切超验幻想的回答，所以，这个传统是德国式的笨重；但另一方面，嘲笑过后，他“并不希望通过暴力改变世界，而仅仅希望在其中做一点点调节”，所以，

当我跪在我的垫凳之上，
我想要祈祷，
一个驼背小人就在房间里。
他开始说：我亲爱的孩子，我请求你，
也为驼背小人而祈祷。

“祈祷”不是企求拯救，而是祝福，完全尘世式的祝福，虽然保留了希望，但不再具有超验色彩，是完全没有神存在的人的世界的希望，表明了一种绝望，很难等到“弥赛亚”的拯救。后来，本雅明又讲了一则犹太人的故事：

据说，有一个信哈西德教派的村子，一个安息日的傍晚，犹太人坐在一家破旧的小酒馆里。他们都是村民，只有一个人谁也不认识，他看起来很可怜，衣衫褴褛，蹲在一个阴暗的角落里。大家你一言我一语地聊了起来。有人提议，每个人都说说自己的愿望。头一个想有钱，第二个人想有个女婿，第三个人想有个木工刨台。就这样轮着说。每个人都说了，只剩下阴暗角落里的那个乞丐。在大家的追问下，他终于不大情愿，犹犹豫豫地回答道：“我希望，我是一个大权在握的国王，统治着辽阔的疆域，深夜躺下了，我睡在我的宫殿里，敌人从边界进犯，天还没亮，就已攻到了我的城堡前，城堡里毫无抵抗，我从睡梦中惊醒，连外衣都来不及穿，穿着衬衣就踏上了逃亡之路，我走过高山深谷，越过森林丘陵，一刻也不停歇，昼夜奔跑，直到我到了这儿，蹲在你们角落的这条凳子上，得救了。这就是我的愿望。”其他人都迷惑不解地互相看看。——“那你从这个愿望得到了什么？”有人问。——“一件衬衣”，这就是回答。[①]

---

① 《弗兰茨·卡夫卡》，本雅明著，收入《经验与贫乏》，百花文艺出版社 1999 年版，第 372 ~ 373 页。

这个故事令人称奇之处，不在于他的愿望是一件衬衣，而是他为了得到一件衬衣，所愿意付出的漫长而艰辛的过去，人只有在过去中才能把握自己，哪怕是彻底失败的过去，哪怕这个过去已经彻底成为过去，而不再可能重新获得，这个过去也不应该丢弃。这就是现代人对于传统的态度，或者说应该具有的态度。在这个时候，本雅明早年的弥赛亚已消失，物质满足已成了他心中的救赎之道。看来他是彻底绝望了。①

1939年秋，虚张声势的战争②开始，本雅明被作为敌国公民拘留在一个法国营地。接下来的一年里，他拒绝了前妻邀他一起去英国的恳求，千方百计地寻求前往美国的签证。1940年5月，德军进攻法国，6月本雅明开始四处逃亡，起初去劳德，后来又到了马赛。8月份他终于在霍克海默的帮助下获得了签证，但是却找不到船只离境。接近9月底的时候，他试图与一群难民一道穿越比利牛斯山脉，却在波港遭到了西班牙边境士兵的阻挡。当天夜里，本雅明服食了过量的吗啡而身亡。第二天，同行的其他人安全地通过了边境。③

伏尔泰说过："当一切希望都失去了，死亡成了一项责任。"对犹太人不应该是这样，当一切希望都失去时，他们又找到新的希望。即使在绝望中，他们也尝试为希望辩护，本雅明只不过是一个心急的犹太人。哥伦布发现美洲大陆的时候，是犹太人离开西班牙进入放逐的同一年，

---

① 本雅明在逃亡时，把一本名为"历史哲学论纲"的手稿交给了阿伦特。1942年，本雅明的论稿首次由社会研究所的油印本的形式发表，从此成为本雅明最具争议的作品之一。《论纲》一文反映了本雅明对于20世纪30年代后期欧洲政治的末世观，也流露出他对共产主义在希特勒和斯大林签订的《苏德互不侵犯》条约中表现的背叛深感失望。他一直固执且不负责任地对莫斯科在20世纪30年代的所谓公审中保持沉默，从未站出来公开批评过斯大林，即使许多人被关进古拉格集中营仍然如此。然而，斯大林与魔鬼缔约，最终将本雅明关于共产主义担负救赎使命的一切幻想都无情地击碎了。20年代，本雅明曾玩味过神圣的暴力，激进的决断主义及政治虚无主义；30年代早期，他仍然执著于将他所称的"破坏特质"的狂热理想化。但是现在，真正的世界末日逼近了，带来的只是撒旦的暴力，而非弥赛亚。

② 虚张声势的战争，当时盟军前线有众多英法军队，但几乎对德国人入侵波兰未采取任何行动，故被视为虚假的战争。

③《当知识分子遇到政治》，[美] 马克·里拉著，邓晓菁等译，新星出版社2005年11月版，第104页。

因为他不得不为自已的犹太同胞寻找新的避难所。[1]哈西德教派是犹太人的一个主要教派，一天，一位伟大的拉比到乌克兰的一个村庄看望受迫害的教众。许多人向他谈起被屠杀的家庭、被活埋的孩子和被亵渎的葬礼。大师听着，摇摇头说："我知道，我知道你们想要什么。我知道，你们想要我痛苦地喊叫，绝望地哭泣，我知道，我知道。但我不会，你们听我的，我不会。"接着，在一段久久的沉默之后，他还是开始喊叫了，并且越叫越响："Gewalt, Yiden, zeit zich nit meyaesh! 犹太人，为了上帝，不要绝望……犹太人，不要绝望！"在华沙的贱民区里，每天有成千上万的犹太人被杀害，然而哈西德教派的教众被催促——实际上是被命令——不要绝望！因为犹太人三千年的历史已经证明，绝望是一场渎神——一个亵渎。

有一首名为"他们杀了他们的上帝"的诗非常有名，它描述了耶稣在东欧某村庄的出现。他在寻找他的兄弟——他在寻找他的人民。当他找不到他们时，他询问一位过路人，"犹太人在什么地方？"——"被杀了。"过路人说。"全部吗？"——"全部。"——"他们的家呢？"——"被毁了。"——"他们的教堂呢？"——"被烧了。"——"他们的智者呢？"——"死了。"——"他们的弟子呢？"——"也死了。"——"还有他们的孩子呢？他们的孩子怎么样了？也死了吗？"——"所有的人，他们都死了。"耶稣开始哭泣他的人民遭受的屠杀。他哭得那么痛心以至许多人都转身看他，突然一个农民喊道："嗨，看他，这儿又有一个犹太人，他怎么还活着？"于是农民们扑向耶稣也把他杀了，杀死他们的上帝，以为他们正在杀死的不过是又一个犹太人。大屠杀的印记深深留在了每一个犹太人的心中，让他们开始绝望，甚至怀疑上帝的存在。但是，一位大屠杀幸存者却喊出这样的声音：

当敌人疯狂时，他毁灭；当杀人者疯狂时，他杀人；当我们疯狂时，我们歌唱。[2]

① 哥伦布：著名航海家，关于他的犹太血统有争议。

② 《一个犹太人在今天》，[美] 威塞尔著，陈东飙译，作家出版社 1998 年 7 月版，第 242 ~ 244 页。

六、向死而生

在我自愿和神智清醒地同这个世界诀别之前，一项最后的义务逼使我要去把它完成：向这个美丽的国家巴西表示我衷心的感激。它对我是那样善良，给予我的劳动那样殷勤的关切，我日益深沉地爱上了这个国家。在我自己的语言所通行的世界对我来说业已沦亡和我精神上的故乡欧洲业已自我毁灭之后，我再也没有地方可以从头开始重建我的生活了。

年过花甲，要想再一次开始全新的生活，这需要一种非凡的力量，而我的力量在无家可归的漫长岁月中业已消耗殆尽。这样，我认为最好是及时地和以正当的态度来结束这个生命，结束这个认为精神劳动一向是最纯真的快乐、个人的自由是世界上最宝贵的财富的生命。

我向我所有的朋友致意！愿他们在漫长的黑夜之后还能见得到朝霞！而我，一个格外焦急不耐的人先他们而去了。

斯蒂芬·茨威格

1942年2月22日于彼得罗保利斯

这是伟大的犹太文学大师斯蒂芬·茨威格的《绝命书》，这位“焦急不耐”的人终于在二战结束的前3年和妻子双双自杀于巴西的寓所中。在2月20日他给朋友的一封信中这样写道：“您知道，自从我失去了我的祖国奥地利之后，我对生命就厌倦了。我无法再在我的工作中重新找到我的真正的生命；自从我作为一个漂泊无依的人以来，内心的痛苦远比岁月更为厉害地使我变得苍老……您不要为我悲伤，我的生活多年来早就破碎了，能离开一个变得残暴和疯狂的世界，我感到快乐。”[①]此时，茨威格刚度过他的60岁生日。

奥地利作家弗兰茨·维弗尔在悼念茨威格的文章中写道：“在这战争的年代里，数以百万的人们被迫丧生，而他却自愿地结束了生命，他的

① 《茨威格小说全集·序言》（第一卷），高中甫主编，西安出版社1995年10月版，第7页。

死震惊了世界，引起了世界的注意。他的亲朋好友，他的赞赏者和崇拜者，无不发出惊颤的声音："这是为什么？一个人，他也许极为普通极为平凡，但是一旦他采取自杀的行动，恐惧便会袭上那些熟识他的人的心头，这种恐惧远甚于人类对于死亡的一般害怕。我们谈到的这种行为，是指人超越自然的疆界的一种行为。除了人类，宇宙间再没有生灵愿意自行死亡。从大自然的规律上看，自行毁灭性的本能是绝顶荒谬的，惟有天才方有能力做出这种荒谬的举动。因而，每一次自杀都构成一个谜，也许死者本人并不知晓此谜，但他却随身带走了这个谜……与他人相反，斯蒂芬·茨威格不仅是人道主义宗教的追随者，而且还是一个单纯而天真的信仰者，他在这宗教的氛围中成长起来。也许他已看到了深渊，并且作为精神分析者和塑造者渐渐走近这深渊。但是他的上方巍然铺展着他青年时代为之顶礼膜拜的苍穹——精神的、文学的、艺术的苍穹，自由乐观主义者所熟悉的并认可的独一无二的天宇。也许这片精神天空布满阴霾，给了茨威格难以承受的一击。'我觉得，'有一次他抱怨说，'我们仿佛不是经历了一代人，而是熬过了三代人。'地球变得如此可怕，就连魔鬼般的空想主义者最狂妄的噩梦也预见不到。早先自由主义的人，现在不再相信任何事，经济上好管闲事，在社会上尔虞我诈，企图通过科学消除死亡和丑恶，同样是这些人，看吧，竟蜕变成杀人犯、刽子手、恶棍、施刑者和受刑者。这是前所未有的。我们的朋友陷于崩溃，他无所适从，痛苦万分，然而却没有他创造的戏剧人物耶利米亚斯的愤怒。

……不可否认，斯蒂芬·茨威格逃避了战争。他从战场躲身到遥远的巴西，最终成为它的殉难者。在他遗留的最后信件中我读到如下的字句：'人们都那么轻松地谈论着轰炸。而当我从报纸上得知，无数的房屋倒塌，我自己也随同它们一起崩溃了。'他的死说明这些确实不是夸大其辞……在这个令人肃然起敬的场合，面对着他的骨灰盒，作为一个外行，一个门外汉，我想引用一段《米德拉西》[①]里的故事，一个古老的犹太教法典中的传说，希望不致遭到责怪。《米德拉西》中说，当法老及其军队在红海全军覆没以后，尼禄同依斯拉丝[②]的孩子们在欢呼的凯歌中登上了救命

① 米德拉西：希伯来文为 Midrash，意为解释，是犹太教解释《圣经》的布道书。

② 《米德拉西》中的人物。

之岸，就在这个时候，上帝的声音打断了他们放荡不羁的歌声，‘怎么，’上帝用责怪的声音说，‘我亲手创造的生命死亡众多，你们，你们也是我的造物，可你们却载歌载舞，难道你们胜利了吗？’”[①]

透过本雅明和茨威格的自杀事件，可以看出，人类在与苦难和绝望作斗争的过程中，没有上帝和信仰作支撑，是很难胜利的。在漫漫的历史长河中，由于上帝的眷顾，犹太人个体自杀的人数确实不多，本雅明和茨威格是极少数脆弱而敏感的人。

《塔木德》说："生者必死，死者必复活，活着必被审判，世人一定会知道和意识到他就是上帝，他制造，他创生，他注视，他审判，他见证，他抱怨；神圣的他将在来世对每一个人进行审判，他公正，他牢记，他不偏袒，他也不受贿。不要凭想象去指望坟墓将成为避难所：你们具形，你们出生，你们生存，你们死亡，你们接受我的审判，这一切都不可避免。"因此，身为犹太人的茨威格在死亡面前是非常坦然的，他在《论健康与非健康的思维》一文中写道：

要确切知道生命前程将会发生什么是太困难了，可以知道的仅仅是只有死亡是确实无疑的。死亡是证明生存过的最根本的基础，能够生存就意味着最终不得不死亡。那些认为从生存中退出也许会从死亡退出的人们，实际上只是从生存中离去了，他想从中逃离的死亡却紧紧包围在他周围，使他难以逃脱……

死亡是无药可治的，即使是健康也不能治。但是只有健康的人才有力量从生走到坟墓。病人祈祷死亡，把自己背在死亡的背上，由于对死亡的恐惧而半死。健康的人则是"在适当的时候"才遇上死亡，它是他的好朋友，知道当他来临时他会从他那恐惧、疲倦、失望的兄弟——那具带着僵硬面具的生命手中接过闪耀的火炬，他会把火炬猛掷在地将它熄灭，在刚启明的天穹之下而火炬已熄灭之时，他将已经咽气的人抱在怀里，这时生命闭上了他那雄辩的唇，而他却张开他始终沉默的嘴问道："你认出我了吗？我是你兄弟。"

---

① 《犹太名人读本》，赛妮亚编，内蒙古人民出版社 2004 年 3 月版，第 87 ~ 91 页。

“你认出我了吗？我是你兄弟。”何其平静的心态，因此，每一个犹太人在苦难面前，绝不抱怨和哭泣，要么是静静等待和反抗，而绝不麻木苟活如一头快乐的猪。

西蒙娜 · 薇依[1]说：“如果说谷粒不会死亡，这样才会由此产生其他联系，那么为了释放其内部负载的力则必得死亡。同样，为了释放被禁锢的能量，为了占有能与事物成比例的行动和自由的能力，我们也必得死亡。”[2]

马丁 · 布伯在《死亡之后》一书《对一次民意测验的答复》中写道：“真正的信仰说：我对死亡一无所知。可是我知道上帝是永恒的；还知道上帝乃是我的上帝。至于被我们称之为时间的东西是否在死亡彼岸依旧跟随我们，那是无足轻重的。”[3]

卡内蒂[4]则认为，多年来最使他动情和具有充实之感的东西，首推自己关于死亡的见解。生命的目的十分具体而且郑重，生命本来的目的乃是使人得以不死。他说：“我才 40 岁，可逝去的每一天我几乎都要获悉熟人去世的消息。随着如水的流年，死鬼逐日增加。死亡，已潜入每时每刻，每分每秒。到头来怎能不叫人以死为最后的归宿呢！”[5]

卡夫卡，1883 年生于布拉格；1917 年 9 月确诊为肺结核患者。患病之初的症状是夜间肺里出血。当时他任保险公司的雇员，正在为婚事做准备。出血，对他来说事出意外。他在致友人的信中描述了当时对医药界正急于寻找对肺病引起的咯血的止血法一无所知的卡夫卡在窗子到床铺这一空间来回踱步的情景。几周以来，他几乎成了彻夜不眠的人。这使他不得不放弃了娶妻生子和成家立业的普通公民的愿望，尽管他很希望有人为他生一个孩子。关于他对生命保障的渴求，还要追溯到他与父亲之间的冲突。父亲经商，生意兴隆，以家长制来约束妻儿；他有一副

① 西蒙娜 · 薇依（1909 ～ 1943）：著名犹太裔女思想家，皈依基督教，主要著作有：《重负与神恩》《扎根》等。

②《重负与神恩 · 序言》，西蒙娜 · 薇依著，慕尼黑科塞尔出版社 1954 年版。

③ 载于 1929 年 2 月 8 日的《慕尼黑新消息报》。

④ 伊利亚斯 · 卡内蒂：1905 年生于保加利亚，西班牙犹太裔德语作家，后流亡英国伦敦，1981 年获诺贝尔文学奖，代表作：《迷惘》、《群众与权力》等。

⑤ 摘自《记述（1942 ～ 1948）》，慕尼黑汉译出版社 1973 年版。

非常壮实的躯体——这令卡夫卡害怕和无地自容。父亲对他的患病丝毫不以为然，认为他放浪形骸，罪有应得。在每况愈下的病情中，他从未向父亲求助，尽管组建家庭的计划因肺出血而化为泡影。他的好友布洛德 1917 年在日记中说：“从卡夫卡因患病而采取的措施来看，这病是精神性的，对婚姻来说似乎是一种拯救。他把婚事称为彻底的失败！但是，自那时以来他睡得很香甜。可解放了——苦难的灵魂！”由于卡夫卡的身上有某种神经衰弱和神经官能症的倾向，所以，他从一开始就对自己的痊愈不抱任何希望。早在大量咯血之前，在他同未婚妻发生令人心碎的争执以后，他就在信中写道：

为了在这里得到的拯救我要抱怨吗？拯救不会来自这个练习本；如果我仰面朝天躺在床上，拯救一定会来。因此，我安然、轻松、淡青素白地躺在那里。别的拯救是不会来的。①

他在 1917 年的信中又说：

后来，慢慢地出现了另一个想法：我放弃了自杀的念头。现在，如果我明确地不去想那混乱的希望，不想那孤寂的幸福状态、夸张的虚荣，那么摆在我面前的就是悲惨的生，悲惨的死！②

他越来越深地认识到，在此岸已毫无获救的希望了。同他这想法平行发展的是——疾病，这一点可以从医生诊断书中看出来。③那么，卡夫卡此后对自身的态度如何？——我们找不出任何拒斥、敌意、苦行、与世隔绝的迹象。他热爱健美而训练有素的躯体。在身体方面稍有欠安不适，都会使他深感不安：一块癣疥、一个鸡眼、一个疖子。只要他身体尚且健康，

① 转引自《向死而生》，贝克勒等编著，张念东等译，生活·读书·新知三联书店 1993 年 12 月版，第 73 页。

② 转引自《向死而生》，贝克勒等编著，张念东等译，生活·读书·新知三联书店 1993 年 12 月版，第 73 页。

③ 据卡夫卡 1917 年 9 月 22 日一封信中说，他第一二次检查时身体很健康，后来发现轻度支气管炎和肺结核。

他就携同友人布洛德远足旅行，他主张大自然疗法，认为劳动会创造健康。因此，不论在什么季节，他总是开窗睡觉，室内的空气清新而凉爽，很少去疗养院。他不喝酒、不抽烟，是个素食主义者。他无比崇敬那些健壮有力、自食其力的人，以及那些能把强健体魄遗传给孩子的人。

自患病以来，卡夫卡的生活一直面向死亡。在病情确诊以后，家里让他乘车去姐姐家。父亲商号里来了两个人，用手推车帮他搬运行李。他对有人说：他们是为棺材而来。他总是拿死亡同常见的一幅油画相比较："就像学校墙上挂着的那幅亚历山大之役：重要的是要使我们的行动在我们一息尚存的时候就使这幅图画变得暗淡无光，甚至全然消失。"那么，他对死亡的态度如何呢？作为一个饱经疾病熬煎的人，他把死亡视为安息和解脱。在这个意义上说，他一再提到对死亡寄以无限的"信赖"。《圣经》认为，人是有罪的，因而肉体终归死亡。卡夫卡关于死亡的生存之辩不是这个意思；他指这样一种非可能性，即无法使一个如牛负重的精神得到善遇，无法使这样的精神得到满足。卡夫卡的死亡概念，带有他独特的伦理学英雄主义的特点。这种英雄主义使他臣服于对绝对纯洁和善良的一种不容商讨的要求。但是，同时他也意识到，他既不能逃避这种开端，也不可能完全满足该开端的要求。对善和恶的认识迫使他悟出，人无法在尘世行善。为了达到善，人就要自我毁灭。他认为，如果禁食知识之树的果实；那么死亡威胁的真义也就在于此；也许这就是自然死亡的原始含义。

人们还记得约瑟夫·K，他在卡夫卡撰写的《审判》一书结尾时对法庭要他自裁的要求，没有答应：

> K在这时十分清楚，他的义务本来是手握刀柄……猛刺自身。但是他没有这样做……他完全不能自已……对这最后的计划他负有责任（他是最高法官），他使不出自裁所少不了的这点儿残存之力。[①]

通向宇宙深处的大门是有的，可是上了锁。守门人没有留出通道。内宫的统治者向个别人颁布了诏书，可是，马不停蹄的信使穿过外墙，

① 转引自《向死而生》，第83页。

穿过熙攘的人群，穿过宽敞的房间，却无法送达有关人士的手里。“人离开了对自身具有的不可摧毁之物的坚定信念，就不能继续生活；无论是不可摧毁之物，还是信念，都是他本人所看不到的。这种隐匿性，可用对一个人格上帝的信仰来表示。”因此，对崇高的伦理道德意识的责任感，自始至终是他不可逾越的准绳。卡夫卡于 1922 年曾这样写道：

当我今天于不眠之夜让一切都在使人感到痛苦的睡眠之间反复徜徉之时，我又一次意识到我在最后的安宁时期几乎忘怀的东西。我赖以生存的基础多么贫瘠，或者干脆地说：我缺少赖以生存的基础。在黑暗的暴政敢于出没的阴森去处，我的生命受到摧残，而且全然不把我口吃的毛病放在心上。写作，得到了我；不过，如果说写作碰到了这样一个生命亦无不可。这当然不是说，要是我不去从事写作，我的生命会变得更美好：毋宁说，如果我不从事写作，情形会变得更坏、更令人无法忍受。我肯定要以疯癫终其一生。不过，这种情形只有在如下的条件下才能实现：就像实际情况所表明的那样，即使我不从事写作，我也同样是作家——而一个不写作的作家当然会是一个向疯狂挑战的荒谬的东西。但是，当作家这件事本身又是怎样的呢？黑夜里，我就像用幼稚的直观教学法那样：那是对魔鬼之助的奖赏。这是向黑暗势力的沉陷：这是自然对不自由的精神的解脱：这是可疑的拥抱、是光天化日下写小说的所不知的、暗暗进行的一切。那时也许会有别种写作，可我只知道这一种。黑夜里，每当我因为害怕而不能成眠的时候，我就只知道这一种。那上面的魔鬼般的景象，似乎清晰可见。这就是虚荣，就是绕自身或异己嗖嗖旋转的，享乐追逐，于是运动变得五花八门，成了虚荣的太阳系。而虚荣所要受享之物，也正是幼稚者时时切盼的东西：“我本来想死，想看看别人是怎么哭我的”。有这样一位作家，他一直想把上述想法变成现实；他在垂死（或者说不活）并为自己长哭不止。于是，可怕的死亡恐惧出现了，这种可怕不一定以死亡恐惧出现，而是也可以以对变革的恐惧出现……造成死亡恐惧的原因，可以分为两大群体：一，有对死亡的可怕的恐惧感，因为他还没有生过。这话并不是说，为了生少不了女人、孩子、家畜；而是说，为了生，只须放弃个人享受。搬进住宅，而不是临渊羡鱼，不是装潢门面。而是可以大谈命运。但决不要别人去摆布。可为什么到头来又懊悔不及呢？为什么悔之晚矣呢？是为了自视更美、更有味道？也许有这种原因。但为什么在这不眠的漫漫长夜里总是得出另外的结论呢："我能活，还是不活"？另一个原因是考虑到：我成了假戏真作。我用写作并没有赎回自身。我的生命长久；我要死了，现在确实要死了。我的生命比别人的甜美，因而我的死也就更为可怕。当然，我心目中的这位作家也马上就会死去，因为他完成了无本之木，无源之水，不足为训；他只不过是糟糕透顶的生命中的小小可能而已，只不过是享乐追逐的一种虚构。这就是作家。不过，我本人是不能再活下去了，因为我确实生活过了。我始终是粘土；我没有使火花变为火焰，而只是用于照亮我的尸体。

这会是独具一格的葬礼。这位作家，也就是一种不存在之物，他把这具陈腐的尸体——有史以来的尸体，交给了坟墓。为了用五官以全然自我忘怀(不是以清醒的形式。自我忘怀——这是有资格当作家的前提)；或者是为了叙述同样的内容，不过以后不会再有这样的事了。我为什么老是要谈真正的死亡呢？生命之中同样有死亡现象发生。我呆在这里，心怀作家的惬意之情流连于一切美景。必须坐而观之，不可随意乱动(——除了写作而外，我不会干别的)。就像我的真正自我一样，这个贫乏的、赤手空拳的自我会遭到魔鬼莫须有的揶揄、殴打，甚而至于被碾成齑粉。作家的亲在乃是对付灵魂的重要论据之一，因为，灵魂显然已经离开真正的自我而成了作家；它不再带着自我向前走。要么，由于灵魂同自我分离而使我自身受到极大的削弱。这个当时不曾呆在家里的自我有什么权利吓唬人、愣说房子会突然倒塌呢？倒塌的先兆，我倒是略知一二。我不搬家；我要把房子交由一切恶势力去处置。[①]

卡夫卡本来未曾设想过如何降服黑暗势力，他用一种剖白式的口吻说道：每个人都有自己的魔鬼——咬人、趁夜色害人。这无所谓善恶；这就是生命：如果没有魔鬼附体，人就活不下去。魔鬼是人的固定搭配，据说人也可以利用魔鬼来搞定点什么名堂。对人生使命来说，没有什么比这更加恢宏的画面了。这就是卡夫卡对世界的态度。人们不可抗拒这

① 转引自《向死而生》，第91～94页。

种使命；应该带着各种欲望来达到自身的目的。因此，他的处世哲学完全脱离了虚伪的肉体禁欲苦行。从敞口的深渊中冒出的对一切可疑现象的认识是过分强大了，以致他无法忍受。他是这样来描述自己的绝望境地的：

如果不是体质这样羸弱，本来是可以大体描述一番的：他的左边依偎着某D（即多拉·迪曼特——他最后年月的同居者）；要脚下还有坚实的基础，可用寥寥几笔勾成支托颈项的线条；原来面临的深渊，已成为平坦的谷底，秃鹫在上空盘旋；原来呼啸的风暴平息下来——如果一切果真如此，那么事情也就差不多了。

我们为什么要来全面地评述一下卡夫卡世界观的性质；或者说，我们为什么要来评述他的奉献精神呢？他所走的道路难道不是弯路亦或歧途吗？我们是不可以这样来认识问题的。任何疾病都是向人提出的问题。人所发现的答案，同时也就是他对人生真谛的回答。不过，这样一来，歧义也就被掩盖起来。因为，这样一来，在信仰（等于通过处世经验而去寻找真谛）即人的意志设定之外根本谈不上有什么正义与和解的一致；无论如何也谈不到信仰与健康、非信仰与疾病之间的一致。心身医学某些代表人物必不可免的危险也就在于此。对这个问题人们只能说，不许在卡夫卡致死疾病与其世界图景之间寻求什么因果关系。

但是，在卡夫卡对真理的绝对之爱与其无防护性即听任困难摆布的宿命性之间，也许是有关系的——不论是生存性的问题也好，日常生活中的细微小事的决定也好。因此，一个缺乏伦理绝对之物责任的人可以漫不经心地打发掉的事情，都成了他难以克服的困难。例如，连日常生活中一句应急的谎话都说不来。所以，他对有能力这样做的人，对那些他称之为壮汉、地球公民、经营能手的人，敬畏有余。那位屡次提到与卡夫卡有共同经历（也是卡夫卡遇到困难的原因）的米莲娜，以这样的惨痛认识作为自己报道的结束语：“弗兰克无力生活了。弗兰克永远也不会康复了。弗兰克要死了。千真万确！”报道中还说：“事情就是这样：我们大家都可按个人印象生活，因为我们说不定什么时候就会以撒谎为避难所，以盲从、激越、乐观、信念、悲观或其他诸如此类的东西为避难所。可他是决不这样干的！不会的。他根本没有撒谎能力，就像他无力醉酒一样。他没有庇护所，他上无片瓦。因此，他会遭到一切有靠山的人的危害。他就像一个赤身露体之人，立于西装革履群中……他的禁欲苦行完全是非英雄式的，因此也就更伟大、更崇高。任何英雄主义都是谎言和怯懦。他不是将禁欲苦行当成达到某种目的的手段的人；他因自己的可怕的预见、无力妥协而又纯洁无瑕，被迫实行禁欲苦行。不少敏慧过顶的人，也是不肯妥协的强者。但是，他们配戴的是奇迹眼镜，用这种镜子看人，一切都是另一番景象。因此，他们无须妥协。他们能用打字机飞快地写作（就像卡夫卡深深赞许的那位主任一样）；他可以同时拥有几个女人（米莲娜提到她的男人不忠，卡夫卡对此感到诧异）。他站在这些人旁边，以惊异的神情看着他们，看着打字机和这些婆姨们。他永远也理解不了这样的事。他写下的书，令人叫绝；他本人则更令人叫绝。”后来她又写道：“人们报导卡夫卡有反常举动，其实这正是他的长处。我则更进一步。我认为全世界和一切人都是病态的，只有他才是健全的、有正常理智的、有正常感觉的人，惟有他是纯洁的人。我知道，他不反对生命，而是反对生命的形式，因为他要自卫……世上没有第二位拥有如此巨大能量的人：他是绝对的、颠扑不破的、臻于完善的必然、达到纯洁和真理的必然。”

为了记录最微小的震动，就需有最灵敏的仪器；为了感知最高的要求，就需有敏锐的灵魂；为了眺望深渊，就要有敢闯深渊的人。壮汉、干练者、“体魄硕大无朋的资本家”，是不能完成这样的事业的。这样的事业落在了卡夫卡的肩上，这成了他的命运。他并没有推诿，足证他的伟大。他是这个座右铭的实践者：

我抱怨吗？我不抱怨。我的样子像在抱怨。我敬仰谁，我心中有数。

犹太心理学大师弗洛伊德的一生同样是伟大的一生。他说：“如果命运一下子把所有的威胁都和盘托出，那你才能谈到幸运。”他终生不渝的座右铭是：“宁身体力行，勿坐而论道”、“信仰不可少”。弗洛伊德几十年如一日。每晚都要用半个小时进行自我分析。雅斯贝尔斯认为，弗洛伊德力量的源泉在于他双亲之爱的安全感。弗洛伊德则说：一个已成为母亲爱子的男子汉，终生饱含征服者的情感。这种信心会导致成功，往往成为制胜之本。令他终生抱憾的是，他对文化和历史的兴趣未能如愿以偿："无论是现时，还是我的晚年，我都没有发现对行医生涯的特别爱好。有一种好奇之心是压倒一切的：与其说它关注自然科学现象，倒不如说它关心的是人类的利益。"

弗洛伊德 67 岁那年经医院确诊为患口腔癌，这是一种绝症。因此，他不得不首次接受手术治疗，而这一刀竟成了他致死的原因。手术后第一夜，出现口腔大出血。弗洛伊德无力求助，结果同室的一位呆小症患者帮了他的忙，弗洛伊德非常感谢他的救命之恩。这仅是第一次。

后来弗洛伊德的口腔共进行了 33 次手术，直到他与世长辞。这当中只有同年进行的第二次手术算比较成功。外科医生本想尽可能彻底地切除病灶，决定切除硬腭，因而部分软腭也成了牺牲品，结果造成口腔和鼻腔隔墙洞穿。这一后果对病人来说是严重的，不堪设想的，因为缺损部分必须用假腭隔墙封死，使得弗洛伊德进食非常困难，只好单独进餐。同时，说话也开始有了困难，鼻音浊重，发音难于听清。随着手术次数的增加以及假隔墙的配置，声音日渐难辨。自那以后，只好取消在大庭广众面前的演讲，换句话说，他必须放弃参加精神分析学大会的权利，以前他是每会必到的。为了能吸雪茄烟，他不得不用洗衣夹撬开牙关，这说明，随着时间的推移，口部状况日趋严重。从医学角度来看，是假隔墙逐渐引起了口鼻腔并发症。口腔黏膜受了刺激，引起炎症和溃疡，后来又蔓延到鼻子、耳朵，引起这些地方的炎症。于是，他不得不同假隔墙进行坚忍不拔的斗争。当时，最知名的一切专家，试图改进假隔墙，无论从抑制口鼻并发症来说，还是从改善咀嚼和语言功能来说都是十分必要的。最后的收效不一，但都不令人满意。这一年中手术不断：电子凝结术，苛性钾烧灼术等等，不一而足。弗洛伊德管这种假隔墙叫"妖怪"，它除了影响种种功能的发挥之外，还造成了几乎是永不消逝的痛楚。然而，手术还得按部就班地进行下去，这就使病人成了外科医生的附庸，他对于他们简直如影之随形，此外，手术还要求有一个类似保健医生那样的医务人员随侍在侧，进行日常的护理工作。弗洛伊德知道他的名字唤作马克思·舒尔。关于弗洛伊德直到临终最后一刻的报导，均出自他的手笔。

1931年，也就是确诊癌症的第8个年头，弗洛伊德的病情突然急转直下，口腔中又长出了恶性肿块，这一下子打消了弗洛伊德多年来心存的一线希望：他一直以为1923年确诊的癌症已由第一次手术彻底战胜了。他这时才恍然大悟："生命对我来说仍然是瞬间恩赐的食粮"；直到这时他才认识到，他本身就带有这种不可避免的致死疾病，至于什么时候走到终点，这只不过是时间问题。

癌症复发，情况十分严重，因而这以后的几个月中，又连续进行了4次手术。重病患者往往自欺地抱有不切实际的希望，这一来则全部破灭。从1931年起，他一再陷入回忆的沉思，提示了垂死的秘密进程。1936年7月，他口中又出现了恶性肿块，跟着又是一次大范围扫荡切除术。两年以后，对新长出的肿块又施行必要的手术。但这次手术进行得极不顺利。情况看来已无任何希望——肿块已向眼窝底部侵润。再说，多年来在维也纳一直为弗洛伊德施治的外科医生——皮希勒博士，已很难请到，因为弗洛伊德已流亡伦敦，新接手的外科医生不敢贸然行事，迟疑观望。一年以后，复生的恶性肿块已隐隐可见，在这种情况下的手术已属冒险。因为手术毫无成功的希望，这是事先就可断言的，所以没有做，代之以X光放射疗法。这时，放射治疗无利而有害，使本已危重的病情更加恶化：衰竭、晕眩、头痛、出血接连不断，任何主观能动性都失去用武之地。

但是，这场已历时16年的与"怪物"的大战，还在不分昼夜地继续着。具体来说，疼痛、肿胀、言语困难、进食困难……距癌症最后征服弗洛伊德只剩下屈指可数的几个月了。弗洛伊德由于疼痛难忍，已无法入睡，他精疲力竭，连喂食都极其困难，体重急剧下降，面容憔悴不堪，自感极度虚弱。1939年9月21日，这一天他抓住医生的手说："亲爱的舒尔！您也还记得我们的第一次交谈。您当时向我许诺不丢弃我，即使情况就像现在这样糟。现在，只剩下煎熬折磨，再无人生意义可言了。"舒尔向大家报道说，弗洛伊德在说上述几句话的时候，脸上无一丝表情，无一丝自怜。他对现实十分清醒。医生履行了自己的诺言，他给弗洛伊德注射了一剂吗啡，疾病沉睡，弗洛伊德也长眠不醒了。9 月 23 日清晨 3 时，弗洛伊德的心脏停止了跳动。

事情真是无独有偶。

与这个漫长的垂死相对应的是，他平生为之奋斗的事业也连遭威胁，逐渐崩溃。正当弗洛伊德得悉口腔的疾患乃是绝症之时，也恰是他得悉事业遭到恶毒摧残的当儿。在他获得殊荣的日子，他并没有得意忘形：1924 年他获得维也纳城的公民权。1933 年（即所谓的最后的一分钟），他获得法兰克福颁发的歌德奖。1936 年又获得崇高的奖赏，受聘为英国皇家科学院院士。在他致信阿诺尔德 · 茨韦格时说："这个时代在否定我和我的功绩；这个时代对现实批评的呼喊充耳不闻，决不可小看了这种情况。也许我的时代尚未到来，但就现实来说，我的时代成为过去。"这一断言是清醒的、现实主义的。因为，纳粹铁蹄所到之处，精神分析学惨遭查禁；精神分析研究所被封闭，财产充公；精神分析学家纷纷流亡国外；柏林公开焚毁弗洛伊德的著作；他的许多学生和友人殒命。卡尔·古斯塔夫 · 荣格[①]，这位多年的王储竟称弗洛伊德的学说是"犹太心理学"。1939 年，弗洛伊德与世长辞。这时在欧洲大陆已再找不到一家精神分析研究所了。在精神分析学十分流行的美国，却使他大失所望，因为那里把精神分析学以法律的形式同精神学拴在了一起。最后，他不得不忍痛离开生活了 79 年的故城；不得不忍受使他倍感亲切的人和物的重大损失；不得不忍痛割舍部分家庭成员，这些人后来都惨死在纳粹的集中营里。当然，他也深受悲观主义错误判断的影响。1931 年，在他得知体内生有癌肿之后，心情倍感压抑。再加上 1932 年出现的一系列政治事件，因此，在 1933 年《精神分析学新讲稿》一书完稿后，他认为这也许是最后的作品了。

说到这里我们不禁要问，病史与弗洛伊德本人有何关系呢；他又是怎样战胜这漫长的等死过程的呢？他写过一本书题为"一个幻想的未来"，他认为宗教是人的发明；宗教是以孩子同双亲的关系为天真的榜样的模拟产物，因孩子的特点在于不能自理，谁也不会到孩子那里寻找援

① 荣格（1875 ~ 1961），瑞士心理学家和精神病学家，曾是弗洛伊德的得意门生，因此这里称他为"王储"。后与他决裂。

助。他在1932年致阿诺尔德·茨韦格的信中说，如果说宗教就是“神圣的疯狂”，如果说宗教要以内在的希望世界来征服外在的表象世界的企图是傲慢的幻想；那么他只有在叛离毕生为之奋斗的原则、背离健康时日所遵奉的思想时才会皈依宗教了。作为欧洲启蒙运动中的理性主义者——也就是孟德斯鸠、洛克、狄德罗、费尔巴哈等人的后继者，他是不能接受下述思想的：我们之中，每个人的头上都有善的上帝的保佑；上帝是理想的天之父；死本身不意味毁灭，而是新生的开始；在彼岸世界正有一个被我们在此岸失之交臂的正果等着我们。1937年，他写给他的学生和女友马丽·波拿巴的信中所说的就是这个意思：“您一定会让我死后仍活在您的记忆中，这是我惟一认可的有限不死性。”——他无意遁入那个提出生命真谛的宗教－哲学的过渡世界，他只是把这一世界视为美丽的假象，看做现实的异己。“在人们探询生命真谛和价值的瞬间，人们反而变得病态，因为在客观上来说，既无真谛也无价值可言。”1937年5月1日他在致马丽·波拿巴的信中这样说。请看，他认为生命的真谛和价值就在于生命之本身；换句话说，就在于履行和完成每天提出日程的任务和义务；在于“生命手工业”（帕韦泽[①]语）；在于“日之所求”（歌德生前所喜爱的座右铭）。——他不对自生和苦难作任何英雄主义的渲染，无任何自炫的影子。当阿尔诺德·茨韦格想在拟议中的传记中作如此想时，他遂于1935年5月13日致该作者称：“叫我去扮演一个为人类而受难的角色，我看是困难的，尽管您的设想纯粹出于友善。我的自谴已积重难返”。诸如“英雄主义的垂死”、“征服病痛”、“与死神搏斗”一类大话，他一概视为失当和装腔作势并断然加以拒绝。他对生命垂死只抱“漠然视之”的态度，无意对自己使用“勇敢”一词。从这里我们可以看出他大有斯多噶主义者的风范，如塞内卡[②]、爱比克泰特[③]、马尔克·奥雷尔[④]等人。对他来说，这是关于人的自由的问题，他采取的态度是冷静的，不带丝毫的傲慢，而他在身体尚健时对此已提出了大胆而独特的设想，也就是说，

① 帕韦泽（1908～1950），意大利诗人、评论家、小说家、翻译家。著有《苦役》等。

② 塞内卡（公元前4～公元65），罗马时代诗人、斯多噶主义哲学家，遭尼禄赐死。

③ 爱比克泰特（55～135），罗马时代斯多噶主义哲学家。

④ 马尔克·奥雷尔（121～180），古罗马皇帝，斯多噶主义者。

他的想法是：人们当受到自我的约束来反对欲望之力，人不应该取决于外界环境。他说："这种思想之所在，那里就有自我。"这即是他哲学的核心。

那么，他认为自身漫长的垂死有什么意义呢？他要医生速赐一死，他说现在一切只剩下痛苦和折磨，这又意味着什么呢？用一句大白话来说，生命的真谛就在于，继续他以往从事的研究及其他有益的工作，同时忍受疾病一类无法改变的外部事件。千真万确，就是疾病本身也属于生命的意义，疾病等于他生命之半——危难、黑暗、损坏。癌症最后一次复发，亦即临终前的6个月，他从容地道出了肺腑之言："毫无疑问，这是我可爱的癌瘤的一次新的萌生，我与它共存了16个年头。到底哪一个更强，事先不好作出预言。"(1939年3月5日致阿诺尔德·茨韦格的信)他与疾病的共生现象，好比是一个绝妙的同盟。在他等待切除下颏伤口的一块骨头（他疼得实在无法忍受）时，他写下了这样的话："我就像一头饿疯的狗，在等待已答应我的那块骨头——只不过是我自己身上的一块。"如果我们在这里简单地说他与癌症共存了16个年头，那么切不可错误地认为，弗洛伊德以此而实现了英雄主义的理想；以为弗洛伊德恪守的乃是斯多噶派对生命的态度——完全的冷漠。我们要问，弗洛伊德是每天必须和他的病人们的下意识打交道的，他得有高度的敏感，富有同感和同情心并且倾向于用"第三听觉"来听的。这样的人怎么会对生命采取如此冷漠的态度呢？情况不是这样的。这是无限的痛楚和折磨攫取了他，使他悲哀、迷惘乃至绝望。他脑中也掠过听之任之的念头："搁置工作和责任吧！找个安静的去处，等待生命的自然终结。"1931年手术后第一次复发，这是严重的警告，证明肿瘤并未彻底根除。这时他曾问打算动手术摘除的外科医生，是否有可能听其自然，冒一冒恶性发展的风险。皮希勒博士不同意，坚持手术治疗。害怕的时刻也曾有过，"担心久病不愈，丧失工作机会"；也有过这样的时刻：既希望安宁，又担心复发，处于两难的境地。安宁，当然会使生命得以延续，而可以想见的令人忧心的痛苦却使他备受折磨。1936年致马丽·波拿巴的信，就透露了这种心境。后来，他又一次振作精神回到了现实，用他自己的话，他重又"处于自我统治之下"。早在1926年3月19日，他就曾致信艾廷贡说：

“人也可能遇到不利因素，我之所以这么说，是因为很有这种可能，然而谁也不相信这一点。请不要错会了我的意思，千万不要以为我变得垂头丧气。如果人们在一切情况下都能保持清醒的判断，我认为这本身就意味着胜利。”

一点也不错。清醒的判断，理性的需要——这就是他最后十分珍惜的价值。他曾致信在伦敦的弟弟萨穆埃尔：“我认为生命不是朋友。一定程度来说，我已是一艘破船。但是，——我仍有精力，我又投入了工作。”就是在万分困难的情况下，他也力图如此。1931 年，在确诊癌症第一次复发后第二天，他曾在信中说：“现在，我对自己很不满意。一个新出现的不安和威胁使我慎思明辨的漠然态度受到了伤害。不过，一旦情况大白之后，我还会漠然处之。”弗洛伊德不止一次地谈到他对疾病的漠然态度。也许他在感觉自身“像一座被痛苦环绕的孤岛”的逆境中，必须保持冷漠（1939 年 6 月 16 日致马丽·波拿巴的信）。其实，直至生命的最后年代，他都是满怀生机、感情丰富、目的明确的。“人自始至终都是自身感觉的奴仆”，他在一封信中这样说：他很担忧，不知是否能把本来要写下来的东西形诸笔墨：他不放心别人对他著述的翻译质量；担心“精神分析运动”能否顺利发展。

“自我的统治”，“认清形势”，“现实原则”——弗洛伊德奉为宝贵的这套格言，不容许“听天由命”的宿命论和听任摆布的存在，不惜一切，坚持到底。他认为必须清醒而客观地判断：“还能把生命意义中的多少份额变成现实。”生命，这不是随便以什么理由就可以用宝贵二字相称的东西。如同弗洛伊德所认为的人的自由一样，他把自杀选择（认为自杀有其意义）也包括在自由之内。看来，他的垂死是一个漫长的过程，天天都要同绝症纠缠、天天都要同日紧一日的疼痛打交道。这种清醒很像是一架天平的杠杆，又像是权衡损益的较量。从有益一面来说，他一直坚持研究几个题目，这是他放心不下的几个重要的题目，直到弥留。这当中起主导作用的，是他对家计的操心，也就是维持家庭的经济来源。弗洛伊德虽然行医数十年，每日工作时间长达 10 个小时，但却没有为其晚年积下足够的钱，这的确令人不解。为了挣钱，他不得不为病人出诊。例如，据我所知，手术以后他很快便恢复了诊室的业务。1938 年最后一次大型手术，当时弗洛伊德正过着流亡生活，已届 81 岁的高龄仍在为 3 名（后来是 4 名）患者治病。当然，他喜爱自己这一行，他始终以极大的好奇心从事这项活动，也一再有所发现，治疗技术也不断提高。例如，就是在生命最后的两个年头，他还撰写了 5 篇医学论文，其中《有限的和无限的分析》一篇，被认为是很重要的著述。不过，为家计着想，这仍然是他从事著述的原动力。1938 年，他曾这样写道：“如果我是单身，那我早就了此一生了。”从有益的方面来说，还有为生平事业的操劳，他要使精神分析运动连同有关研究所和研究机构继续开办下去。他要训练未来的精神分析学家，以便影响未来。他与他的学生和同事一直保持着内容十分广泛的通信联系，服务于上述目的。但是，他认为最重要莫过于著书立说，以图发扬光大。自确诊癌症起始，到生命完结为止，整个过程斗志未曾稍懈。此间发表的许多论文中有 15 篇具有永恒的意义。其中《摩西和一神教》，可以称之为他晚年生命之所系。

写作对他来说已成为一种激情，一种熟悉的锻炼方式——写作可使他身处忧患和恐惧的时刻证明自身的存在；写作成了他的保护神，使他能坚持活下去。1937 年，盖世太保开始审讯他的儿子，后来则是审讯他的爱女安娜，就是在身受集中营威胁之时，他也从未陷入冷漠。他开始动手从事著述。由于精神亢奋，无法自己著书立说，不得已动手翻译马丽 · 波拿巴论述中国种狗的书籍。

他对镇痛和使用镇定剂的态度，最能说明他对疾病的韧性战斗。医生劝他大量服用镇定剂，否则持续的疼痛以及由此引起的失眠肯定促使病情恶化。而他的答复十分干脆：“我宁可在痛苦中思索，也不愿在朦胧中胡思乱想。”对斯切潘 · 茨韦格也说过这样的话。他对此十分谨慎，只是偶尔服用过阿司匹林和氨基比林。

他战胜困境的动力是什么？为什么他把提前自杀斥为“临阵脱逃、回避使命”呢？他对汉斯 · 萨克斯所说的话回答了这个问题：“力量始终来自他在健康时日的积累。因此，现在他可以毫不费力地加以使用——乐于从事医疗、乐于研究问题、喜欢搜集小型雕塑、乐于参与世界性政治事件等等。这位重病缠身的 80 岁老人，在致信阿诺尔德·茨韦格时说道：

“这位；‘摩西’[①]没有把幻想退还给我”，“而时光却飞逝而过”。幻想来自他维持下来的人际关系：家庭、友情以及事业的自豪：“我这一大把年纪，有这许多对家庭、对朋友的爱、大胆而坚毅的事业、对胜利的切盼（即使还不是胜利本身）——谁能骤然与我比肩呢？！”（1985 年 5 月 2 日信）是的，他对自己从事的事业自豪。不过，垂老和死亡的临近，没有令他过分夸耀，没有使他把这项事业奉为僵化的闭锁的学术殿堂。在事业方面，他不抱任何幻想；他宁可把精神分析学的发现和有关理论说成“实际上还处在开始阶段，还需要不断发展、不断检验和不断加以证明”（参见《精神分析学季刊》1940 年第 206 页）。他在答谢希尔德·道利特尔对他 80 岁生日的祝贺时说：“活到这样的年纪可不容易。但春天是美丽的；同样，爱也是美好的”（1936 年 5 月 24 日）。直到弥留，他一直没有间断与友人的鱼雁往还。他接待来访，关于他们的思想和事业上的发展，互相倾慕、互相勉励。这些人中，有显赫一时的阿尔贝特·爱因斯坦、托马斯·曼、斯蒂芬·茨威格、阿诺尔德·茨威格、罗曼·罗兰、路德维希·宾斯万格、雅科布·瓦塞尔曼等名流。他想了解，在这些名家的论述中对他思想的反应。外界的惟一安慰，来自不离口的香烟。他不顾医生的警告，至死不戒。他宁可抽烟而能工作，也不愿无烟而一事无成，这一点也是没有半点含糊的。他说：“在抽烟方面，我无法创造出‘自我的统治’。”

研究工作使他同生命紧紧相连，最后就是死的问题。他用自撰的奇语来陈述自己的发现；他把自身也一并纳入了自己的体系：“我为现已成为陈腐部分的我，选择了死亡论题。我从欲望出发，被一种奇想绊了一跤，所以我要广搜博览去研究一下与死有关的各种问题。例如，我平生第一次接触了叔本华。”这是他写给路·安德烈·莎乐美的信中透露的。1938 年夏，他得出结论说：“色情的目的，在于制造日益扩大的统一性并加以保持，也就是形成约束或义务；相反，死亡欲则是以割断联系的手段达到灭绝的目的。”他矢忠于自己的信念——大胆求知，也包括死亡。这里，没有神秘和救赎的容身之地；死亡，堪称是过渡：“因为，虽然我可携妻带子安居家中共享天伦之乐，但却不能容忍我那陈腐、可怜、无可救药的亲在。因此，我只有满怀渴望向虚无过渡。”（1936 年 5 月 18 日致斯

① 指《摩西和一神教》。

蒂芬·茨威格的信。)

这个漫长的垂死就这样完结了，没有激情，也没有什么戏剧性。弗洛伊德死了，就像他曾经生活过一样。他之所以断定人生已无意义，是因为这时疾病已经剥夺了他从事研究并赋予人生以价值和意义的力量。他自由自在地死了：也就是说，他亲手打开了死亡之门。

第二章 向权力说真话

把社会机构的腐朽和摇摇欲坠的情况告诉百姓，这是我的使命；因为人们正沉醉于沾沾自喜和心满意足的境地，欢庆着国家的繁荣昌盛。必须唤醒一个破烂不堪、多灾多难、腐朽透顶的社会，使之回到忠于上帝的道路，从而作为使我们国家的政治社会获得拯救的惟一希望。

——先知阿摩司

耶和华指控他的人民，认为这个国家没有什么忠贞可言，没有人知道耶和华；这个国家除了不守信义、杀人、盗窃和通奸之外，什么也没有。因此，这个民族只能任其灭亡，因为“恶有恶报”。

——先知何西阿

在事态萌芽时明察秋毫，事先觉察到各种运动及其趋势并向人民作相应的说明；对任何一个国家都难免产生的弊端作斗争，如拖拉作风，因循守旧，愚昧无知，派性猜忌；向公众宣传团结友爱以及按时向国家提供急需品的责任。

——先知以赛亚

当权者和上层阶级，你们要对这个国家可悲的暴政、冷酷无情与堕落的邪恶行径负最大的责任。你们忘记了自己的责任，除了自我享受、贪婪、傲慢和放荡不羁外，什么也不管。妇女们狂妄自大，喜欢卖弄风骚，浮华而又奢侈淫逸；教士和先知者饮宴无度，思想错误、神智不清，给庙堂抹黑，把它搞得污秽不堪。

——先知以赛亚

整个国家极端腐朽，麻木不仁，精神上茫然不知作真正的忏悔。对一切警告都无动于衷，对别人教导他们走正路的一切企图都付之一笑，不顾各种警告与惩处依然在继续犯罪，这样的民族只有走向毁灭的道路，等待他们的命运是贫困、囚禁和死亡。

——先知以赛亚

一、信仰的含义

从公元前8世纪中叶到公元前5世纪，从所罗门王死在巴比伦之囚，犹太人中涌现出大量“义人”（亦称先知），对犹太人的生存和伦理观建设谱写了光辉的篇章，先知的言行被收录在《旧约》的《先知书》中。[①]

几代人以来，先知们一直预言希伯来人的国家将要灭亡。所以，当不幸来临时，人们并没有表现出某些难以理解的灾难会引起的那种极端愤慨。先知们似乎早已做出了回答：上帝破坏了自己的创造物。可是一旦先知们的恫吓变成现实，人们也就重新有了希望，因为令人欣慰的、获得拯救的诺言总有一天会成为事实。以色列民族只要恭顺地接受惩罚，真正悔悟，那么他们就可以寄希望于未来。在先知诺言的鼓舞下，以色列民族忠于自己的宗教信仰。它遭受了惨重的损失，甚至从许多迹象看来它已经被消灭了。但是，犹太教却发展壮大并越出了巴勒斯坦。[②]

第一位先知书的作者阿摩司说：“我原不是先知，也不是先知的门徒。我是牧人，同时又是修理桑树的。”[③]（《阿摩司书》7:14）他没有把自己看做是智力的精髓。可是他又说，他所写的都是上帝的启示，不是他受教育的结果，更不是舞文弄墨。实际上，所有古典先知都是幻象家。他们有时被描绘成奇迹的创造者，但他们特有的力量并不是妖术。他们听从神的启示，并常常被迫将这些启示传给群众。而群众并不想从他们那里得到些什么，更何况他们的使命主要是批评或谴责群众。他们把自己看做是从摩西开始的上帝的许多使者中的一员。这并不是他们的创新。他们以忠实旧有的信条来证明自己的合法性并且不断地引用上帝与其民

① 参见《犹太人之谜》，亚伯拉著，中央编译出版社2006年6月版，第11页。

② 参见《犹太史》，[以色列] 阿巴·埃班著，阎瑞松译，中国社会科学出版社1986年6月版，第48页。

③ 这句话的德语是：同时又是采集桑葚的。

过去的所立之约。像大多数宗教改革家一样，他们以为自己在致力于复古，但实际上却在谋求对以前的信仰进行彻底的变革。用考夫曼的话说就是："他们倒并不怎么反对这个民间的宗教，而更多的是要超过它。"

在希伯来人的精神世界里，古典先知们的著作构成一个整体。可是不能忘记，这些著作是在充满动乱的近 300 年的漫长岁月中产生的，也就是说，先知们生活在完全不同的政治和社会条件下。这些著书的先知从未企图越过自己的职权范围。虽然他们相信自己是上帝选定并作为使者被派往他的民那里，但他们并不认为自己比别人高明。他们不能节制喜怒哀乐，为自己的成见和偏爱所驱使。他们也常常感到软弱和无把握，甚至有时陷入悲观失望的境地。他们的见解反映了他们的哲学观点及禀性。先知书使人清晰地看到了每个先知的手稿。人们力图描绘出从一个先知到其"继承人"的连续不断的思想线索，也就是说，一些内容可能带有人为的渲染。不论各个历史阶段如何不同，先知们的思想本质是一致的。似乎这些思想的意义根本不受其产生的历史背景所限制。

要求人们遵守道德戒律这件事不是始于先知。在他们之前就已经有了善和恶的概念。但是，他们肯定是最早不依靠任何礼仪或行为准则来阐明这些概念的人。在他们看来，上帝向人们提出的要求不是狂热崇拜，而是要有良好的道德：只要人行善，就可以在人世实现上帝的意志。崇拜本身并没有真正的或超验的意义。

上帝对献给他的祭品本应感激，可是他却说：我厌恶你们的节期，也不喜欢你们的严肃会……（《阿摩司书》5：20）阿摩司用下述的话和有关的要求对礼拜做了新的解释：上帝不需要任何祭品。他说纳献祭只是为了对人类表示恩惠。只有从象征方面来看，礼拜才有意义。如果礼拜有助于认识上帝，那才有意义。但是，这里"无诚实、无善良，无人认识上帝……"（《何西阿书》4：1），所以这种不符合原来目的的礼拜，就成了对上帝名声的亵渎。

我喜爱善良，不喜爱祭祀，
喜爱认识上帝，胜于燔祭。

（《何西阿书》6：6）

希伯来语 hesed 这个字有多种含义：虔诚、善良、爱、怜悯。这个字指的是使人们行善的那种自然天性，人们从善并不是出于无奈。上帝喜欢人们从善甚于奉献燔祭。此外，他根本不向人们要求任何别的东西。

世人哪！耶和华已指示你何为善。他向你所要求的是什么呢？只要你行公义，好怜悯，有谦卑之心，与你的上帝同行。(《弥迦书》6：8)

所以，先知们猛烈地攻击各种形式的偶像崇拜。“不信上帝”并不一定意味着崇拜异神，可是它却常被用来表明某种祈祷不虔诚。以色列民族不能抵制异教礼仪的诱惑并有“淫心”(《何西阿书》5：4)，所以上帝不准备接受他们的祈祷。

“奸淫、酒并新酒，夺去了人的心……”(《何西阿书》4：11) 利欲熏心的人不可能信仰上帝。奸淫和酗酒同善良和谦逊是不相容的。

很早以前，偶像崇拜就被看做是一种罪恶。以色列应避免这种罪恶，因为上帝早已向它启示了全心全意的真正含义。以赛亚首先看到偶像崇拜不仅对以色列，而且对全人类也是一条歧路。从而，先知们就提出了一个具有普遍意义的问题。偶像崇拜与民族自尊联系在一起，但这时却颠倒了因果关系，把偶像崇拜看做是人类自尊的产物了。“人们借以进行创造性劳动和控制自然的智慧，现在已经变成一种障碍。人们依靠自己的权势创造了许多神，并通过崇拜他们来崇拜自己。”

他们的地布满了偶像。他们跪拜自己手所造的，就是自己指头所做的。(《以赛亚书》2：8)

偶像崇拜不仅抹杀了上帝的灵光，而且使人产生了统治他人的野心。所以，它是尘世一切社会弊端和道德败坏的根源。以巴别的通天塔和坚固的城堡为象征的、无止境的、人类的功名欲望引起了以赛亚的极大注意。这种野心勃勃的追求暴露了要统治他人的虚荣心。所以“高台倾倒”将宣告偶像崇拜的结束，到那时一切高傲的都将被贬低。

必有万军耶和华降罚的一个日子，要临到骄傲狂妄的，一切自高的都必降为卑；又临到利巴嫩高大的香柏树和巴珊的橡树；又临到一切高山和峻岭；又临到高台和坚固城墙。(《以赛亚书》2：12—15)

人们越是迫切地感到需要道德准则，就越发不能听任个人一意孤行。这样，道德在历史上就第一次成了一个民族生存的决定因素，先知谴责社会道德败坏比谴责任何别的东西都更为激烈。他们不再满足像拿单和以利亚时代那样，只控诉个别人。以前的先知只让大卫和亚哈二人对他们的罪恶负责，因此只有他们应受到惩罚。在这以后，先知们让整个民族对其罪恶负责并以灭亡相威胁。

以色列人和犹太人应受到惩罚，因为“他们为了银子卖了义人”。(《阿摩司书》2：6)

你们这所多玛的官长啊，要听耶和华的话！你们这蛾摩拉的百姓啊，要侧耳听我们上帝的训诲！耶和华说：你们所献的许多祭物与我何益？公绵羊的燔祭和肥畜的脂油我已够了。公牛的血、羊羔的血、公山羊的血我都不喜悦，(《以赛亚书》1：9—10)

你们举手祷告，我必遮眼不看。就是你们多多的祈祷我也不听。你们的手都沾满了杀人的血；你们要洗濯自洁，从我眼前除掉你们的恶性。要止住作恶，学习行善，寻求公平，解放受欺压的，给孤儿申冤，给寡妇辨屈。(《以赛亚书》1：15—17)

先知们特别强调统治阶级的罪恶。

我说雅各的首领，[①]以色列的官长啊，你们要听！你们不当知道公平吗？你们恶善好恶。从人身上剥皮，从人骨头上剔肉，吃我民的肉，剥他们的皮，打折他们的骨头，分成块子象要下锅，又象釜中的肉。(《弥迦书》3：1—3)

① 德文是：雅各家的首领。——译者注

所以，因你们的缘故，锡安山[①]必被耕种象一块田；耶路撒冷必变为乱堆；这殿的山必象丛林的高处。(《弥迦书》3：12)

压迫者和不属于本族的、由王任命的官吏组成的新阶级常被看做是一丘之貉。何西阿更前进了一步。他谴责君主政体，说它本身是对上帝的背叛：

以色列啊！你与我反对，就是反对帮助你的，自取败坏。你曾求我说：给我立王和首领。现在你的王在那里呢？治理你的在那里呢？让他在你所有的城中拯救你吧！我在怒气中将王赐给你，又在烈怒中将王废去。(《何西阿书》13：9—11)

从一开始就已预料到这一后果的撒母耳一定会同意上述激烈的话。

先知们的政治态度与他们的伦理观点是紧密相连的。他们最强烈地谴责穷兵黩武。他们认为，这是异教徒傲慢的表现。亚述是军事政权的典型代表，它必将受到惩罚。先知们当然不会赞成亚述的行动：

主在锡安山和耶路撒冷成就他一切工作的时候说：我必惩罚亚述王自大的心和他高傲眼目的荣耀。因为他说，我所成就的事，是靠我手的能力和我的智慧。我本有聪明。我挪移列国的地界，抢夺他们所积蓄的财宝，并且我象勇士使坐宝座的降为卑。[②] (《以赛亚书》10：12—13)

从道德观点来看，以色列依靠其军事力量就是一种罪恶；从宗教观点来看，这简直就是犯罪，因为它暴露了以色列对上帝的不信任：

耶和华说，祸哉这悖逆的儿女。他们同谋却不由于我，结盟却不由于我的灵，以至罪上加罪。起身下埃及去并没有求问我。要靠法老的力量加添自己的力量，并投在埃及的荫下。(《以赛亚书》13：1—2)

① 耶路撒冷的圣山。——译者注

② 德文的译文是：我像勇士一样把居民摔倒在地。

以色列要是坚定地相信上帝就好了——

主耶和华以色列的圣者曾如此说：你们得救在乎归回安息。你们得力在乎平静安稳。你们竟自不肯。你们却说：不然，我们要骑马奔走。所以你们必然奔走。又说：我们要骑飞快的牲口。所以追赶你们的也必飞快。(《以赛亚书》30：15—16)

先知们并不畏惧批评以色列的政策。他们认为，以色列要同埃及结盟反对亚述就犯了与亚述一样的、应受到惩罚的罪。先知们的这种看法就是把争取独立的斗争看做是反抗上帝；反之，把屈膝投降看做是忏悔和改过。于是就出现了一种奇怪的情况：只有自己放弃斗争才能得到拯救——

耶和华万军之上帝，以色列的上帝如此说：你若出去归降巴比伦王的首领，你的命就必存活，这座城也不至被火焚烧，你和你的全家都必存活。(《耶利米书》38：17)

在强大的亚述和巴比伦帝国时代，这种观点无疑是宗教和道德理想主义的顶峰。令人惊奇的是，上帝的使者似乎已丧失了普通的民族感情。难道先知们的哲学是那样地超脱，以至连自己民族的尊严都不要了吗？显然不完全如此。在敌军侵入犹大的严重关头，拉伯沙基命令打开城门时，以赛亚——尽管只有他一人坚决反对他以前信守的放弃政策——就曾请求国王进行抵抗。神圣的耶路撒冷不能向异教的亚述投降。

锡安的处女藐视你，嗤笑你，耶路撒冷的女子向你摇头。你辱骂谁，亵渎谁，扬起声来，高举眼目攻击谁呢？乃是攻击以色列的圣者。(《以赛亚书》37：22—33)

自然，耶利米先知不会撤消投降的请求。当时的形势和他的秉性都不允许他抱乐观态度。可是，他确实热爱以色列，他的哀歌充分地证明了这一点。他试图为以色列民族说情，可是上帝却告诉他：“你不要为这百姓说话。”他不能违背上帝的教诲，所以只能诅咒自己生不逢时。

甚至连极端主张宿命论的先知何西阿和弥迦也不能容忍他们的民族彻底灭亡：

以法莲哪，我怎能舍弃你？以色列啊，我怎能弃绝你？我怎能使你如押玛，怎能使你如洗扁？我回心转意，我的怜爱大大发动。(《何西阿书》11：8)

不论以色列怎么不配，上帝还是饶恕了“他产业余民的罪过”。因其祖先的缘故，这个民族将会得到拯救：

你必按古时起誓应许我们列祖的话，向雅各发诚实，向亚伯拉罕施慈悲。(《弥迦书》7：20)

以色列必将得救是先知启示的主要内容。从心理上看，这似乎表明当时的先知不准备接受以色列将彻底灭亡的观点。尽管先知们批评当时的事态，但仍具有民族感情。他们不满足于以色列只应活下去，他们认为以色列具有优越性。这种优越性不是以实力为基础，而是起源于他们的末世论。以色列不应以武力征服世界，而要用其思想去统治天下，因为“上帝的选民”得到了一项委托：人类应该通过以色列学习“认识上帝和遵守他的戒律”。

先知们虽然是唯心主义者，但绝没有不加批判的、乌托邦式的观念。他们愈是努力去完成上帝的委托，就愈发明确地意识到完成这项委托之不易。但即使这一目标永远达不到，它仍可以成为努力的方向。上帝的委托一旦实现，“最后的日子”也就到来了。

当先知决定以这种方式适应现实以后，他们就沉湎在幻象之中了。以色列在遥远的未来将由一位公正的王来治理：

耶和华的灵必住在他身上，就是使他有智慧和聪明的灵，谋略和能力的灵，知识和敬畏耶和华的灵。他必以敬畏耶和华为乐。行审判不凭眼见，断是非也不凭耳闻。却要以公义审判贫穷人，以正直判断世上的谦卑人。以口中的杖击打世界。以嘴里的气杀戮恶人。公义必当他的腰带，信实必当他胁下的带子。(《以赛亚书》11：2—5)

不仅人类将会得到上帝的恩惠，而且动物的生活也将改变。人类与动物之间几百年来的敌对状态将会结束：

豺狼必与绵羊羔同居；豹子与山羊羔同卧。小孩子要牵引它们。……断奶的婴儿必按手在毒蛇的穴上……在我圣山的遍处，这一切都不伤人，不害物。因为认识耶和华的知识充满遍地，好象水充满洋海一般。(《以赛亚书》11：6—9)

这就是预定的“最后的日子”的顶点。

……耶和华圣殿的山必坚立，超乎诸山高举过于万岭。万民都要流归这山……(《以赛亚书》2：2)

这座山不仅是一个朝拜之地，而且人类的正义也将从这里产生：

因为训诲必出于锡安，耶和华的言语必出于耶路撒冷。(《以赛亚书》2：3)

抓住先知们末世论思想的核心，人类在这个历史的顶峰会重新联合起来；各族人民将分享上帝从前只赐给以色列人的恩惠。在“最后的日子”里，天下一切民族不仅同享上帝的恩惠，而且在他的法庭面前也一律平等。于是上帝将会说：

埃及，我的百姓，亚述，我手的工作，以色列，我的产业，都有福了。

(《以赛亚书》19：25)

以色列人曾受过亚述人的压迫并惨遭埃及人的叛卖，所以上述前景几乎不能为以色列人所欢迎。但是，先知们的使命并不是努力获得百姓的宠爱。没有考虑到当时政治形势的以赛亚，在其“最后日子”的梦幻中揭开了未来的纱幕。那时的人皆为兄弟，不会再发生战争：

他们要将刀打成犁头，把枪打成镰刀。这国不举刀攻击那国，他们也不再学习战事。(《以赛亚书》2：4)

这样，人们也就看清了以色列作为这个惟一有效的宗教保护者的作用：以色列应当把人类从阻碍他们获得拯救的偶像崇拜中解放出来。正如以赛亚宣布的，人只有停止尊奉自己的神，才能获得解放。人必须放弃对自己所制造的偶像的崇拜，摆脱权力欲、贪婪和统治野心，并应该破处对国家的迷信。人若不把他们的道德义务看做是先验的、由上帝所规定的戒律，就不可能获得拯救。任何一种政体，任何更幸福的生活对人都不会有什么帮助。只有“高台倾倒、耶路撒冷战胜巴比伦”，人才能获得解放。所以，先知们认为这不仅是一种思想方法，而且也涉及一种完全固定的信念。人的心灵必须净化。不忏悔就得不到幸福。人必须先忏悔，而后上帝才喜爱他们。[①]

先知们的思想体现了人类最早的乌托邦思想，表达了犹太人对自由和正义的激情，建立了绝对的道德和绝对的信仰。先知们的许多思想就是放到今天，仍然散发着光芒。这些先知当中，最有思想的就是阿摩司，值得我们详细地介绍。阿摩司是一个性情粗犷、气宇轩昂的人，因而使我们深为敬仰。阿摩司是人类思想史上最奇特而令人难以理解的人物之一。他是人类新一代进化过程中涌现的先锋。[②]就是他给予我们下面将要谈到的那种希望精神以推动力。这是一种以完美的未来国家为中心并含

① 《犹太史》，[以色列]阿巴·埃班著，阎瑞松译，中国社会科学出版社1986年6月版，第51～60页。

② 《以色列的先知者们》，康尼尔著，芝加哥1899年版，第46页。

有最真纯的乌托邦思想因素的运动。

阿摩司生活和发表言论的时期约在公元前 8 世纪中期。那是以色列王耶罗波姆二世在位时期，他长期的英明统治使国家显得和平昌盛。[①]这是在以色列又一次度过多次艰难困苦的时期之后，再次上升到强有力地位的时期。它的最大的敌人大马士革王国业已处于决定性的败北地位，不能对以色列构成威胁；邻国则都已臣服。这时，耶罗波姆二世所统治的国家，从哈马斯直到死海，其版图之辽阔和鼎盛景象是自大卫时代以来前所未有的。以色列是尼罗河与幼发拉底河之间占统治地位的国家，国内各种事务似乎都一如既往，显得壮观而富丽堂皇，处处都表现出奢侈与富足的气派。象牙营造的宫室，山岩建成的房舍，城堡与要塞，马匹和战车，权力与浮华，所有这一切都表明当时的繁荣昌盛的景象。[②]公元前 760 年在贝瑟尔欢度秋节。按照当时的风尚，纵饮狂欢乃是顺理成章之事。罕见的豪华气派成了节日的特点，供奉了数不清的祭品。人们觉得一切都很美满。

可是，节日的狂欢突然中断，狂欢的人们从自满的迷梦中惊醒过来，因为提哥亚的牧人和无花果树的整修人阿摩司，这个其貌不扬、出身卑微但具有惊人灵感的人来到了他们中间。他斥责这帮狂欢者并预言他们很快就要遭到覆灭的命运。

有人不免自问，阿摩司有资格说这些话吗？我们的回答是：有。他是一个天性严峻的人。此外，他习惯于死海边的犹太山中那种严峻的景色。因此，牧人的孤寂生活和粗犷的环境便大大加深了他那严峻的性格。他有足够的时间去苦思冥想，审时度势，并考虑到种种后果。同时，由于他所从事的职业，他到过许多地方，见多识广，同许多人接触过。正是由于看得清，看得深，他才作出了结论，得出了解决问题的办法。从事物的浮华表面下，他那双敏锐的眼睛看到了腐朽的迹象和无可避免的衰败征兆。他看到人们狂妄自傲。这个国家所引为自豪的整个辉煌结论，在阿摩司看来，只不过是座摇摇欲坠的大厦而已，它是注定要倾覆的。他们所处的时代是虚假膜拜的时代，是人民在社会上得不到公正待遇的

① 《旧约史》，史密斯著，纽约 1915 年版，第 177 ～ 184 页。

② 《阿摩司》6：4—6。

时代。形式取代了精神，压迫窒息了正义。

在古代以色列，人们礼拜上帝总是始终带有欢庆的性质。这被认为是热爱上帝的一种表现。可是，到了阿摩司的时代，对上帝的礼拜已蜕化为恣意妄为的狂欢了。宴乐和喧嚣的狂欢已成为节日的特点。在各地庙堂里，烂醉如泥的现象和下流行为成了司空见惯的事。可是和阿摩司同时代的人却认为这是礼拜上帝的适宜做法。[①]当时的精神迷住了他们的心窍。但那些先知者尤其是阿摩司却认识到，这乃是过去异教的残余，主要是迦南派异教的残余。对阿摩司来说，这种祭祀活动非但是些与礼拜不相干的东西，甚至是很可鄙的，是罪上加罪。[②]圣殿变成了妓院。因此阿摩司大声抗议，反对在贝瑟尔举行的节日仪式。他具有真正的社会眼光，对歪曲宗教仪式的行径提出了抗议，因为政治团体的全部生活是同这些仪式息息相关的。

我厌恶你们的节日，在你们庄严的聚会上我不嗅不闻。

尽管你们向我献上燔祭与肉祭，我却不想接受；也不要看你们用肥畜献上的圣安祭。

不要让我听到你们的歌声，因为我不要听你们弹琴。

……

以色列家啊！你们在旷野四十年，不是一直将祭物和供品献给我么？

但现在却扛着你们的摩洛和春（摩洛与春代表异端邪说）的帐幕作为你们的偶像，认它们作你们的神星。[③]

对于人们如此重视的物质繁荣，这位先知却只看到由繁荣带来的种种弊端。他认为物质繁荣是表面现象，它建立在牺牲多数人的辛勤劳动上，供少数人的享受；结果使社会不公正现象猖獗起来。一方面，明显可见的是，对人民横加剥夺，穷人受骗，被迫购进劣质谷物，价格极其高昂，分量又不足。法院腐败，贿赂盛行。由于贪财，公正从根本上受到毒害。

---

① 《以色列的先知者们》，康尼尔著，第 38 页。

② 《阿摩司》：4：4。

③ 《阿摩司》5：21—26。

佃户和地主之间的关系只对地主有利。到处可以看到无耻的压迫行径。

另一方面，穷奢极欲已成为富有阶级生活的特点。富人住在豪华的宅邸里，过着游手好闲的生活，躺在铺着绸缎座垫的象牙睡椅上，吃着山珍海味，喝着上等美酒。他们浑身抹上昂贵的油膏。正如在这样一种社会制度中常见的情况一样，他称之为贝山母牛（Kine of Bashan）那样的妖冶妇女，比起男人来，甚至于更加奢侈贪婪。这伙人全部狂妄自大，浸沉在无耻的奢侈淫逸生活之中。生活普遍腐败，在这样一种时期总会流行的种种弊端也极其显著。这种腐朽之风意味着一个国家的腐朽，而腐朽的国家则意味着腐朽的个人、普遍的不平等和不公正。

正是这种可悲的社会腐朽现象激怒了阿摩司，使他作出预言。他以愤懑的激情发出的要旨是：一个建立在社会不公正之上的社会是不能持久的；作为一个国家它是注定要垮台的并且是无可挽救的。以色列作为一个国家，由于领导人的懒惰放荡，正处于崩溃之中，它很快就要在亚述人[①]的致命打击下在实体上和政治上趋于崩溃。一个压制自己穷苦百姓、怂恿贪婪、窒息良知、拒绝忠告并将上帝置于脑后的国家，是不可能有别的下场的。但阿摩司并没有像我们今天那样，以社会力量起作用的说法来解释以色列的覆亡之不可避免的道理。按照当时希伯来人的意识，耶和华是主宰一切的神祇。这一思想使得阿摩司把行将降临的灾难说成是神的惩罚。他抓住了这一伟大真理，即只有通过人与人之间的社会交往才是对耶和华效忠。他以异乎寻常而往往是惊人的诚挚态度告诫人们：

> 但愿公平如大河奔流，
> 使正义如江滔滚滚。[②]

但阿摩司预言的乌托邦思想表现在何处呢？在于他所告诫的社会方面。像其他先知者一样，阿摩司所谴责的罪恶乃是社会性的罪恶：伤害邻人，尤其是无依无靠的邻人。耶和华并不要献祭，只要人与人之间的

---

① 公元前721年即阿摩司作出预言后不满30年，亚述人对以色列的围攻宣告结束并开始他们的流亡生活。

②《阿摩司》5：24。

正当关系。阿摩司所知道的也许是他认为每个人都应该知道的是：全能的上帝所提的是在道德方面的要求。目的是：在社会上要行为公正，人与人之间要公平相待。阿摩司期望一个新世界的出现。在这个世界里，以作出贡献而不以讲究形式为理想目标。这是一个在其中可以开创社会正义新时代的世界。①

但是，对社会要进行怎样的改造，才能使这样一个社会国家实现呢？他的预言并没有提出“打倒富人、贵族、资产阶级。”而是“只要找到上帝，你们就可以生活。”②“为善不要为恶，你们就可以生活。”③

阿摩司所热切祈求的理想乃是秩序井然的社会，这个社会充满了公正与公平相待的气氛。这个完美的新社会要在社会关系上对个人和国家进行全面的改造才能实现。而这又必须重新塑造社会伦理道德，加强人们固有的是非感和正义感。这只有当人们越来越坚定地信仰耶和华，遵循他的教导，从而使他们的生活与之相一致，才有可能实现。要实现新社会，旧社会就得改变态度，重新树立集体道德，唤醒灵性，恢复对耶和华存在的信念，并坚信耶和华控制宇宙是有一定的道德目的的。

在对人民做了雷电般的强烈谴责之后，在对他们描述了难逃的劫数之后，阿摩司在最后一章中简述了狂风暴雨过后风光明媚的图景。这就是对幸福安宁的未来乌托邦投以短暂的一瞥。④

在行将降临的浩劫中，占这个国家的多数的罪人将遭到灭顶之灾，只有少数人留下来，好比经过筛选留在打谷场上的好谷子⑤。至于一些好谷子的最后出路问题则只能在重新树立受到损害的大卫王室权威中找到答案。这个王室尽管因受倾覆以色列的侵略力量的打击而遭到削弱，但经受住了考验，汇集了所有的逃亡者，并恢复了先前的气质、光辉和威力。

---

① 谈到阿摩司在这一时期的教诲时，奴逊在上述著作中写道：“我们可以将阿摩司看成是在历史长河中力图把宗教从迷信、形式主义、自私、专横的羁绊中解放出来的第一人。他曾力图将宗教视为人类心灵追求正义、真理、自由和社会进步而进行的不断斗争。”

②《阿摩司》5：6。

③《阿摩司》，5：14。

④ 许多评论家都认为阿摩司的最后一段可能是由后人增补的，为的是在社会特别困难时期加上必要的希望因素。但这实际上并不影响我们总的陈述方法。

⑤《阿摩司》9：9“我会把以色列和别的国家一起筛一遍，就像在筛子里筛选苞米一样，但不会让不好的谷粒留下来。”

在那个重建起来的国家里，拥有丰富的物质福利，这便是溢满着牛奶和蜂蜜的土地上的自然产物——由人民永世分享的福利。

但阿摩司所描述的恢复后的以色列并不是阿摩司在世时的腐朽的以色列。尽管阿摩司对之并没有明说过，但却含蓄地认为这个以色列是值得在以色列古老的乡土上予以重建的。这乃是一个免予违法乱纪的、净化了的、理想的未来以色列——一个失而复得的天堂。[①]

犹太人的伟大和聪明，就在于他们对上帝的信仰和自由的思想，但这是一柄双刃剑，使他们腐败和黑暗的王国难以统治太长的时间，很早就分崩离析，对付不了外敌的入侵，从而开始长达几千年的散居史。

二、向权力说真话

《向权力说真话》是奥斯维辛的幸存者、1987 年诺贝尔和平奖获得者威塞尔在应邀前往白宫接受由里根总统授予的国会金质成就奖章时发表的演说。由于里根总统出于冷战时期的政治和战略考虑，计划在访问德国期间造访埋葬有 47 名希特勒党卫队的比特堡军事公墓，接受奖章的威塞尔在演讲中对刚刚为其颁奖的里根总统进行了激烈的批评。他的这一做法在受奖活动中是极为罕见和不寻常的。而且在这之前，许多犹太领导人恳请威塞尔不要和里根总统正面冲突，因为民意调查显示，里根总统在第二任任期广受欢迎。但威塞尔是一个将其生命力致力于“向权力说真话”的人，他拒绝沉默。他对里根总统这样宣称：“根据我们古代的传统，我说的是犹太传统，它要求我们‘对权力说真话’。”

威塞尔在正要要求里根总统放弃计划中的访问后，以直言不讳的言辞对美国总统进言说：“这不是政治问题，而是善与恶的问题，我们永远不能把它们混淆起来。”其向权力说真话的气概受到全世界的称颂。

威塞尔还有一篇著名的演讲《60 年来的见证》，是应联合国大会邀请发表的。在第二次世界大战结束 60 周年到来之际，联合国大会于

① 《乌托邦思想史》，[美]赫茨勒著，张兆麟等译，商务印书馆 1990 年 11 月版，第 10～15 页。

2005 年 1 月 24 日在一次特别会议上举行了纪念大屠杀遇难者的活动，这是联合国有史以来的第一次。威塞尔以其固有的风格和直率告诫联合国的所有成员一定要记住大屠杀和世界在大屠杀期间和随后表现出的可耻的冷漠。同时，他袒露心扉地告诉世人："奥斯维辛的幸存者倡导希望，而非绝望；倡导大度，而非仇恨和苦痛；倡导感恩，而非暴力。我们必须积极参与，决不能把漠不关心当做一种选择。漠不关心只会帮助侵略者，而从不帮助受害者。" ①

此次会议在盟军解放纳粹死亡营 60 周年纪念日的前 3 年召开，演讲人包括联合国秘书长安南，以色列外长沙洛姆，俄罗斯人权委员会委员弗拉基米尔·卢金等人。威塞尔是一位直言号召人民起来揭露仇恨、谴责憎恨的社会活动家和作家，他以一种非常沉痛的心情说道：

今天上午站在你们面前的这个人深感荣幸。身为教师和作家，他一直是作为一项罪行的见证者进行教授和写作。这项罪行是由一个残忍的独裁政权在欧洲基督教世界和欧洲文明的心脏地带犯下的，并得到政府各部门的参与，其残忍程度是史无前例的。

每当提及那个黑暗时代，这位见证者就会面临困难。这时他的语言就成为阻碍而非表达的手段；他不再用语言写作，而是和语言作战。因为在死亡是常规而生存是奇迹的情况下，没有任何语言能够描述遇难者的感受。此外，无论你们是否意识到，他的记忆是你们记忆的一部分。今天，我作为一个古老民族的儿子向你们演讲，这个古老民族是惟一从古代延续下来的民族，这就是犹太民族。它虽然在其历史的大部分时间里历经流浪和压迫，却从未放弃获得拯救的希望。

他在年轻时目睹了任何人本来不应该看见的东西：政治狂热的胜利和对异类的意识形态上的仇恨。他看见许多人遭受屈辱、隔离、折磨、拷打乃至杀害。这些人中的绝大部分是犹太人，当然也包括其他人。而犯下这些罪行的人并不是粗俗的黑社会暴徒，而是在德国的政府、学术、工业和医疗等部门拥有高级职位的人。近年来，德国已拥有了真正的民主，

① 《犹太人告白世界——塑造犹太民族性格的 22 篇演讲辞》，徐新等编译，中央编译出版社 2006 年 8 月版。

但这个问题仍然悬而未决：在那黑暗的岁月，是什么因素促使如此众多才华横溢和尽职尽责的公务员制造了如此的恐怖？尽管历史对这一悲剧的记载至为详尽，但以其范围和程度、以其遇难者的数目、以其耻辱和苦痛的深远影响来衡量的话，奥斯维辛仍在挑战人类的语言能力和理解能力。

让我们回想一下那个时代吧：

婴儿成了党卫军训练的枪靶……青少年注定不能再长大……父母眼睁睁看着自己的孩子被扔进火坑……极度的孤独吞噬着整个民族……无尽的绝望即使在60年后仍然在白天和梦中浮现……

纳粹屠犹(Holocaust)始于何时？始于1938年水晶之夜事件中？或是始于1939年，当时一艘德国轮船圣·路易斯号载着一千多名德国犹太难民在美国海岸被拒绝登陆？又或者是始于巴比亚尔沟[①]发生的第一次屠杀呢？

我们仍然要问：什么是奥斯维辛，它是结果还是开端，是数世纪以来顽固和仇恨的启示性结果，还是人性中邪恶力量的最后一次痉挛？

奥斯维辛是与上帝的世界相平行的一种创造，拥有自己反律法主义的[②]联合国家，这些国家由不同的民族、传统、文化和社会经济领域构成，说多种语言，执着于多种信仰和记忆。那里有成年人或年轻人，但在那个世界中没有儿童和老人，因为他们已经死了。

正如我多次讲过的那样：并非所有受害者都是犹太人，但所有犹太人都是受害者。自有史以来，做犹太人本身第一次成了一种罪行，犹太出身是宣判他们死亡的原因，不，犹太儿童甚至在他们出生之前就被宣判了死刑。敌人想要得到的是结束犹太历史；他们希望得到的是一个绝绝对对、彻彻底底没有犹太人的新世界。因此有了奥斯维辛、波纳尔(Ponar)、特雷布林卡(Treblinka)、贝尔泽克(Belzec)、赫尔姆诺(Chelmno)和索比布尔(Sobibor)这些为最后解决(FinalSolution)而建立的秘密死亡工厂。

---

① 巴比亚尔沟(Babi Yar，字面意思为“娘子谷”)，位于基辅西北郊区。在1941年到1943年，德国法西斯占领者在此地屠杀了10万苏联公民，其中绝大部分是犹太人。最早一次屠杀发生在1941年9月29—30日，共枪杀了33，771个犹太人。

② 反律法主义(antinomianism)指的是基督教神学认为基督徒既蒙上帝救赎即无需遵守摩西律法的学说。

刽子手在此杀人，受害者在此死亡。

这就是奥斯维辛，一个刽子手的理想王国，这里充满着绝对的邪恶和诅咒。这里面关押着王子和乞丐、哲学家和神学家、政客和艺术家。在这里，丢掉一片面包意味着丢掉生命，朋友的一个微笑即化为第二天生存的希望。

当时，这位见证人试图理解，但至今不能明白：这种如此精心筹备的罪恶，这种无止境、无意义的残忍是怎样成为可能的？难道造物主疯了吗？难道上帝掩面不见了吗？信教者无法想象奥斯维辛到底与上帝有没有关系？那么人呢？那些有知识、有教养或者质朴守法的公民如何能在白天枪杀数百名儿童和他们的父母，晚上却仍能心安理得地欣赏席勒抑扬顿挫的诗句或巴赫的组曲 (partita) 呢？

这一灾难在历史上留下创伤，它作为转折点或分水岭已经永远改变了人们对其他人的责任感。其中悲惨、可怕的事实是：如果西方国家在希特勒占领捷克斯洛伐克和奥地利时出来干涉；如果美国从欧洲接受更多的难民；如果英国允许更多犹太人回到他们祖先的土地上；如果盟军炸毁通向伯克瑙 (Birkenau) 毒气室的铁路，我们的灾难或许可以避免，灾难的范围肯定也会减小。

我们必须记住这种可耻的漠不关心，正如我们必须记住要感激像瓦伦柏格[①]那样为数不多的英雄，他们冒着生命危险挽救犹太人。我们也要永远记住解放欧洲的军队，和解放死亡集中营的士兵，如解放布痕瓦尔德的美军、解放奥斯维辛的苏军、解放贝尔森的英军。但是对于许多遇难者来说，他们全都来得太迟了，这一点我们也必须记住。

当美军第三军解放布痕瓦尔德的时候，我们心中没有喜悦，只有伤痛，我们没有唱歌，没有庆祝，因为我们只剩下为死者诵读祈祷文 (Kaddish) 的力量。

在 60 年后的今天，代表整个世界的你们正在聆听我这一见证人的讲话。我们本可以像耶利米和约伯那样哭泣并诅咒那些不公和暴力统治的日子，我们本可以选择复仇，但我们没有。我们本可以选择憎恨，但我

① 瓦伦柏格（Raoul Wallenberg），瑞典外交人员，曾于二次大战的纳粹集中营解救出许多犹太人及战俘。

们也没有。憎恨自降身份，复仇有辱人格，两者都是疾病，它们的历史被死亡控制着。

这位犹太见证者述说犹太民族的苦难，是想以之为戒。他拉响了警报，以阻止这种事情的再次发生。他知道对于死者来说，这已经太晚了；对于被上帝抛弃、被人类背叛的死者来说，胜利来的太晚了。

然而，对于今天的孩子来说，无论我们的孩子还是你们的孩子，仍不算太晚，只是为了他们，我们来做见证。为了他们，我们义不容辞地谴责反犹主义、种族主义、宗教或种族的憎恨。今天那些鼓吹死亡和实践对死亡进行膜拜的人，那些实践自杀性恐怖主义的人，这些新世纪的祸害，必须为违犯人道之罪而受到审判和谴责。受苦受难并不能给我们带来特权；懂得如何对待苦难才是重要的。是的，过去包含于现在，但未来仍掌握在我们手中。

奥斯维辛的幸存者倡导希望，而非绝望；倡导大度，而非仇恨和苦痛；倡导感恩，而非暴力。我们决不能把漠不关心当做一种选择。漠不关心只会帮助侵略者，而从不帮助受害者。如果不对漠不关心做出高贵而必要的反应或反对，我们的记忆将会怎样呢？然而……这个世界会记取这个教训吗？

威塞尔的每一个字都仿佛一枚钉子，钉在了人类的心上，让我们永远牢记那些可怕的教训。威塞尔同犹太民族史上的那些许多伟大先知一样，走在了时间的前面，关注了本民族和全人类的苦难命运，追求公正和正义，敢于以自己的良知“向权力说真话”，为犹太的知识精英们树立了榜样，诺贝尔和平奖授予他当之无愧。

在犹太民族的历史长河中，像威塞尔这样的伟大人物层出不穷，除了先知们，还有许多人的言论体现了犹太人敢于“向权力说真话”的勇气。

迪斯累利是维多利亚女王时期的英国首相，作为一个好战的帝国主义者和政治家，他将大英帝国的影响扩展到全世界，成为维多利亚女王“最喜爱的首相”。尽管已经改宗，迪斯累利仍为自己的犹太根感到骄傲。他的小说，包括《大卫·奥饶埃》和《坦瑞德》，都取材于犹太主题。在议院中，他是犹太传统的顽强捍卫者。

1848 年 12 月 12 日，迪斯累利发表了《论犹太人在议院中的代表权》的演讲，回应罗素勋爵的提议，捍卫犹太人成为议院成员的权利。这是一个充满讽刺意味的历史时刻，因为迪斯累利本人正是因为皈依基督教才得以进入英国议院。当时，罗素勋爵提议将“一个基督徒真实信仰”的字句从议院成员的誓言中剔除，以便当选议员的犹太人能够宣誓进入议院，但当时许多基督教议员反对这一提议，这实质是拒绝当选的犹太人进入英国议院。在讲演中，迪斯累利系统而有条理地剥开拒绝犹太人进入议院观点的虚假外衣，揭露了这一观点的实质是，“产生于封建时代的罪恶诽谤，是建立在对历史、地理和神学可恶曲解基础上的罪恶诽谤”。①他诚恳地说道：

诸位，我相信基督教的教义，我认为基督教的教义会以自身具有的绝对力量克服困难前进，而且必须这样做。那些传播这些教义的人在传教过程中并未发挥太大的个人作用，因为根据那位正直可敬的先生的观点，传教者会对他希望劝其改宗的人暗示，他们将会由于皈依他所宣传的教义而获得好处。这位正直可敬的先生曾任政府大臣和殖民事务大臣。在其任内，我想他一定看到在西印度群岛及其他地方，我们的那些由审慎的代表制议会治理的殖民地，犹太人已经进入那里的议会，而且进入议会的不仅是犹太人，甚至还有异教徒，在锡兰的立法机构中甚至有佛教徒。我陈述这些事实没有任何影响你们决定的意思。我将目前的问题置于这位来自巴斯的尊贵勋爵阁下所依据的宗教基础上，这样既不将它与信仰自由原则混为一谈，也不依据其他先生所认为的不应考虑信仰的观点，我只是承认所有信仰都一样。撇开其他考虑，我所要说明的是，正是因为这是个信基督的议会，这是个信基督的国家，犹太人才应该被你们接受。至于道理，我只能说没有任何可以拿得出的道理——没有确切和绝对的理由——能被引证出来反对这位尊贵勋爵阁下的提议。这里存在着一个对这个国家有着巨大影响问题的部分，暗示着一种困境，即如果犹太人被允许进入本院，那他们将与英格兰国教教会发生关系。在我看来，这里存在一个被广泛误解的问题。我不想详述已涉及的问题，

① 《犹太人告白世界》，徐新等编译，中央编译出版社 2006 年 8 月版。

只想指出这些持犹太教信仰的人并不是那些改宗者。至于我的立场嘛，我并未仔细考虑过。不过，需要注意的是，犹太人必须是一个信教的个体。无论犹太人遭受什么样的迫害，无论犹太人受到什么样的贬黜，无论犹太人经历过什么样由愚昧传统造成的残酷虐待——这些愚昧传统确确实实影响了我所指出的与犹太人有关的公共舆论，而这些愚昧传统在基督教早期根本不存在，它们是封建时代最蒙昧时期的产物——犹太人仍由于所遵从的神圣律法以及所坚持的崇高道德延续了下来。犹太人无意于建立自己的教会。教会是一种背离他们本质的思想，异质于他们所有律法、异质于他们习俗、异质于他们所有传统的东西。这样的目标对于犹太人而言既非其所愿，也不可能。如果犹太人被允许享有作为一个臣民的公民权，那他的目标则是支持所在国的宗教机构。中国有一个大型犹太人的群落，他们有可能是早在基督教形成前数千年就已离开巴勒斯坦的犹太人后裔。作为一个忠诚、守教的民族，他们生活在那里，他们没有任何双重考虑，而是一惯支持那个国家的宗教机构。但在欧洲，在已经基督化的欧洲，犹太人在与基督教会关系问题上采取什么样的立场？犹太人反对基督教会的可能结果会是什么？难道基督教会在尝试规范人们的心灵、引导人们的道德之前，首先要做的不是熟悉犹太人的历史吗？难道不是基督教会，不论是罗马天主教还是新教，使犹太人的历史成为世界上最受赞美的历史吗？在每个圣日，你们都要向民众宣讲犹太英雄的业绩、犹太人忠诚的例子，以及记录着犹太昔日辉煌的历史。基督教会以其神圣的建筑装点所有的王国，然而，正如来自奥德海姆的这位尊贵议员所恰如其分提及的那样，在每个祭坛上，我们都能发现犹太人的律法。在每个星期天——每个主日——如果你想向至上表达赞美和感恩，或者如果你想在悲哀时找到慰藉，那么在犹太诗人的言辞中你将会找到两者。你可能会执意认为犹太人生来就反对基督教会，然而，以基督教会的名义，你应该明白，如果犹太人没有受到迫害，他们也是一个神圣的团体，他们将高尚的伦理道德、优美而虔诚的诗歌，以及所拥有的真正的信仰传给了文明世界所有的民族。我简直不敢相信，一个拥有犹太人所有传统、所有习俗、所有法律的人，一个希望不去触动任何其所生活国家宗教机构的人，竟然会怀着极大的兴趣和尊崇的感情看待天主教会，而不论这一教会是以什么形式出现的。一位可敬的先生曾经说过，使犹太人改宗并不是什么难事，第一步是要让他们了解你，确实，这不应该是一件难事。早期的基督徒无一例外都是犹太人。最初基督教的传播靠的是一些作为犹太人的人，直至其改宗为止。在教会初期，人人都是犹太人，然而，基督信仰就是靠这些人的力量、热情和真诚来宣扬开的。我也简直不敢相信，如果你们真的如此急切希望犹太人改宗——（被打断）。有先生已如此不耐烦，我对此感到遗憾。不过，我想，我是在为一项困难的事辩护，但我感到我有义务不加隐瞒地说出我的心声。促使我从事一项肯定会遭受这些尊敬的先生非议的任务，不是因为别的原因，而是因为我认为这是一项严肃的义务。①

弗兰克福特于 1882 年出生于维也纳，12 岁时定居美国，毕业于哈佛法学院，在纽约市担任助理检察官，并在 1939 年成为最高法院的陪审法官。在 1930 年，英国政府发表了帕斯菲尔德白皮书——阐明了英国严格限制犹太人向巴勒斯坦移民的政策及放弃支持在那里建立犹太家园的承诺。1930 年 11 月 2 日，在美国纽约麦迪逊广场花园的集会上，弗兰克福特发表了题为“根深蒂固偏见大暴露”的演讲，对帕斯菲尔德白皮书作出了强有力的批评，反映出美国犹太人对在英国委任统治下建立一个犹太人家园积极支持的态度。

1947 年 4 月 28 日，时任美国犹太复国主义组织主席埃巴 · 希尔沃博士在联合国大会召开的关于巴勒斯坦托管地前途的第一次会议上代表犹太人发表了《面对世界的公断》的重要演讲。在演讲中，他从历史和道德两个层面叙述了在巴勒斯坦尽快建立一个犹太人国家的必要性，并以全世界犹太人的名义，提出了犹太民族在自己的故土上重建一个犹太人国家的要求。

在陈述建立一个犹太人国家的法律依据、重要性和必要性的同时，他向联合国这样描述了犹太民族：“我们是一个古老民族，尽管在所走过的漫漫长路中几经理想破灭的打击，但我们从未沮丧过。我们从未失去对主权和伟大道德原则最终胜利的信心。在整个犹太民族寄居异乡、承

① 《犹太人告白世界》，徐新等编译，中央编译出版社 2006 年 8 月版。

受巨大苦痛的岁月里，我们始终对真理的最终胜利持有不可动摇的信念，若非如此，我们不会获得已经取得的成就。”他要求致力于世界正义和和平的联合国能够承担自己所肩负的义务，通过对一个犹太人家园建立的支持提高联合国自身的道德威信和声望。

1948 年 5 月，由犹太代办处、犹太全国委员会，以及其他党派、团体成员组成的全国行政委员会决定接受联合国大会 1947 年 11 月 29 日通过的在巴勒斯坦进行分治的决议，成立以色列国。以色列第一任总理本－古里安在委任统治国英军撤离的当天代表犹太民族宣读了以色列诞生的《独立宣言》。在宣言中，本－古里安以毫不含糊的坚定气概向全世界宣布：“犹太民族具有在自己的国土上恢复自己国家的权利。”“像所有其他民族一样，在自己的主权国家里自己决定自己的命运是犹太民族的天然权利。”宣言中，本－古里安对建立起来的国家基本政策、对外方针和未来希望作了基本的勾勒并庄严宣布：“以色列国将按照以色列先知所憧憬的自由、正义与和平原则作为立国基础，将保证全体公民，不分宗教、信仰、种族和性别享有最充分的社会和政治平等权。”反映了犹太民族追求自由、正义与和平的光荣传统。

《在联合国讨论六日战争大会上的发言》是以色列著名史学家、外交部长阿巴·埃班于 1967 年发表的重要演讲。那是一个非常时刻，由于以色列在令世人瞠目结舌的 6 天时间内以完胜的方式结束阿以间的第三次战争，苏联和阿拉伯国家的代表在联合国发起了对以色列的猛烈攻击，试图迫使其完全撤回到战前的边界。身为以色列外长的埃班代表以色列在大会上发言。他在演讲中对战争的爆发和原因进行了有条不紊的论述。整个讲演被认为是严酷事实和真实情感的结合。更为精彩的是，在所有其他发言都集中在冲突和对抗的内容时，他在演讲中为全世界描述了一个实现和平后中东的前景，而这样的描述只有先知曾经憧憬过：

在和平环境下，我们完全可以想象到贯穿北部从海法到贝鲁特和大马士革，东部从阿曼到阿曼以远，南部直到开罗的交通线。这些受阻交通大动脉的开通将对这一地区的生活、思想和贸易产生超出任何可能想象到的促进。穿越南部内盖夫，介于尼罗河谷和肥沃新月地带之间的交通完全可以在不需要改变任何政治管辖权条件下得到恢复。现在通常被描绘成阿拉伯地区的那只“楔子”将会成为一座桥梁，眼下海上出口被切断的约旦王国可以在以色列沿岸自由地进出口它的货物。在红海，合作行动有助于加快位于埃拉特和亚喀巴港口的发展，这将使以色列和约旦能保持与新兴的东非及发展中亚洲的联系。

横亘三大洲的中东完全能够成为一个繁忙的航空枢纽，可它现在却由于联合抵制和必须迂回绕道受到阻碍。现在会突然中断的电台、电信和邮政通讯完全可以使这个分裂的地区联成一体。倘若目前的障碍能够得以清除，那么，有着历史遗迹和美丽风景的中东就能吸引大量的旅游者和朝觐者。穿越国家边境的资源——死海的矿藏和内盖夫－阿拉瓦的磷酸盐——将在相互交换技术知识的基础上得到开发。在农业和工业发展方面的经济合作可以采用诸如欧洲共同体式的超国家合作。联合国可以在中东建立一个类似于正在欧洲、拉丁美洲和远东工作的经济委员会。只要地区和谐能够实现，各种专业机构便可以提高对这一地区健康和教育发展支持的力度。荒漠的开发、海水的淡化，以及对热带疾病的征服是全地区共同利益之所在，是分享知识和经验共同志趣之所在。

边境两边的以色列年轻人和阿拉伯年轻人可以在科学研究机构和大学里携手相互学习。以往的偏见可以被新的理解和尊重所取代，在知识领域将出现互惠互利的对话。在这样一个中东，军事预算将会自动地保持在一种无须强制的平衡水平上。用于安全上的大量资金就可能转而投向各种发展计划和工程项目。

因此，只要充分尊重地区的多样性，一种以前从不为人所知或从未听说过的全新历史将在东地中海地区掀开。将会第一次出现没有一个地中海民族处于被征服地位的历史，所有民族都将享有主权自由。我们现在面临的挑战是如何利用这一自由为开创性的发展服务。通向这一目标的道路只有一条。这是一条相互承认、直接接触、真正合作的道路。一条和平共处的道路。正如以色列古代先知所预言的那样，这样的道路将一直通向耶路撒冷。

1975年11月10日，联合国大会以72对35的票数（另有32票弃权）

通过了第3379号决议。这份决议号召所有国家将锡安主义看成一种种族主义而加以反对。尽管这份决议不具有约束力，但是它的影响超出了象征性的范畴，因为所有犹太人都被指责为种族主义者。赫尔佐克在大会辩论时曾指出：这个被决议指责是种族主义的民族事实上是一个造就了给世界带来崇高预言的先知的民族，它鼓舞了联合国的建立者，并装点了联合国大厦入口："这国不举刀攻击那国，他们也不再学习战事。"对即将表决的那份充满反犹主义色彩的决议，他说："对于我们犹太人民来说，建立在仇恨、谎言和自大基础上的这份决议，缺乏任何道德或法律的价值。对于我们犹太人民来说，这份决议不过是一张纸，因此我们应该这样对待它。"说完这些话，赫尔佐克就把决议撕成两半，离开了讲坛。17年后，那份受到赫尔佐克严厉斥责并被他撕成两半的决议终于被联合国通过的一份新决议宣布废除。赫尔佐克演讲的正义性得到了凸现。

夏隆斯基是一位在前苏联出生的犹太人，由于公开表达希望移居以色列的愿望，坚持不懈为争取获得离开前苏联的签证进行抗争，被前苏联当局视为持不同政见者和犹太活动分子受到迫害，1977年被当局逮捕并受到审判。当局希望通过对他的审判迫使其打消移民以色列的念头并谴责犹太文化的核心——犹太教。然而夏隆斯基的不屈不挠性格使得前苏联当局大失所望。夏隆斯基在对其宣判前的最后陈述中作了如下宣称："犹太民族——我自己的民族——被迫散居在世界各地已经两千年了，似乎已丧失了一切回归的希望。即便如此，他们每年仍固执地，以明显带有非理性的色彩互相叮嘱：明年在耶路撒冷见！今天，在我距离我的梦想、我的人民和我的阿维塔（妻子的名字）比以往更遥远的时刻，在面对摆在我面前监禁和集中营艰难岁月的时刻，我仍然要对我的妻子和我的人民说：明年在耶路撒冷见！"夏隆斯基的这一演讲从一个方面反映了犹太民族面对权力的不屈精神，代表犹太人的勇气和决心，成为前苏联犹太复兴运动的象征，并在相当长一段时间内成为全世界犹太人在逾越节家宴诵读的材料之一。

在国际正义力量的压力下，夏隆斯基于1986年2月获得释放，并在此后获准移居以色列。现在的夏隆斯基已经成为一位政治家，多次出任政府部长。夏隆斯基那篇著名的演讲辞叫做"宣判前的陈述"，值得铭记：

从本人受到调查之日起，克格勃的头目就一再对我说，鉴于我在本案中的地位，我不是会被判处无期，就是会被判处至少15年的监禁。不过，他们又许诺说，如果我能改变立场，与他们在反对犹太活动家和不同政见者的斗争问题上合作，我将得到一个象征性的短期判决，并有机会与我在以色列的妻子团聚。可是，我既没有在调查期间，也没有在审判过程中改变我的立场。昨天，公诉机关提出要求判处我15年监禁的请求。

为了从苏联移居以色列，我于5年前提出申请，申请获得一张出境签证。现在看，我距离这一目标比以往要更为遥远。这足以构成后悔的理由，但我并没有这样认为。过去的5年是我一生中最美好的时光，我对自己能够在这5年中用诚实的方式生活感到高兴，我的良心得到了安宁。我只说了我所信仰的话，即便是在生命遇到危险时也没有违背过自己的良心。

使我同样感到高兴的是，我帮助了许多需要帮助的人，帮助了那些请求我给予帮助的人。我为结识并能够与安德列·萨哈罗夫、尤瑞·奥尔洛夫、亚历山大·金斯伯格这样的人一道工作感到自豪。他们继承了俄罗斯知识界最光荣的传统。当然，更为主要的是，我感到自己成为了一个伟大历史进程的一部分，这个进程是苏联犹太人的民族复兴以及回归其故土——以色列的运动。我希望今天对我——对全体犹太人民——的不实、荒诞但极为严厉的指控不会影响到苏联犹太人的民族复兴进程——尽管克格勃一再对我宣称他们肯定会阻止这一进程，相反，这会实际产生一种推动这一进程的新的动力，如同在我们犹太人的历史上屡屡发生的那样。

我的亲人和朋友都知道，我希望去以色列与妻子团聚的愿望是多么地强烈。他们也知道，任何时候，倘若能够用我的所谓犹太活动家的名声——对我的指控坚持声称我是在为此奋斗——换取一张去以色列的签证，那该是一件多么幸福的事。犹太民族——我自己的民族——被迫散居在世界各地已经2000年了，已似乎丧失了一切回归的希望。即便如此，他们每年仍固执地，以明显带有非理性的色彩互相叮嘱：明年在耶路撒冷见！今天，在我距离我的梦想、我的人民和我的阿维塔（妻子的名字）

比以往更遥远的时刻，在面对摆在我面前监禁和集中营艰难岁月的时刻，我仍然要对我的妻子和我的人民说：明年在耶路撒冷见！

当然，对于你们，对于本法庭，一个只能宣读一份早就预备好的判决书的法庭，我无话可说。

夏隆斯基的渴望是对自由的渴望，犹太民族的渴望也是对自由的渴望——对宗教自由的渴望。自由使犹太民族受尽苦难，自由也使犹太民族无比顽强和智慧，自由是一个悖论，自由是一柄双刃剑，让犹太人遭受了多少欢乐与悲苦。没有自由，人类将毫无生机。

自由啊，多么美好而艰难的一个字眼。

三、犹太知识分子

欧洲文明的两个源头，一为希伯来文化，一为希腊文化，希伯来文化便是犹太知识分子安身立命的民族文化传统，这意味着西方文明在本质上成为犹太知识分子的精神资源。希伯来文化的精髓就是对上帝的信仰，希腊文化的精髓就是逻辑思辨能力和怀疑批判的理性精神，以及对真理的追求。很多时候，这两种精神交替着在犹太人身上发挥作用，使敬畏上帝和追求真理成为犹太知识分子的文化内核。再加上犹太人的苦难经历，使反抗和质疑成为犹太知识分子的精神内洽。

犹太作家凯尔泰斯·伊姆莱就是注脚之一。1929 年他生于匈牙利布达佩斯的犹太家庭，少年时即因为犹太出身而被关入奥斯维辛集中营，直至二战结束。凯尔泰斯在集中营里度过了 4 年的痛苦岁月，如此的牢狱生活对于一个十多岁的孩子来讲，无疑是一段无法遗忘的回忆，这无形中也为他以后的创作提供了丰富的写作素材。事实上，他后来出版的几部小说都是他在集中营亲身经历的再现。2002 年，为了表彰“他对脆弱个人在对抗强大的野蛮强权时痛苦经历的深深刻画以及他独特的自传体文学风格”以及他作为纳粹大屠杀的幸存者，诺奖委员会颁给他 2002

年度的诺贝尔文学奖。获奖后的凯尔泰斯宁愿反复强调世界对匈牙利文学的肯定，并不愿太多提及自己的犹太身份。其实，早在2001年，他接受西班牙一家日报采访时，就有过对自己犹太身份矛盾心态的表述："我生活在一个有着强烈反犹思想的社会里，我常常觉得，我是被迫成为犹太人的。我是犹太人，我接受这一点，但从很大程度上来说，这一身份的确是强加在我身上的。"他的另一句名言是：生活就是顺从，活下来的人将以弱小的经历对抗历史的横行无忌。①

与凯尔泰斯不同的是，1981年诺贝尔文学奖得主卡内蒂，他本人因长期身居西方而被外界称为"英国作家"、"奥地利作家"、"德语作家"，他清醒地称自己为一个犹太人。②埃利亚斯·卡内蒂1905年生于保加利亚，祖先是居住在西班牙的犹太人，先后在苏黎世、维也纳、法兰克福等地求学，获哲学博士学位。完整的知识背景和二希文化的交相作用，使他不仅写出了长篇小说《迷惘》，而且写出了一部"权威性"③的理论著作《群众与权力》。这部书从人的生物性和社会性的结合上剖析、阐述了人与人之间的关系。卡内蒂认为，群众与权力关系的发展过程是一个历史过程。在原始部落中，人们是怎样选出自己的领袖呢？在有些部落中最初是根据力量，人们在选择部落的领导人时采用的标准是谁的力量大。谁的力量大，谁在角逐中取得胜利，谁就成为领导者。人们崇拜力量，崇拜权力，力量与权力是相通的。群众有如下特性：一、群众数量要永远增多；二、群众的内部平等占统治地位；三、群众喜欢紧密地聚在一起；四、群众需要导向；五、在群众内部，公共目标会淹没私人目标。群众天生具有追求平等、抹杀个性的倾向。群众越不发展，就越有可能出现宗教狂热；群众越不发展，就越有可能出现凌驾于群众之上的权力。④

2005年诺贝尔文学奖得主是英国当代著名的剧作家哈罗德·品特。

---

① 参见《犹太名人快读》一书，陈香编著，中国广播电视出版社2005年1月版，第136～138页。

② 《十一位犹太裔作家获奖，诺贝尔文学奖凝聚"犹太情结"》，朱洪军文，载《中华读书报》2002年12月23日。

③ 一部"权威性的著作"，语出瑞典皇家学院。

④ 参见《群众与权力》代序，[英]卡内蒂著，冯文光等译，中央编译出版社2003年1月版。第1～3页。

在获奖前3天，他刚刚度过了自己的75岁生日。品特是一位犹太裔裁缝师傅的独生子，祖辈是来自葡萄牙的犹太人。在成长过程中，品特深受反犹主义思潮的影响。他所生活的东区街道是各地流亡来的犹太难民的聚居区，其间充斥着种种暴力。新旧犹太难民之间，犹太人与其他种族穷人之间的争斗似乎永无宁日，使得该地区成为“一种充满血腥气的政治战场”。二战爆发后，9岁的品特被送到乡下避难，躲避德军空袭。14岁时，被家人带回伦敦。就在抵达的当天，他亲眼目睹了纳粹德国投下的炸弹在头顶上呼啸而过的恐怖情景，这给他幼小的心灵上留下了长长的投影和难以修复的精神创伤。18岁时，他就读于英国皇家戏剧艺术学院。因为戏剧观和学院师生有所不同，而且对学院开设的课程毫无兴趣，于是他佯装神经崩溃而退学。也就在这一年，因思想反战，拒服兵役，两次被法庭传唤，差点因此而坐牢，后来被罚了点款了事。品特说 :“我很清楚战争所带来的灾难和恐怖。无论如何我也不会为战争出力的。”近年来，年迈的品特成为坚定的反战斗士，坚决反对美英出兵伊拉克，并指控小布什和布莱尔为战争罪犯，可见反战的种子早在他少年时代就已播下。

品特是20世纪英国戏剧的复兴者，“品特风格的”这一形容词已经进入《牛津英语词典》。就像卡夫卡、普鲁斯特以及格雷厄姆·格林一样，品特也拥有一块自己的领地。到目前为止，他共创作了29部剧本，自己导演或扮演的角色达近百部之多，他笔下的人物在无法预测的对白中，给自己设置障碍。在充满着未予澄清的威胁的台词里，其戏剧在激荡着，刺痛着。我们所听到的，是我们所没有听到的一切东西的信号。闲谈之下的深渊，除了表面应付而不愿与人沟通，支配及误导的需求，在日常生活下沸腾事件所带来的窒息的感觉，危险的故事受到审查的那种紧张的感觉。所有这一切都回荡在品特的剧作之中。由于身体原因，品特未能亲自参加瑞典学院举行的盛大颁奖仪式，但他发表了自己的讲话录音，他在题为“艺术,真理和政治”的录音讲话中,充分表达了他的思想。他说:“戏剧中的真理总是难以捉摸的。你可能永远也不会找到，但是对真理的追求却是必须的……政客们所用的政治语言不敢斗胆进入这一领域，因为根据我们掌握的证据，绝大部分政客感兴趣的不是真理，而是权力以及维护那种权力。为了维护那种权力，人民必须处在无知的状态之中，他们必须生活在对真理的无知当中。因此，包裹着我们的是一张巨大的充满着诺言的挂毯。我们就生活在这些诺言之中……作家的生活是很脆弱的，几乎是没有保护的行为。我们不必为此事掉眼泪。作家做出了他的选择，就义无返顾地走下去……作为公民来讲，要有坚定的、始终不渝的、强烈的、精神上的决心来界定我们生活及社会的真实真理，这是一个至关重要的义务，落到了我们大家身上……如果这样的决心没有体现在我们的政治见识当中，我们就没有希望恢复我们几乎已经丧失了的东西——人类的尊严。”①

很显然，品特不仅是一名优秀的剧作家，而且是一名合格的知识分子和伟大的公民——“世界公民”，关注全人类的苦难。这时，让人不由得想起了另一位诺贝尔文学奖得主、伟大的人道主义者和知识分子——托马斯·曼。②

1933年希特勒上台时，托马斯·曼正好在瑞士逗留，从此开始了一去不复返的流亡生涯，1944年获得美国国籍。尽管他很早就看不惯纳粹的行径，但最初他一直保持着沉默。后来，他反复向自己提问：我有权利保持沉默吗？一个知识分子为什么要无视自己更高的责任？他的内心非常痛苦，他有一种忍不住的愤怒，想到总有一个机会要给这个邪恶的政权以沉重的一击，尽管他不清楚什么时候该与纳粹摊牌。他有朋友加入了为纳粹鼓吹的行列，向他展示了新德国的美好前景，当时许多德国知识分子都这样做了。最后，这位德国贵族礼仪和完美行事的典范，终于在自己的书信中忍无可忍，用一种出离愤怒的声音“开骂”——他认为“野蛮和荒芜”的纳粹政府，正在用“恐怖”和“恫吓”相结合的手段使整个德意志民族的人格和精神扭曲和矮化。“反感”是曼对于在德国发生的事情的主导型情绪——“多么不可理解的粗野”！与这样一种蛮不讲理的力量去争论，是徒劳和让人感到力不从心。一个曾同德国元首

① 参见《品品特》，邓中良著，长江文艺出版社2006年1月版，第3～26页。

② 尽管所有和托马斯·曼有关的书中都没有提及他的血统，但本人根据各种资料分析认为，他一定是一名犹太人。托马斯·曼获1929年的诺贝尔文学奖，主要著作：《魔山》和《布登勃洛克一家》等。

对话、最孤芳自赏的人，在最孤独无助的情况下，自然而然转向了“开骂”。他忧心忡忡：眼下的危机是不是欧洲的人道主义危机？是不是人道主义这样一种价值已接近它的尾声？你看，那么多的欧洲人接受了德国正在发生的事情而不感到愤怒，他们的国家高兴地接受了希特勒玩弄花招的和平宣言。难道不应该有人出来纠正它？这个世界是不是疯了？托马斯·曼在那个动荡摇晃的年代，咬紧牙关，反复念叨：“在没有其他路标时，自己做自己的路标。”他的高贵本性通过下面这句话偶然现身：“没有什么比在撤退中进行光荣的小规模战斗更为美好的了。”①

《堂吉诃德和开骂》一文的作者米奇尼克引用《圣经》里说的十个人就可以拯救一座城市的话，认为十个人同样也能够拯救20世纪的德国民族，他提及的第一个人就是托马斯·曼。他说：

当你读到、听到并说起在你的祖国，德国人曾经宣称他们是超人，并以永久帝国的名义大建集中营，进行掠夺和大屠杀，毁坏人的身体和精神时，你们波兰的读者，有责任记住并重复，有一个德国的堂吉诃德，一个无助的作家，是他早在德国入侵你的国家之前，就深深地反感并希望纳粹刽子手的失败；正是他把人类休戚与共的价值，置于民族主义教条之下的种族法则之上。

因此，波兰的读者，当你想起波兰的作家和大学教授被送到死亡营和在大街上被枪决，你要咬紧牙关，固执地重复，一个休戚相关、痛如身受的密语：托马斯·曼、托马斯·曼、托马斯·曼……②

著名的犹太思想家、后现代性的预言家齐格蒙特·鲍曼认为，主宰一个社会的有两种主要力量，一种是由党和行政机构控制的主流意识形态，一种就是大众文化。在主流意识形态的宽容下，大众文化大行其道，娱乐化、庸俗化成为主流，使大众个个变成麻木苟活的“快乐的猪”，丧失公民意识，不去关注国家和社会，这样，这个社会中政客就可以大行其道。鲍曼认为，知识分子是具有“创新个性”的人，有权利对主流意

① 《正义之前·托马斯·曼的愤怒》，崔卫平著，新星出版社2005年5月版，第86～90页。

② 转引自《正义之前》，第90页。

识形态和大众文化都进行批评，并提出反对性意见，这些意见可能会更好地刺激和服务于人类的需要。知识分子应努力从社会中获取广泛的支持，从而赢得政权体制辩论的胜利。[①]鲍曼著有“现代性的三部曲”：《立法者与阐释者》、《现代性与大屠杀》和《现代性与矛盾状态》，在这些书中，鲍曼认为，如今的知识分子都会赞同西美尔[②]在第一次世界大战的前夜草草写下的那个忧郁的预感：“与所有早些时期的人们不同的是，我们已经在没有任何可供分享的理想状态下生活了一段时间了，也许甚至是没有任何理想地生活了一段时日了。”在这样的心境下，要把某人选择的价值当做具有绝对约束力的价值，就需要很大的勇气。鲍曼认为：“毫无疑问，有人将担负起那个在荒野中呼号的角色，把自己推向这个崇高的然而并不明显有效的角色，而其他许多人则把实用主义的谦逊看做更为明智的选择……这种不确定性涉及与我们的主题最为相关的问题：知识分子的社会地位以及角色的转变。有许多迹象表明，由‘立法者’这个隐喻所描述的传统角色（扮演的或向往的）正逐渐被‘阐释者’这个隐喻所体现的角色所取代。”[③]

作为一名犹太人，鲍曼喜欢引用卡夫卡有关四脚动物的一个隐喻：它的后腿已经离开了地面，但它的前腿还没有找到插足的地方。其实，人类的这一处境或多或少是普遍性的，特别是犹太知识分子碰巧首先发现他们自己正身处这一偶然性与选择性的境遇之中。鲍曼认为，他对于犹太意识的思考，是纯粹知识性的和非感情性的。鲍曼最欣赏下列三句犹太人的话：

剧作家拉斐尔说过，“我作为一个犹太人的意义是，我在任何地方出现都是不合时宜的”；

斯坦纳说过，“我的祖国就是我的打字机”；

维特根斯坦说过，“真正的哲学问题能够把握和解决的惟一地方是火

① 《后现代性的预言家——齐格蒙特·鲍曼传》，［英］丹尼斯·史密斯著，江苏人民出版社 2002 年 10 月版，第 77 ~ 78 页。

② 西美尔（1858 ~ 1918）：德国社会学家和新康德主义哲学家，犹太人，主要著作：《货币哲学》、《人生观》、《历史哲学问题》等。

③ 转引自《游荡者的权力》，包亚明著，中国人民大学出版社 2004 年 7 月版，第 57 页。

车站”。[①]

鲍曼认为，这三句话指向了同一个方向，那就是“无家可归”。[②]而正是这种无家可归的感觉，不仅使犹太人可以没有规则的束缚和看的更远，同时也使犹太人更接近于上帝的“世界公民”的视角，他们关心的是公平、正义和全人类的道德建设。

① 转引自《游荡者的权力》，包亚明著，中国人民大学出版社 2004 年 7 月版，第 54 页。

② 前文凯尔泰斯和卡内提的感受和经历不也证明了这一点吗？

第三章　以聪明定天，以智慧立地

不经审视的生活会导致一种精神神经症，自杀从来不是一种选择。我们可以运用精神维度的力量在任何一种情境中发现意义。

——弗兰克尔

任何有知识的人都不会贫穷。有知识的人拥有一切，而没有知识的人拥有什么呢？人一旦掌握了知识，他还缺少什么呢？如果一个人没有掌握知识，那他拥有什么呢？

——《巴比伦塔木德》

学习使人严谨，严谨使人热情，热情使人洁净，洁净使人克制，克制使人纯洁，纯洁使人神圣，神圣使人谦卑，谦卑使人恐惧罪恶，恐惧罪恶使人圣洁，圣洁使人拥有神圣的灵魂，神圣的灵魂使人永生。

——拉比希勒尔

学者的地位高于以色列王，因为如果一个学者死了，没有人能替代他；而如果一个国王死了，所有的犹太人都可以胜任。

——《塔木德》

世界的财富在犹太人的口袋里，犹太人的财富在自己的脑袋里。

——俗语

一、学者成为一个民族的精神领袖

茨威格在回忆录中写道：

只是到了很久以后我才明白，那种“上流”家庭的观念——在我们男孩子们看来完全是假贵族的一种装模作样——表现了犹太人最内在和最令人不解的意向之一。一般人都认为发财致富是犹太人的最终和典型的生活目的。然而没有比这看法更错误的了。发财致富对犹太人来说只是一个过渡阶段，是达到真正目的的一种手段，而根本不是他的内在目标。一个犹太人的真正愿望，他的潜在理想，是提高自己的精神文明，使自己进入到更高的文化层次。这种把精神视为高于纯粹物质利益之上的意愿，早在集中反映了整个犹太民族的弱点和优点的东方正统的犹太人中间，就已表现得一目了然：一个虔诚者，一个研究《圣经》的学者的身价，在全体犹太居民中间要比一个富翁高一千倍。就连最有钱的富豪也宁愿把自己的女儿嫁给一个穷得像乞丐似的知识者为妻，而不愿嫁给一个商人。这种对知识者的敬重，在犹太人的各阶层中都是一致的。纵然是扛着背包、冒着日晒雨淋沿街叫卖的最穷的小贩，也都愿意作出最大的牺牲，想方设法至少要让自己的一个儿子念上大学。倘若在自己的家庭成员中有一个人明显地成了称得上有知识的人，如当了教授、学者、音乐家，那么就会把这种荣誉头衔看做是属于全家的，仿佛他通过自己的成就会使全家人都变得高贵似的。在犹太人的内心，都不知不觉地在竭力避免成为一个道德上不可靠、令人讨厌、小里小气、把一切视为交易、只讲做买卖的无知无识的人，而是努力争取跻身于较为纯洁、不计较金钱的知识者的行列，说得直率一点，仿佛他要把自己和整个犹太民族从金钱的不幸中拯救出来似的。因此，在一个犹太家族中往往是经过两代人或至多三代人以后，追求财富的劲头便告衰竭，而且恰恰是在家族的极盛时期遇到了一些不愿接受自己父辈的银行、工厂、规模巨大和生意兴隆的商号的子孙。例如，有一个罗思柴尔德勋爵[1]成了鸟类学家，有一个华伯[2]成了艺术史家，有一个卡西尔[3]成了哲学家，有一个塞松[4]成了诗人，这些都不是偶然现象；他们都被一个无意识的相同欲望所驱使，即：要使自己摆脱那种只知冷酷地赚钱的犹太人小天地。也许这也正表现了他们那种隐藏的渴望：通过进入知识阶层，从而使自己摆脱那种纯粹犹太人的气质而获得普遍的人性。也就是说，一个“名门”世家的涵义并不仅仅是指这种称呼所表示的社会地位，“名门”世家是指一个犹太家庭通过它对另一种文化和尽可能是一种兼容一切的文化的适应，使自己摆脱了或者开始摆脱犹太社区强加于它的一切缺陷、狭隘和小气。不过后来由于大量的犹太人从事知识分子的职业，在犹太人中占了过多的比例，这种进入知识阶层的做法，也就像以前只着眼于物质利益时一样，又给犹太民族带来深重的灾难。大概这种无所适从。永远自相矛盾的现象，是犹太人命中注定的吧。[5]

茨威格认为，被世界人民称颂为19世纪维也纳文化的十分之九，是由维也纳的犹太人创造的。如果没有犹太资产阶级和犹太艺术家这种坚持不懈激励一切的兴趣，而仅仅依靠朝廷、贵族和那些宁愿赛马和打猎但不愿促进艺术的信奉基督教的百万富翁们的冷漠态度，那么维也纳在艺术方面就会落后于柏林，就像奥地利在政治方面落后于德国一样。谁想在维也纳做一点艺术方面的创新，谁从外地来到维也纳做客，想在这里找到自己的知音，那么就得指望这样的犹太资产阶级。在反犹主义时期，有人想在维也纳创立一家反犹的“民族剧院”，结果既找不到编剧，也找不到演员和观众，不到几个月工夫，这家剧院就垮台了。茨威格继续回

---

① 系指犹太族大银行世家罗思柴尔德家族的后裔莱昂内尔·沃尔特·罗思柴尔德男爵，1899～1910年为英国下院议员，著有动物学论文。

② 系指大银行世家华伯家族的后裔艾比·华伯，1866～1929年，他是德国艺术史家，以研究欧洲文艺复兴时期的艺术著称，他是大银行家保尔·莫里茨·华伯的哥哥。

③ 系指恩斯特·卡西雷尔，德国哲学家。

④ 系指英国诗人西格弗里德·塞松，他是19世纪西班牙犹太巨富塞松家族的后裔。

⑤《昨日的世界——一个欧洲人的回忆》，斯蒂芬·茨威格著，舒昌善等译，生活·读书·新知三联书店1996年7月版，第12～第13页。

忆说：

因为正是在19世纪的末年，维也纳的犹太人在艺术创作方面变得相当活跃——而在西班牙的犹太人当时正面临着艺术方面的可悲没落——诚然，这种艺术绝不可能是以一种犹太人特有的形式出现，而是通过移花接木的奇迹，表现出最强烈的奥地利和维也纳的特点。在音乐创作方面，戈德马克①、古斯塔夫·马勒尔和勋柏格②成了国际的人物，奥斯卡·施特劳斯③、莱奥·法尔④、卡尔曼⑤使圆舞曲和轻歌剧的传统获得新的繁荣。霍夫曼斯塔尔、阿图尔·施尼茨勒、贝尔·霍夫曼⑥、彼得·阿尔腾贝格⑦等人使维也纳文学达到欧洲的水平，这是格里尔帕策⑧和施蒂弗特⑨所代表的维也纳文学从未达到过的。索嫩塔尔、马克斯·赖因哈德⑩使这座戏剧城市再度誉满全球。弗洛伊德和科学界的泰斗使早已闻名的维也纳大学举世瞩目。——这些身为学者、艺术名流、画家、导演、建筑师和新闻工作者的犹太人，在维也纳的精神生活中无可争辩地到处享有较高和崇高的地位。由于对这座城市的热爱和那种入乡随俗的愿望，他们使自己完全适应了这里的环境，并且觉得能为奥地利的荣誉效劳，不胜荣幸；他们觉得为自己的奥地利作出贡献，是自己的生命使命，的

① 卡尔·戈德马克（1830～1915），奥地利著名作曲家，祖籍匈牙利，著名代表作歌剧《示巴王后》、交响乐《乡村婚礼》、交响序曲《沙恭达罗》等。

② 阿诺尔德·勋柏格（1874～1951）奥地利作曲家和音乐理论家，十二音体系写作法的奠基人。

③ 奥斯卡·施特劳斯(1870～1954)奥地利作曲家，以创作轻歌剧和喜歌剧的乐曲闻名于世。曾于1938年经巴黎前往纽约和好莱坞，1948年重返维也纳。

④ 莱奥·法尔（1873～1925），奥地利作曲家，新轻歌剧作曲家的重要代表之一。

⑤ 埃梅里希·卡尔曼（1882～1953），匈牙利作曲家，世界著名轻歌剧作曲家。

⑥ 夏德·贝尔·霍夫曼（1866～1945），奥地利作家，曾攻读法学，霍夫曼斯塔尔的朋友，1938年流亡瑞士，后移居美国，犹太复国运动的参加者，主要作品有未完成的戏剧三部曲《大卫王的冒险故事》。

⑦ 彼得·阿尔腾贝格（1859～1919），奥地利散文家，第一次世界大战在维也纳负有盛名。

⑧ 弗朗茨·格里尔帕策（1791～1872），19世纪奥地利著名剧作家，人道主义者，深得歌德和拜伦的赞赏，代表作有“命运悲剧”《太祖母》、爱情悲剧《萨福》等。

⑨ 阿达尔贝尔特·施蒂弗特（1805～1868），奥地利小说家，早期受德国浪漫派影响，日后倾向古典主义，擅长写中短篇小说，因文笔优美而获较高评价。

⑩ 马克斯·赖因哈德（1873～1943），奥地利著名演员，1900年任柏林德意志剧院领导人。

确，应该实事求是地再次指出这一点：在现今欧美的音乐、文学、戏剧和工艺美术中被人赞誉为是奥地利文化获得新生活的相当一部分——如果不说大部分的话——是由维也纳的犹太人创造的；而犹太人自己则在这种移花接木的工作中达到了千余年以来精神追求的最高成就。几个世纪以来无处寻找出路的智能在此和已趋式微的传统结合在一起，以新的生气和勃然的活力使旧的传统获得新的生命，焕发出新的青春。只是最近几十年想把这座城市强行民族化和地方化的企图，才大大亵渎了维也纳，因为这座城市在精神和文化方面恰恰遇到最多样化的因素，它在思想上完全是超民族的。维也纳的天才——一种独特的音乐天才，从来都是把民族和语言的一切对立因素和谐地融合在自身中；维也纳文化是西方一切文化的综合。凡是在维也纳生活和工作的人都感觉到自己摆脱褊狭和成见。再也没有一个地方能比在那里更容易当一名欧洲人。而我知道，我之所以能早早学会把欧洲共同联合的理想作为我心中的最高理想来加以热爱，在相当程度上应该感谢这座早在马可·奥勒留[①]时代就维护着罗马精神——兼容一切的精神的城市。[②]

茨威格的话在另一部有关心理学的书中得到了印证，该书介绍了一位心理学大师弗兰克尔，他也是出生于维也纳的一名犹太人。弗兰克尔曾是阿德勒的学生，创办了从弗洛伊德到弗兰克尔的第三个心理治疗学派。在心理学领域，除荣格以外，几乎是清一色的犹太人，而且大多从维也纳出来，连弗洛伊德本人也概莫能外。在纳粹非常疯狂的时代，弗兰克尔去美国的签证获得了批准，这使他陷入了痛苦的沉思。他遮住了那颗犹太人必须佩戴的黄星，走进了维也纳市中心的教堂，那里正有一场管风琴演奏会。他找了一个座位坐下，默默祈祷："主啊，给我一个暗示吧！"是留下来与家人在一起，寄望于他们也许会得救呢，还是到美国去，继续他的心理学方面的开创性工作呢？他回到家中时，发现父亲

① 马可·奥勒留（121 ~ 180），公元 161 ~ 180 年的古罗马皇帝，新斯多葛派哲学家的主要代表之一，经年用兵，势力达到多瑙河畔，相传因瘟疫死于 Vindobona（今维也纳）附近。

②《昨日的世界——一个欧洲人的回忆》一书，斯蒂芬·茨威格著，舒昌善等译，生活·读书·新知三联书店 1996 年 7 月版，第 25 ~ 27 页。

正泪流满面。他问发生了什么事，父亲说："维克多，纳粹把犹太教堂毁了。"说完他给弗兰克尔看一块他抢救出来的大理石碎片。在他父亲手中这块托拉的碎片上刻着一个字母，正是圣训"给你的父亲和母亲带来荣誉"的第一个字母。弗兰克尔当即给美国大使馆打电话，取消了他的签证。他已得到了他需要的神示。他决定留下来是一种象征自我超越的行为，是一种他所谓的"人格意义"。最后，他在集中营里度过了两年半的生活，并通过对其他犯人的关怀，成为了承载爱的意义的载体。正如他所说："在集中营时，一个人对母亲的爱使他为了她而活了下来。从根本上讲，他之所以爱我们，能够记住我们，是因为我们所做的事，而不是因为我们的外表。一切出于爱心而做的事都有价值，其余的都将随风而逝。"弗兰克尔虽然认为苦难是人生的一个基本条件，但关键还在于超越苦难并获取意义。他说：当灾难袭来时，我们要问的不是"为什么"，而是"我该怎么做？"在奥斯维辛营，弗兰克尔把自己的衣服上缴后，领到了从前一个犯人的衣服。那个人已经被送到毒气室了，弗兰克尔在一个口袋里发现了一张从希伯来祈祷书上撕下来的纸，上面是犹太教祈祷文中最重要的一段文字。因此，弗兰克尔认为，当苦难不可避免时，只有自我精神力量才能够在悲惨的境遇中发现意义。这就是犹太人的精神追求，而当厄运袭来时，恐怕一切的外在东西均毫无意义。[①]

除此而外，强调精神性和社会道德感的犹太教还高度主张思想自由。西蒙娜·薇依是一位皈依基督教的犹太人。她的生命虽然很短暂，却体现了人生的价值。她曾参加反对纳粹的抵抗组织，生活上她严格自律，只消耗按票证给予的食物数量。这使她本来就比较虚弱的身体很快就垮了下去。她忍受着饥饿和肺病的煎熬，终于住进了医院。在医院里，她为受到某些特殊待遇深感痛苦。因为她为一名上帝的子女，长期以来，她对身处某种特权地位深感厌恶。只有当她同身处底层的广大贫苦百姓在一起时，她才感到自在。薇依很快就去世了，她曾说："弥留，是至高无上的茫茫黑夜，即使是完美无缺者也需要它，以实现绝对的纯洁，为

---

① 《弗兰克尔：意义与人生》，[美] William Blair Gould 著，常晓玲等译，中国轻工业出版社 2000 年 1 月版，第 2 ~ 21 页。

此，我宁愿它是苦涩的。”[①]正是由于高度的精神追求，才使犹太人与众不同；也正是由于高度的精神追求，才使犹太人战胜了无边的苦难。所以，针对叔本华和萨特这些思想家的观点，薇依毅然作出了驳斥：“说尘世毫无价值，说生命毫无意义，并以恶是荒谬的作为证明。可是，若说这些毫无价值，那么，恶又剥夺了什么呢？”

正是因为高度的精神追求，学习成为犹太人完成上帝律法和提高自身素质的惟一手段，也成为信仰的一部分。有人做过一个“统计”:“书写”一词在荷马史诗《伊利亚特》中只出现过1次，在《奥德赛》中1次也没出现，而在《圣经》中则出现了429次。这种现象可以看做是犹太人“以文字和教育形式加强和延续‘文化疆界’的努力”。在犹太教中，勤奋好学不但仅次于敬神，而且也是敬神的一部分。世界上没有哪一种宗教像犹太教那样对学习和研究如此“强调”。正是这些宗教上的规定，使犹太人形成了一种几乎全民皆有文化的传统，学者被推上了最崇高的地位。[②]在古代犹太社会，凡精通犹太法典的人，都不必纳税。因为大家认为他们都是犹太先驱，理当受到礼遇。[③]

犹太人的求知欲，是从小接受家庭教育养成的。当小孩子稍懂事时，母亲会在《圣经》上滴一点蜂蜜，叫孩子去吻，让孩子在心灵上知道书本是甜蜜的。当孩子稍大一点，几乎都要回答这样一个问题：假如有一天房子被烧，财产全部被抢光，你将带着什么东西去逃命？如果孩子回答是金钱或钻石，母亲会进一步启发地问：有一种没有形状、没有颜色、没有气味，但却最宝贵的东西，你知道是什么吗？要是孩子回答不出来，母亲会告诉孩子：因为智慧是任何人都抢不走的，你只要活着，智慧就永远跟着你。

犹太人爱书有悠久的传统，不论大人孩子都爱读书，人均占有的图书量，每年读书的时间和数量，都超过世界上任何一个国家，居世界之最。在犹太人家庭中，可以没有高档家具，但不能没有书橱书架，犹太

---

① 《重负与神思》，［法］薇依著，顾嘉琛等译，中国人民大学出版社2003年10月版，第11～13页。

② 《世界上最成功的教育》，肖宪等著，中国工人出版社2005年5月版，第13页。

③ 《中东风云》，萧曦清著，（台北市）牧村图书2003年版，第104页。

人还有一个世代相传的习俗，就是书橱一定要放在床头，而不是放在床尾。他们视书为高洁之物，若放错了位置，就被认为对书不敬而受到指责。人们日常也十分珍惜书。犹太人从来不焚烧书本，即使是攻击犹太人的书，可以不看，但不许毁坏。而且，书损坏了一定要修补。

犹太人不仅喜爱读书，渴望知识，而且更重视才能，即不是为读书而读书，读书只是一种手段，学了能用才是目的。所以他们认为，一般的学习是一种模仿，而要有创新就必须思考。学习是寻找智慧的大门，学的越多，知识越多，也就越能提出质疑，所以思考和提问会使人进步，发问和答案一样重要。他们把仅有知识而没有才能的人比喻为“背着很多书的驴子”，徒有其名。正是基于这种认识，犹太人教育孩子时特别注重与孩子的思想交流，孩子既受大人的教诲和指导，也可以同大人谈话并讨论，甚至可以争论不休。孩子们越会思考，提的问题就越多，争论的水平也就越高，这才反映出是把所学的知识真正学到了手了。人们发现，犹太人所具有的出色口才和高智力水平，正是与此有着密切的关系。犹太人重视知识，所以十分尊敬有知识的学者和传授知识的教师。有的民族看重权贵、王侯、富豪，并把他们的地位放在学者和教师之上，犹太人却更看重学者和教师，认为他们比国王更伟大。在犹太人家庭中会有这种情况：家庭中产生了议员、部长、将军，并不被看重，而如果产生了一名或几名博士、教授，才更为荣耀。在犹太人中流传着这样一句名言：教师比父亲重要。有人作过这样的测试，让孩子回答这样的问题：假如父亲和教师双双遇险，而只能救出其中一人时，你会救谁？孩子一定会回答救教师，因为在犹太人社会里传授知识的教师更重要。犹太人有一句格言也反映了这种观念：“为使女儿嫁给学者，即使变卖一切家当也值得；为娶学者的女儿为妻，纵然付出所有的财产也在所不惜。”[①]

公元70年，当罗马大军在梯图斯率领下攻陷了耶路撒冷城池，放火焚毁了第二圣殿，残酷镇压了犹太民族的反抗时，人们开始担心犹太民族的命运，担心犹太民族在过去上千年历史时期中创造出的独特文明形式——犹太文化的命运。没有多少人对犹太民族及其文化的留存抱有太大的希望，因为当时中东地区的历史已经清楚地表明：没有一个民族能

---

① 《犹太人之谜》，亚伯拉著，中央编译出版社2006年6月版，第157～第160页。

在失去地域联系和流亡状态下将自身的文化传统延续下去，犹太文化的命运自然也岌岌可危，因为“皮之不存，毛将焉附？”客观上说，犹太民族及其以犹太教为核心的犹太文化的确到了生死存亡的关头。

犹太民族如何在失去地域联系的情况下生存？如何在流亡状态下保持自身的统一文化传统？如何才能避免在散居地被主体文化所彻底同化？所有这一切都是决定犹太民族是否能最终留存的关键。面对这样的非常状态，以法利赛为代表的犹太知识分子（后人均以“拉比”称之）力挽狂澜，勇敢地担当起挽救犹太民族的历史重任。他们中的代表人物最初在一个被称为贾布奈的犹太学院聚集，带领犹太民族从文化层面入手，逐步建立起了一整套完备的文化防卫机制，把犹太人重新塑造成一个既不再是主要以种族为取向，也不再是以地域或政治体制为根基，而是以文化生活方式为自我认同标准的民族。在他们的率领下，犹太民族不仅最终完成了《圣经》的正典工作，一劳永逸地锁定了犹太教经典的基础，更为重要的是编撰出了被称为“第二经典”的《塔木德》，为犹太文化的千年大厦树立起了中心支柱。经历了这一过程的犹太民族终于成为人类历史上一个不朽的、以文化为认同准则的“圣书之民”。[①]这正如爱因斯坦在《犹太人的思想》一文中所言：

“为知识而追求知识，几乎狂热地酷爱正义，以及要求个人独立的愿望——这些都是犹太人传统的特征，并使我为自己属于它而感到庆幸……历史给了我们艰巨的任务；但只要我们仍然是真理、正义和自由的忠实勤务员，我们就不仅像现在的最古老的民族那样生存下去，而且要像以前一样，用创造性的工作所产生的成果为提高人类的精神境界而做出贡献。[②]

从此以后，《塔木德》成为犹太民族智慧的基因库，并将全世界的犹太人联成一体，避免了犹太教在拉比犹太教时期的分化和瓦解，犹太人

① 《犹太文化史》，徐新著，南京大学犹太文化研究所2004年版，第113页。

② 该文写作年代不详，这里译自《我的世界观》英译本（1934年版），第143页。

也成为了“一本书的民族”。[①]从此以后，犹太人主要通过学习律法和法律来完善自己，犹太民族也由一个神启的民族转化成一个理性的民族。于是，学者便成为一个民族的精神领袖。

犹太复国主义的主要领袖摩西·海斯、平斯克、赫茨尔、赫尔佐克等，均是优秀的学者。摩西·海斯写出了《罗马与耶路撒冷》一书，平斯克写出了《自我解放》一书，赫茨尔写出了《犹太国》一书，赫尔佐克写出了《勇敢的犹太人》一书，这些书为犹太复国主义提供了理论指导，为以色列的建国铺平了道路。[②]另两位杰出的作家和语言学家斯莫伦斯金和本·耶胡达则推动了希伯来语的复活和犹太人在巴勒斯坦的定居。[③]

由优秀的知识分子和平庸的政客领导的国家发展是不同的，现代以色列的繁荣和昌盛让我们受到巨大的启示。

二、求异思维与异端思想

在中国人的心中，“求同存异”是一项解决问题的通则。对于犹太人则不同，他们是一个善于求异的民族——在生活中则表现为经常发表不同意见，善于争论。犹太人中间流行着这样一句话：“两个犹太人，三种意见。”对于一个事物，犹太人鼓励各持己见、莫衷一是，因为任何一个人都不能保证自己的观点是正确的，任何人都不可能是真理和神圣的化身，此所谓“人类一思索，上帝就发笑”。

犹太人的善于求异思维和异端思想是有传统的。《圣经》上说，犹太人的祖先亚伯拉罕从巴比伦来到迦南，冷眼相对那里的多神教，毅然扯起了一神教的大旗，这本身就是一种求异思维。从亚伯拉罕，经过以撒、雅各到摩西，以色列人自封为“上帝的选民”。这个概念宣称：犹太人是世界上独一无二的上帝选民，犹太人是上帝赐予《托拉》的惟一民族。

---

① 《古犹太文化史》，朱维之等著，经济日报出版社 1997 年 3 月版，第 407 页。

② 参见《中东国家通史》(以色列卷)，肖宪著，商务印书馆 2001 年 3 月版，第 49 ~ 58 页。

③ 《犹太国》，[奥地利] 西奥多·赫茨尔著，肖宪译，商务印书馆 1993 年 12 月版，第 4 页。

不论是在遥远的圣殿时期，还是在反犹主义横行的中世纪和近代，犹太人固守着自己的上帝，成为多种文化，包括基督教的“异端”。

在经历了各种肆虐的风雨后，这个弱小的民族始终坚持向世界“说不”和保留“求异”思维，体现出了顽强的生命力和坚定的信仰。[①]

然而，当基督教诞生后，《旧约》成了《圣经》的一部分后，犹太教为了体现和《圣经》的不同，便又由1500名拉比用了近500年的时间在公元2世纪到6世纪撰写了《塔木德》一书，一个是正典（指《托拉》，一个是副典（指《塔木德》），两书互为补充，目的是为了防止思想的僵化和垄断，前者是神的声音，后者则是人的声音，这又是一种典型的“求异”思维。这种思维体现在文化上，形成了《圣经》文化和《塔木德》文化，或基督教和犹太教；体现在宗教上就是，自始至终犹太教内部一直教派林立，如改革派、保守派、重建派等等。如果说基督教是犹太教的升华和延续，而且已经成为西方的主流文明的话，那么，犹太教从诞生那天起就处于边缘状态，虽然是全世界最古老的宗教，但一直没有统一的中央拉比院，而且各个犹太会堂的拉比都是由犹太教徒选出来的，属于纯民间的一种宗教，天然就是主流思想的“异端”，尤其是基督教大行其道的时候。因此，在犹太人的历史上出现了许多犹太教的“叛徒”，如斯宾诺莎、海涅、马克思等等，所以有人称为“一个上帝，七种文化”。[②]

英语中“正典”（Canon）一词译自希腊文和拉丁文，其词源是闪语中的“芦苇”（希伯来语（Kaneh）。因芦苇修长、纤细、笔直，可用于测量（犹如今天的码尺），故该词渐指“测量用的杆子”，后来进一步引申为“尺度”、“标准”或“规范”。现存的每种圣经都被有关教派称为正典，意指它的真实性和权威性。“托拉”是犹太信仰的基石，又称“塔纳赫”（希伯来《圣经》）的律法部分（亦称“摩西五经”[③]犹太人一年到头在所有聚

① 参见傅有德文《犹太人：一个善于求异的民族》，刊于以色列文艺评论集《亚利伊勒》(2002)，第103～105页。

② 指圣经文化、塔木德文化、诗化—哲学文化、神秘主义文化及其分支哈西德运动、拉比文化、解放文化、民族—以色列文化。

③ 参见《古代以色列历史文献、历史框架、历史观念研究》一书，王立新著，北京大学出版社2004年5月版，第1页。

会中仪式化地朗读它，逐章逐节地读，从头读到尾。[①]《塔木德》被称为犹太教的“第二经典”（笔者称之为“副典”），是对《圣经》的解读和补充，不仅标志着“拉比犹太教”的开始，而且是犹太民族完成了“从圣殿崇拜向书本崇拜”的过渡，使犹太人对《塔木德》本身的研习成为了日常生活中不可分割的部分，也使犹太人彻底变成了一个以研读经典为生活追求的民族，不仅为犹太文化的千年大厦树立起了中心支柱，同时为日后犹太民族的发展指明了方向。《塔木德》是拉比们对《圣经》一些观点的讨论和解释，人们可以在生活实际中灵活执行，充满着思想的差异。

犹太人的悖逆品性是《圣经》反复强调的，用《以赛亚书》的话说，犹太人“自从出胎以来，便称为悖逆的”。[②]亚当夏娃偷吃禁果，直至摩西出埃及，无不渗透着叛逆。上帝谴责说：“我养育儿女，将他们养大，他们竟悖逆我。牛认识主人，驴认识主人的槽；以色列却不认识，我的民却不留意。”[③]上帝还说：“祸哉！这悖逆的儿女。他们同谋，却不由于我；结盟，却不由于我的灵，以致罪上加罪。”[④]摩西也曾谴责说：“你当纪念不忘，你在旷野怎样惹耶和华你神发怒。自从你出了埃及地的那日，直到你们来到这地方，你们时常悖逆耶和华。”[⑤]诸如此类的话语在《圣经》中屡见不鲜，因此，悖逆成为犹太先祖的主要品性。[⑥]悖逆自然生发“异端”思想。正如利奥·拜克所言：“《圣经》本身总是伴随着时代向前发展，而每个时代总会获得自己的《圣经》。斐洛、阿吉巴、迈蒙尼德、门德尔松在《圣经》中各自发现的东西是何等的不同！他们读同一本书，然而在许多方面它对他们每一个来说却表现为一本不同的书，正像《塔木德》经常评论的那样，每一时代都有自己的《圣经》阐释者。更为适当的表述是在摩西的神奇传说中，摩西听到阿吉巴解说的律法，然而，他不承认这是他的律法！处于犹太传统中的《圣经》总是被创新，因为《圣经》

① 参见《圣经中的犹太行迹》一书，加百尔等著，梁工等译，上海三联书店 1991 年 4 月版，第 73 ~ 75 页。

② 《以赛亚书》48：8。

③ 《以赛亚书》，1：2 ~ 3。

④ 《以赛亚书》，30：1。

⑤ 《申命记》9：7。

⑥ 《犹太文化要义》，刘洪一著，商务印书馆 2004 年 7 月版，第 407 页。

具有每一个真观念为趋向更高的精确性而奋争的本性，它内在地包含不断生发精神活动的力量。”[①]这力量就是生发于犹太文化深处的求异思维和异端思想。

此外，希伯来《圣经》还力图将智慧与人的现世生活和世俗需要相联系来强调思想之宝贵：“得智慧、得聪明的，这人便为有福。因为得智慧胜过得银子，其利益强如精金，比珍珠宝贵，你一切所喜爱的，都不足与比较。她右手有长寿，左手有富贵。她的道是安乐，她的路全是平安……”[②]在希伯来崇智主义的核心深处，最为关键的思想是：

耶和华以智慧立地，以聪明定天。

富有智慧的言词会使你走在世界的前列。[③]

可见，“以聪明定天”和“以智慧立地”是犹太崇智主义的本质所在。那么，真正“求异”和“异端”的思想，同样能给人类带来智慧，而绝不是空穴来风。

三、律法与法律

犹太人首先是一个民族，这个民族是靠犹太教的基础维系的。下面先讲一则笑话：

上帝颁布他的律法书前，曾到各地游说。上帝先把“613条戒律”给德国人看，德国人说：“这是什么意思，让我们不杀生？拉倒吧。”于是，上帝把“戒律”拿给法国人看，法国人乐了：“别逗了，要我们不找情人，势比登天。”上帝很沮丧，这时前边正好走来了犹太人摩西。摩西很爽快，

① 《犹太教的本质》，利奥·拜克，第17页。

② 《箴言》3：13～17。

③ 《箴言》3：19。

直接问上帝需要花多少钱。上帝大喜，说这是免费的。于是摩西说："那就要两块吧！"从此，《摩西十戒》写在两块石碑上，成为犹太人的经典。

因为要守戒律，势必要经受苦难承担惩罚；因为要有所畏惧，势必要人心向善；因为要墨守教规，势必不肯融合大群；因为不被同化，势必要遭受排挤和镇压。这就是犹太人为什么历尽磨难的内因和外因，也是犹太人为了民族和宗教尊严所付出的血的代价。试想，一个小小的民族，怎能敌得过几千年历史风雨中那么多野心家、专制帝王、独裁者和杀人恶魔的血与火的洗礼呢？有多少帝国皇权毁于一旦，有多少弱小民族被斩尽杀绝，又有多少人类文明圣殿消失沉沦？基督教的诞生是一个必然趋势，兴利除弊、去粗取精、新陈代谢，一下子发扬光大、普及世界，剿杀这样一股巨大的力量又何其难也！怪不得基督教会成为欧洲文明和西方文明的有力基石。

拨开历史的迷雾，回到现实的土地。犹太教究竟是一种什么样的结构呢？

犹太教是一种信仰，是一种对上帝的无限敬畏和对人的充分肯定。

犹太教是一种伦理道德，给予犹太人对人、对世界万物的基本信念，规定犹太人的生活准则和行为规范。

犹太教是一种生活方式，在尊老爱幼、饮食起居、婚丧嫁娶、节期等一切生活领域都有独特的表述。

犹太教是一些特殊的戒律，这613条规定让人望而生畏，使教徒们丧失许多自由，与此同时却获得无穷智慧，培养起做人的尊严。

犹太教是一种文化，一种古老、原始而粗犷的文化，但对世界文明的进程却举足轻重。

犹太教是一整套宗教礼仪与宗教组织。犹太会堂、拉比署、割礼、受戒礼、守安息日、祈祷、赎罪、献祭等等，无不散发着神秘的气息。

弗洛伊德在其专著《摩西与一神教》中指出：犹太教是一种庞大而严格的伦理一神教，它只有一个神，一个惟一的、全能的、无法接近的神。没有人能够看到他的容貌，人们不能塑造他的肖像，甚至也不能提到他的名字，犹太教禁止制作任何活着或虚幻的神的肖像，即反对任何偶像崇拜。大家想想，在公元前 12 世纪那样一个蒙昧的时代，这是一项多么先进的发明啊。于是，这种对上帝的敬畏建立了犹太人心中绝对的信仰和绝对的向善，绝不会被任何世俗的假象所迷惑。《塔木德》在后来对这种信仰的含义作出了解释，所谓的信仰的基本含义就是：正直地说话、正直地行事、不撒谎、拒收贿赂。大家想想，没有信仰的中国人的行为不正是与这四条涵义的内容相抵触吗？于是，从犹太教创立的那一天起，犹太人就开始“生活在真理和正义中”了。

犹太人与众不同的最主要的方面，首先体现在犹太人的律法思想，即对律法的一种超越社会学意义的认识论。犹太律法《托拉》被认为是犹太教的教义。从最狭隘的意义上讲，犹太律法是指《摩西五书》。在另一个层次上，它指的是《希伯来圣经》和《犹太法典》的全部内容，包括成文的和口头的法律，共 613 条诫律。对有些人来说，犹太律法是指所有犹太教的文献和对教规的遵守。在最高的层次上，犹太律法体现了上帝的意愿和智慧。[①]对于犹太教而言，检验一个人是否守教主要不是看他是否表达对上帝的“信”，而是看其是否遵守律法。因此，人们把犹太教说成是“因行称义”的宗教，以有别于宣扬“因信称义”的基督教。有的学者甚至认为，“在犹太教中除了神圣的诫命再没有别的学说”。[②]犹太学者塞尔茨认为：“律法是一种自愿接受宗教义务的制度，这些宗教义务把民众束为一体，遵奉律法与否决定着将来的祸福。”[③]可见，律法对于犹太人的意义。

犹太教的中心信仰是一神论，它强调神的整体性和神圣性，他是“所有事物存在的原因”。正如亚伯拉罕 · 海舍尔所言：“复数性与那种难以言说的感觉是不相容的。关于神你不能问：哪一个？上帝的同义词只有一个：一。”对人类最主要的要求就是爱上帝，人要学习犹太律法，并因为对上帝纯粹的爱而遵守那些戒律。人是按照上帝的“形象”创造的，人类被赐予了诸多的才能；他们折射出上帝的品质，如公平、智慧、正

① 《亲历宗教》（西方卷）一书，[英] 玛丽·费舍尔著，秦英译，东方出版社 2005 年 11 月版，第 82 页。

② 《犹太教的本质》，利奥 · 拜克著，第 46 页。

③ 《犹太的思想》，塞尔茨著，上海三联书店，第 74 页。

义和爱。所有的人都是平等的，他们是第一个男人和女人的共同子孙。他们逐渐变得完美，在提升他们自己的同时也提升这个世界。上帝通过赐予人们自由的意志而消减了他们的神力，让他们为自己和世界的状况负责。按照《犹太法典》，如果我们受苦，我们就应该审视我们自己的行为。人类的生命是神圣的，而不是低级和令人厌恶的。犹太教颂扬人的身体，在婚姻内的性行为是神圣的，而身体被奉为在尘世上展示灵魂的工具，正如马丁·布伯所言：

在你的心里一直很清楚，上帝是你需要的；但你难道不知道上帝也需要你吗——在他的永恒的成熟中需要你；如果上帝不需要人，不需要你，人怎么会存在，你怎么会存在呢？就是为了你生命的意义，你需要上帝，上帝也需要你……世上的生命……人类……你和我，具有神圣的意义……我们参与了宇宙的创造，与造物主相遇，向他、帮助者和同伴，伸出了手。”[①]

因为人类所担负的重大责任，传统的犹太人感谢上帝在书面和口头上的犹太律法中揭示了那些法律，使他们能忠实于神的意愿，并通过在尘世建造一个上帝的国度，让所有的生灵都生活在和平与协作之中，从而完成造物的目的。在《圣经》中先知以赛亚这样为上帝说道：

狼和羊应在一起吃草，
狮子也应像公牛一样咀嚼麦秸，
蛇的食物应该是尘土，
在我的圣山之上，
无人再行卑鄙与邪恶之事。

犹太教将宇宙描述成是由一个全能的、人性化的上帝统治的，他介入到历史之中，惩恶扬善。在这种思维框架中，犹太人感到难以回答那个永恒的问题：为什么让无辜的人遭受苦难？这个问题自从大屠杀以后

① 转引自《亲历宗教》一书，第 86 页。

显得格外突出。

《圣经》本身就通过具有挑战性的，关于约伯的寓言提出了这个问题。约伯是一个无可指摘、敬畏上帝的富人。这个故事涉及了撒旦，他被描绘成是上帝的一个天使，在同上帝的一次谈话中，预言如果上帝剥夺了约伯所有的东西，约伯一定会放弃他的信仰并亵渎上帝。在上帝同意之下，撒旦将约伯所拥有的一切，包括他的子女和他的健康都彻底消灭和摧毁了。当约伯听到他子女们死去的消息时：

约伯便起来，撕裂外袍，剃了头，伏在地上下拜，说："我赤身出于母胎，也必赤身归回；赏赐的是耶和华，收取的也是耶和华。耶和华的名字是应当称颂的。"

当他从头到脚被发痒的炎症覆盖之后，约伯开始诅咒他的生命，并质疑上帝的公正。最终，约伯意识到上帝控制世界的力量和他难以理解的智慧不是人类所能懂的。于是，上帝赐予了约伯长寿和比以前更多的财富。

很多世纪以来，关于这个古老故事的意义一直争论不休。一个教派的解释是，撒旦与上帝合作，帮助约伯从敬畏上帝转变成爱上帝。另一种解释是无论现在面临多么严峻的考验，对上帝的信仰总会在这一生中得到回报。还有一种解释是，那些真正想要接近上帝的人，将承受更多的苦难，这样他们在此生的罪恶将被抵偿，在来世的生活中将受到神的祝福。这些解释都提出了一个人性化的、全能的、充满爱心的上帝，他的所作所为都是为了人的福祉，尽管人不一定能理解他的行为方式。在这样的信仰中，无论外界的环境多么黑暗，上帝总在那里，就像牧羊人照看他的羊群。

我虽然行过死阴的幽谷，也不怕遭害，因为你与我同在，你的杖，你的竿，都安慰我。

——《诗篇》23：4

另一方面，奴役和大屠杀让一些犹太人在极度的痛苦中向上帝抱怨，他们也感觉和上帝很近，但那是一种可以让他们对其呐喊的亲近。在质疑历史的公正时，他们认为上帝应该对那些难以解释的恐怖事件负责。但即使是在大屠杀中，仍然有人希望通过斋戒让好日子降临。当他们走向等待在纳粹煤气室里的死亡时，有些人在背诵着《我相信》：我坚信弥赛亚的到来，尽管他可能会耽搁，我依然每天期待着他将到来。

从拉比时期开始，犹太教的一个主要的宗教习俗就是每天的查经。传统上男孩子们被教授怎样读和写希伯来文，以及怎样通过注释，用口头的犹太律法来解释宗教经典。这需要对经文的渊博知识和努力的学习。这种传统的模式一直延续至今，包括海外的犹太人，那里有些孩子在特殊的学校里接受教育，学习犹太律法，他们还被鼓励不仅学习和遵守那些戒律，而且要通过理性的分析加深对真理的理解。

除了学习以外，犹太人被鼓励通过祈祷和遵守戒律，在生活的所有层面都牢记上帝。这些戒律不是来世的，很多都植根在身体中，宗教惯例也经常让所有的感觉都意识到上帝。

男孩们通常在出生第 8 天的时候被进行割礼，纪念上帝对亚伯拉罕的承诺。正统的犹太人认为，女人在行经期间和之后 7 天都是不洁净的，在这段时间里不可以同丈夫性交。在这段被禁止的时期的结尾，正统的犹太教妇女将自己完全地浸入到一个浸礼池，即一种特殊的沐浴设备里，象征着她们改变了状态。婚姻中的性是神圣的，安息日晚上是做爱的神圣时刻，相反，通奸作为最严重的反对上帝的罪恶之一而被严格禁止，因为犹太教传统中非常关心后代谱系的纯洁性。

一个人吃些什么也具有重要的意义，因为根据犹太律法，有些食物毫无疑问是不洁的。例如，惟一在宗教上能够接受的，或经正式处理的肉类，是来自恒温的裂蹄反刍动物，如牛、山羊和绵羊等。除了食肉以外，鸟禽类也可以食用，但贝类不可以吃。肉只有当它是用一种传统的方法，即用一把很锋利的刀，由专门的犹太屠宰师屠宰的才可以食用。要非常努力地避免吃到血，肉在烹饪之前要在水中浸泡，然后在一块盐渍过的木板上弄干。肉和牛奶不能一起吃，而且它们也要用不同的盘子来准备和盛上桌。除了食肉以外，鸟禽类也可以食用，但贝类不可以吃。

在《利未记》中，记述了这些关于饮食的说明，其中引述了上帝对摩西和亚伦说过的话：“我是把你们从埃及地领出来的耶和华，要做你们的上帝，所以你们要圣洁，因为我是圣洁的。”如果严格地遵从这些饮食规则，会使犹太人有一种特殊的神圣的身份感，并将他们同永恒的犹太律法的权威性联系在一起。

有些现代的犹太人感到，关于他们应该吃什么的清醒认识，应该被扩展到对环境的考虑。对他们来说，在快餐店卖的，盛在泡沫聚苯乙烯快餐盒里的奶酪汉堡，同肉和奶混在一起的问题一样严重。只要还没有能够安全地处理核废料，那么用核能产生的电来做饭本身，也可能是不清洁的。对传统的犹太人来说，清晨开始于他们睁开双眼以前，感谢上帝使他们的灵魂复原的祈祷。在祈福之前必须要洗手，而且所有的男性犹太人都在脖子上戴上一圈儿有花边的长布条。布条通常戴在衣服下面，作为被赋予了神的戒律的特权标志。在工作日的晨祷上，男人还在额头、上臂和紧贴胸膛的位置佩戴经文盒或经匣，那是种小皮匣子，里面装着《圣经》里与上帝的契约有关的文字，这是为了完成舍玛里的命令：“将它们（舍玛里关于将对上帝的爱放在首位的字句）作为标记绑在你的手上，将它们作为一种象征放在你的额头。”传统的犹太男人还戴一种有流苏的肩巾，那些流苏是对上帝的戒律的提示，如果可能的话，他们还要尽可能将自己的头遮掩起来。

传统上要在起床和睡觉的时候背诵祈祷文。在会堂集会的时候，如果达到法定男教徒人数（10 人），男人们每天要诵经 3 次。女人们也可以念祈祷文，但她们被免除了固定的时间表，因为它们的家务劳动被认为是很重要的。

犹太人还要不断表示感恩。每个人每天要对上帝感恩 100 次。为了这个目的，每当人喝了一口水，就要说一句祝福，甚至在如厕之后，也要背诵一段祝福：

祝福你啊，我们的上帝、宇宙的统治者。你用智慧创造了人类，孩子啊他们体内创造了一套管道。众所周知，在你荣耀的宝座前，如果只要它们其中之一关闭或打开，它都将不能存在于你的面前。祝福你啊，上帝，你治愈所有的生灵，并创造奇迹。

犹太人的安息日，是从星期五太阳下山到星期六太阳下山之间，因为犹太教的“日”开始于夜幕降临之时。星期五晚上的礼拜仪式像迎接新娘一样欢迎安息日的到来，这通常被认为是将上星期的各种烦恼抛开，以便在休息日进入一种平静状态的机会。就像上帝是在6天里创造了世界，然后在第七天休息一样，在安息日所有的工作都要停止。鲁斯·甘·凯格恩（Ruth Gan Kagan）描绘了这种经历：

我知道恬静的波浪淹没了我的心，而安宁用它那透明的面纱掩盖了我周围的世界。不久前我还在四处奔忙，试图完成所有的准备工作……但当那指定的时刻到来，所有这些紧张和匆忙都消失了，没有早一秒，也没有晚一秒。在我点燃安息日的蜡烛，以引领安息日的精神时，一切都魔术般发生了变化。

女王到来了，在她面前甚至都不会谈及工作日的事情。心神平静地将生意、计划和忧虑都放在脑后，就像一个人平静地走向礼拜会堂。天空因落日而泛红，鸟的歌唱也突然间更加响亮地出现在耳边，集会的人们在用歌声、祈祷和静默迎接着安息日的降临。

回家吧，星星已经露出了脸。在一个虔诚的街道上，没有往来的车辆破坏这宁静。孩子们拉着父母的手，不需畏惧死亡的威胁，在路中央走着。

星期六早上的礼拜仪式包括公共的和私人的祈祷、歌唱、阅读《摩西五书》和《希伯来圣经》中《预言书》里的片断。犹太律法的经卷被放在墙上的一个盖着幕布朝向耶路撒冷的法柜里。它们是用希伯来文手写的，被非常崇敬地对待，能被叫上去读这些律法是极大的荣耀。

更自由一些的集会，可能将重点放在对读过的章节进行的深入讨论上。通常不仅会从抽象的哲学的角度，还会从与其相关的政治事件和为了过一种公正和人道的生活，所进行的日常努力等方面来研究犹太律法。律法和其他宗教文献的研究，本身就被看成是一种祈祷，为此，犹太教会堂里经常设有图书馆，有时就在进行祈祷仪式的地方。

在哈西德教派的会堂中，重点改在祈祷的强度或祷文上，甚至是从祈祷书中选择固定的祷文，有些人摇动身体，以引发自己假想的与上帝交流的狂喜境界，其他人则安静地将他们的注意力从尘世的忧虑转到上帝那里。拉比们的规则讲述了祈祷的理想状态："人要将自己看成好像舍开纳在迎接他一样。"

在以宗教仪式来迎接安息日之外，或者为了代替它，信教的家庭经常会在安息日前夜，进行特殊的星期五晚宴。母亲点燃蜡烛，以带来安息日的光芒；父亲在饮葡萄酒前，会背诵一段祝福语；用特殊饰带装饰的面包，被当做沙漠中玛哪的象征来分享。这个仪式为接下来的一天定下了基调，就像在戒律中禁止工作、处理钱财、旅行（步行除外）、点火、烹饪等。安息日是为公众祈祷、学习、沉思、友谊和家庭的亲密而设的，并希望新的精神生活会贯穿未来的一周。

犹太男孩们在13岁的时候，会按照惯例举行成年礼——圣戒的儿子。男孩会接受一些宗教指导，包括即使不能理解其意义，也要学会希伯来文的发音。他被要求用希伯来文选读一部分犹太律法，并背诵先知们的书中的一段，然后会接受关于他所读部分的简短的教诲。之后可能是简单的祈祷，一种用葡萄酒、甜面包或蛋糕来进行祝福的庆祝仪式，但更可能会是一个大的宴会。在非正统的犹太教会堂中，这种欢迎男孩承担成人责任的仪式也扩展到女孩们中间——圣戒的女儿。成年礼就意味着"一个人有责任遵守戒律"。[①]

毫无疑问，犹太教的核心律法是"摩西十诫"，然而再由这"十诫"梳理出的律法613条。"摩西十诫"表达的是"绝对法"思想，而不是《汉谟拉比法典》式的因果法[②]思想，绝对法不是一种假设，而是一种命令，其含义是无条件的，必须遵守的。此外，犹太教律法的条款比巴比伦人的《汉谟拉比法典》的有关规定更为利他和公正。在众多的律法中，有

---

① 转引自《亲历宗教》，第88～93页。

② 因果法建筑在假设上，即"如果……则……"具有因果关系。

关犹太饮食法[①]和守安息日的律法具有特殊的含义，是千百年来规范犹太人生活和区别犹太人与非犹太人最主要的律法。

《圣经》诞生以后，犹太口传律法集《塔木德》也诞生了。《塔木德》的主要特征就是，打破了一般宗教教条的那种死板和神圣不可变的姿态，表现出一种灵活精神和思辨色彩，同时罗列大量截然相反的观点，让读者产生争论、质疑、思考的兴趣。它旨在传递这样一种信息：真理是无止境的，谁也不敢妄称自己发现上帝的声音，即使是教义和律法中也没有先期存在的终极真理，真理是每一代权威的注释者经过艰苦的思考作出的判断。可见，犹太教从一产生就是一个激发人道德情感、判断力、自由平等思想的宗教。

犹太人的法律更是具有现代性，更可以大讲特讲。据《密西拿》介绍：

犹太法庭呈半圆形状，目的是让它的所有成员之间可以相互看到。

三个书记员坐在法官的面前，一个记录有罪的证据，一个记录无罪的证据，第三个记录双方的证据。

三排法律专业的大学生也坐在法官的面前：每一学生都熟悉自己的坐次。如果需要给其中的一位晋升，人们就让坐在第一排的学生晋升，然后顺次二排移一排、三排移二排，最后再从观众中挑一位补在第三排的空位上。从观众中挑来的人不能坐在第一排的空位上，而是坐在适合于他的位子上。

《圣经 · 雅歌》（7：2）有这样一句诗：“你的肚脐像一个圆形的酒杯，里面盛满了美酒。你的腰肢像一束小麦，四周有玫瑰花围绕着。”什么意思呢？“你的肚脐”就是犹太法庭。为什么叫肚脐？因为犹太法庭

---

① 关于犹太饮食法，上文已概要介绍，其核心原则有四条：一、并非所有的动物都是供人食用的；二、不是人人都可以从事动物的屠宰；三、严禁食用动物的血；四、不可同时食用肉类食品和乳类食品。犹太人认为，人在饮食方面控制自己是一种很好的自律方式，有助于控制人的欲望，而自控对于一个圣洁的人来说十分重要。由于犹太人饮食法的存在，犹太人从来没有过滥捕滥食野生动物的习惯，从来没有出现大摆“山珍海味”宴席的事，也从来没有在市场上出售死亡动物和变质肉的丑闻。再加上犹太人确保屠宰的洁净和卫生，使犹太人的身体健康也有了根本的保证。

设在世界的肚脐里；“一个酒杯”（希伯来语：agan），因为犹太法庭保护着全世界；“圆形的”（希伯来语：sahar，月亮的月牙），因为犹太教像月亮的月牙；“盛满美酒”，因为假如法庭成员中的其中一位必须暂时离席——肯定还有 23 个成员出庭，否则，不能开庭；“你的腰肢像一束小麦”：大家各执己见，寻找着判决的理由；“四周有玫瑰花围绕着”：正义和公平像玫瑰花一样散发着芬芳。

为什么设 3 个书记员呢？主要是使证据清晰准确，严防作弊；为什么要法律大学生呢？犹太教的法庭都有研究院和法庭的二重性，以免法律失去公平。

完整的犹太法庭，即最高审判庭，有 71 名法官。一个犹太小法庭，至少需要 23 名法官。只有不少于 23 名法官才有权对人的生死案件作出裁决。在 23 人的犹太法庭，必须有 23 人以上的成员：3 排大学生坐在法官的面前。

每一名大学生都熟悉他的坐次，排除了偶然性的次序。人们不随便坐，等级森严。每排有 23 位大学生。为什么是这个数字呢？ 3 个 23，总共是 69 位大学生。因为法庭有时会出现意外情况：

你们想象，在 23 位法官的法庭上讨论一件事关某人生命的诉讼案件。倘若现在 12 人赞同对被告处以死刑，11 人赞同饶被告一命。犹太法律不准许用一张多数票宣判死刑。法官各就各位呈半圆形坐在凳子上；“法律大学生”按次序在法官面前席地而坐。为了用 2 名新法官扩充法庭，让他们中间的 2 位——第一排的前两名晋升到法官的坐席上。在 25 人的法官面前，诉讼案件再次提审。假如多数派仍然是只多 1 票：13 票对 12 票。于是再一次用 2 名大学生即第一排的前两名补充法官。以此类推，直到法官人数扩充到 71 人的大犹太法庭数目。因此，在法庭面前必须留出可以容纳不超过 71 人的一大片空位来。如果 71 位法官仍然分割 1 张之差的多数票，那又会发生什么情况呢？法官们为了力求获取更多的票数，在一种意义上或另一种意义上将再次商讨缺少的 1 票。假如支持最重惩罚的法官人数不是 37 人，被告就被释放。在犹太人那里，多数派尽管多出惟一的一票，法庭对被告不判处死刑。

有比“四周有玫瑰花围绕着”更富有诗意的诗句吗？《塔木德》解

释说："即使分隔仅仅是一个玫瑰花围墙，他们也不会在那里留下任何缺口。"这一句话有多种解释，评论家们说：把世界的命运掌握在自己手里的犹太法官们，如何抵挡尘世的诱惑呢？玫瑰花围绕在四周，虽然是一堵薄薄的围墙，但不留一点缺口便将法官与罪恶隔开。否则，正义就是在开玩笑。

利奥·拜克在"犹太教的本质"一书中指出："犹太教将宗教和生活紧密联系在一起：宗教通过生活被证明，生活为宗教所充盈。宗教信仰不在生活的日常行为中得到确证就没有虔诚。同样，也只有宗教戒律被忠实地践履的地方，才有合法有效的日常行为……可见，犹太教作为先知的创造物，重点不在抽象的概念，而在人，人的生活和人的良心与意志。"

人只有相信自己的形象是根据上帝的形象创造出来的这一论断，才会像上帝一样神圣，才会相信自己，才会将现世与来世统一起来，才会领略到人类的使命，从而把握乐观主义的灵魂，并找到自己的价值所在。只有虔诚和有信仰的人，才会真正聪明起来。这就是生命的永恒意义，即人的道德自由。

四、谜底里的谜语

王小波曾写过一部书，名叫《沉默的大多数》，他的意思是说，中国的老百姓是最善于忍耐的一群，不管遇到什么情况——专制、集权、奴役、压榨、欺骗、谎言、敲诈、勒索、贪污、腐败……大多数人总是非常优雅地保持"沉默"。实在忍无可忍的时候，才逼上梁山，起义、革命、造反，被迫着发出最后的呐喊。于是，中国自秦始皇以来，两千二百多年的文化，就始终处于这样一种周而复始的循环之中。按已故中国思想家李慎之的话说，中国的传统文化和文化传统的核心就是专制主义，硬币的另一面就是"游民文化"：起义、革命、造反——杀人、放火、受招安。难道这就是中国人的宿命吗？在几千年的压抑中，中国的老百姓是怎么熬过来的呢？

犹太人同样是一个受尽杀戮和磨难的民族，他们对付苦难的办法只有一个，那就是幽默、反讽、调侃和自我解嘲，在那没有电视可以消磨时光和浪费生命的漫漫长夜中，幽默带给他们欢乐、慰藉和智慧。于是，犹太文学史中就出现了一大批以幽默、反讽、荒诞和嘲弄为业的大作家：卡夫卡，贝克特、索尔·贝娄、艾萨克·辛格、马拉默德、肖洛姆·阿莱汉姆、卡尔·克劳斯、约瑟夫·海勒、诺曼·梅勒、阿瑟·米勒等，他们和果戈理、左琴科、契诃夫一样，带给广大读者无限的欢乐。中国历史上几乎没有产生过这样的作家，中国的文人就像鼹鼠一样，生活在暗无天日的地洞中，个个贼眉鼠眼，工于心计，头脑发达，四肢简单，活脱一个个“娄阿鼠”；要么就是在郁郁寡欢中，不断娶妻生子、栽根立后，于是，中国成了全世界第一人口大国。如果这十几亿人，个个都聪明伶俐，科学上有所发明、技术上有所发现、思想上有所创造、艺术上有所创新，那中国就不是现在这副模样，肯定到处阳光明媚、欢声笑语，激荡着生命的欢乐和人的尊严。

卡尔·克劳斯说：

只有从谜底中猜出谜语的人，才是一个艺术家。

这位伟大的犹太作家，不仅写出了许多揭示犹太人命运的大作，而且还是一位讽刺大师和语言大师，他的另一句格言同样有趣：“由于法律禁止个人收养野生动物，而我又对宠物没有喜好，所以我只得过单身生活。”1936年6月12日，由于长期的心力交瘁，这位伟大作家死于心力衰竭。死亡对他来说几乎是一种幸运，使得这位终生秉持人道主义精神的语言大师，免于目睹纳粹德国对他的祖国的吞并和几乎全体奥地利人对亡国的欢呼。当然他也不必面对其他不计其数的恐怖行径，包括他自己住宅的被焚毁和无数亲友死在集中营里的惨剧。最重要的是，他也免去了看到那些会令他更为痛苦的事情——人类文明堕落进地狱的情景。一位德国批评家曾对此发言：“……一切似乎都如这位讽刺大师最悲观的洞见和预示那样发生了：布痕瓦尔德的集中营周围环绕着歌德故居的山毛榉树；人们整齐地排着队走进奥斯维辛集中营时，监狱的另一侧乐队正在演奏奥芬巴赫的音乐。读过克劳斯的作品之后，所有这一切罪恶都变得更为容易理解。”

犹太作家以色列·亚伯拉罕的《快乐书》也让人忍俊不禁。谜底说：“医生和魔鬼都在杀人，不同的是前者还要收费。”谜面则讲了一则故事：“一个哲学家得绝症快要死了，于是医生放弃了治疗；但后来这个病人却奇迹般地痊愈了。当医生再次见到他的时候，他正在街上散步。医生问：‘你从另一个世界回来了？’病人回答说：‘是的，我从另一个世界回来了，在那里，我看到非常可怕的惩罚降临在每一个医生身上，因为他们杀死了他们的病人。但是你不必担心，因为我告诉他们，你根本不是医生。’”讽刺真正的目的，在于对恶习的修正或改造。尽管作家本人怀疑自己作品的效果，但他内心强烈的使命感逼迫他不能自拔。讽刺是一面镜子，窥镜者总可以从中照出自己和社会的真实面貌。所以，蒲柏说：“人的研究对象应该是人类自己，他是真理的惟一裁判，又不断错误迷离，他是世上的荣耀，世上的笑柄，世上的谜。”当讽刺举起她有力的连枷，镜中人早已浑身颤抖，脸色发白。

犹太诗人傅立特有一首诗名叫“现状”：

谁想要
世界
像它现在的模样
继续存在
他就不想要
世界继续存在

这首诗让我们回味无穷。

卡尔·克劳斯又说：“我曾经梦见自己为国捐躯，一个给我抬棺材的人，却向我索要小费。”这种悲凉而深刻的欢乐跃然纸上。不，欢乐的背后是痛苦，这才是真正的幽默。

列维纳斯在《塔木德四讲》一书中写道：“人既非天使，也非魔鬼，而是与善恶交织在一起的存在，是欲望纠缠的生灵；没有戒律的犹太人对世界是一种威胁；人类在他们的本质上不仅是‘为己者’，而且是‘为他者’并且这种‘为他者’必须敏锐地进行反思；自由就是责任；犹太人是所有人类的人质。因此，犹太人需要世界——世界需要自己的人质犹太人——犹太人离不开犹太教——世界也离不开犹太教哲学和犹太文化。”正是在犹太教和犹太文化的支撑下，诞生了苦难的犹太人，也诞生了幽默的犹太人，同时也诞生了聪明的犹太人。

古往今来，世界上出现了数不胜数的犹太传人。犹太思想大师有：耶稣、保罗、马克思、弗洛伊德、斯宾诺莎、斐洛、摩西·迈蒙尼德、摩西·门德尔松、科罗赫马尔、亚伯拉罕·盖革、赫尔施、卢扎托、赫尔曼·科恩、罗森茨威格、马丁·布伯、利奥·拜克、亚伯拉罕·海舍尔、摩迪凯·开普兰、胡塞尔、马克斯·舍勒、卢卡奇、布洛赫、霍克海姆、阿多尔诺、列维纳斯、卡西尔、柏格森、维特根斯坦、波普尔、伯恩斯坦、汉娜·阿伦特、以赛亚·伯林、雷蒙·阿隆、西蒙娜·薇依、马克斯·韦伯、西美尔、涂尔干、科塞、丹尼尔·贝尔、列维·斯特劳斯、埃利亚斯、列文森、哈罗德·希鲁姆、费希尔、马克·布洛赫，霍布斯鲍姆、赖希、弗洛姆、阿德勒、马斯洛、弗兰克、卡伦·荷妮等；犹太艺术家中画家和雕塑家有：毕加索、毕沙罗、夏加尔、莫迪里阿尼、苏丁、列维坦、勃洛克、里普希兹、安东考斯基、爱伯斯坦、阿·弗洛伊德；艺术史家：潘诺夫斯基；作曲家：门德尔松、奥芬巴赫、马勒、勋伯格、科普兰、格什温、布鲁赫、施尼特克；指挥家有：托斯卡尼尼、伯恩斯坦、巴伦勃伊姆；小提琴家有：大卫·奥依斯特拉赫、梅纽因、海菲兹、米尔斯坦、斯特恩、艾尔曼、帕尔曼；钢琴家有：鲁宾斯坦、霍洛维茨、施纳贝尔、阿什肯纳吉；流行摇滚：鲍伯·迪伦；戏剧和电影导演有：梅耶荷德、爱森斯坦、伍迪·艾伦、斯皮尔伯格、罗曼·波兰斯基、阿莫斯·吉塔；摄影家有：罗伯特·卡帕和黛安·阿勃斯等；电影演员有：达斯汀·霍夫曼、保罗·纽曼；新闻家有：路透、普利策；革命家有：卢森堡、托洛茨基、拉萨尔、伯恩斯坦、季诺维也夫、加米涅夫、斯维尔德洛夫、卡岗诺维奇等；政治家有：狄斯累利、赫茨尔、梅厄夫人、大卫·本－古里安、贝京、拉宾、沙米尔、沙龙、达扬、基辛格、奥尔布赖特、伯利曼、克里、维塞尔；文学家有：海涅、里尔克、策兰、巴赫曼、许勒尔、奈丽·萨克斯、比里亚克、耶胡达·阿米亥、曼杰尔施塔姆、帕斯捷尔纳克、布罗茨基、艾伦·金斯堡、夏皮罗、阿格农、奥兹、索尔·贝娄、艾·辛格、菲力浦·罗斯、马拉默德、诺曼·梅勒、约瑟夫·海勒、塞林格、德布林、卡夫卡、保尔·海译、施尼茨勒、卡内蒂、耶利内克、巴别尔、爱伦堡、普鲁斯特、莫洛亚、莫迪亚诺、凯尔泰斯·伊姆莱、内丁·戈迪默、贝克特、哈罗德·品特、阿瑟·米勒、莫拉维亚、安妮等等；文学评论家有：勃兰兑斯、本雅明、阿多尔诺、什克洛克斯基、特里林、欧文·豪、拉尼茨基、韦勒克；企业家、金融家有：罗斯柴尔德、摩根索、哈默、沙逊、哈同、马克斯韦尔、凯瑟林·格雷厄姆、威廉·佩制、萨尔诺夫、华纳兄弟、约瑟夫·贺喜哈、萨奇、莱曼、塞缪尔、索罗斯、格林斯潘；经济学家有：大卫·李嘉图、萨缪尔森、弗里德曼、西蒙、克莱因、贝克尔、莫迪里阿尼；科学家有：相对论创始人爱因斯坦、量子力学的开创者玻尔和玻恩、原子物理学开拓者费米、创立电守恒定律的李普曼、测定光速的迈克尔逊、"李克"概念提出者之一芬曼、提出量子电动力学的施温格、反质子的发现者之一西格晋、首次离析出纯氟并建立高温化学的莫瓦桑、染料合成研究的拓荒者拜多、氨合成法的创始人哈伯、近代化学疗法的创始人埃尔利希、提出人类四种血型的兰茨泰纳、"控制论之父"维纳、原子弹之父奥本海默、氢弹之父特勒、"核和平之父"西拉德、弗兰克、费曼、梅契尼科夫等；美国获得诺贝尔奖的科学家中有27%是犹太人；医学方面就更是犹太人的专长，解剖学和病理学中的"亨勒环"、"亨勒疣肿"、"亨勒包膜"、"亨勒裂沟"都是犹太医生亨勒的贡献，皮肤病学更被称为"犹太皮肤"，许多皮肤病的治疗方法都是以犹太医生的名字命名的，如："卡波希肉瘤"、"乌纳瘤"、"夏姆伯格病"等。拉沙药膏、青霉素、链霉素等，都是由犹太人弗莱明、弗洛里、钱恩和瓦克斯曼发明的，阿瑟·科恩伯格、勒韦、海因里希等对人类做过重大贡献的生物化学专家也是犹太人。

马丁·布伯说：

当我还是一个小孩子的时候，我就读过一篇自己还不理解的关于犹太人的古老故事。这个故事讲得无非是这样一件事："在罗马的城门外坐着一个患麻风病的乞丐，他一直在等待。他就是弥赛亚。”然后我去问一位老人：“他在等什么？”这位老人给了我一个当时我还不理解，只是很久以后我才学会理解的答案。他说：“他在等你。”[①]

这是弥赛亚对人的热望，同时也是人对弥赛亚的等待。在犹太人对弥赛亚的等待中，逐渐完善着自己，用一种幽默的力量对抗着黑暗和苦难。

---

① 转引自《犹太名人读本·犹太教和犹太人》，赛妮亚编，内蒙古人民出版社 2004 年 3 月版，第 63 页。

第四章　犹太思想与中国问题

“可要知道旧世界是个恐怖的世界。那是个贫富悬殊的世界。它能使人害怕。那是个不公正的世界。”

“虽然不公正，”她回答说：“可我宁愿看到贫富悬殊，也不愿看到我们现在天天看到的这些个虽然公正，却灰不溜丢、枯燥乏味的景象。新世界是个粗鲁的世界，庄稼汉的世界。其中没有我们习以为常的那种雍容华贵。没有那种使我们的视觉、听觉、想象力为之喜悦的美。这就是我们何以痛苦，何以抱憾的原因所在。至于说到公正，我没有什么可同你争辩的，虽然我认为有一只脚上鞋子的后跟是歪的。”

——左琴科《幸福的钥匙》

西方文明的源头是“两希文化”，即希伯来文化和希腊文化。希伯来文化是犹太文化，犹太文化是一种律法文化。律法文化构成了人类的道德基础。《塔木德》中共有613条诫律，这既是《托拉》中上帝给犹太人制订的行为准则，也是犹太拉比在犹太人流亡中为犹太人制订的行为准则。因而，作为一个犹太人的第一个涵义就是“因行称义”。犹太教和基督教的最大区别就是犹太教“因行称义”，而基督教则“因信称义”。从信仰上帝到信仰真理，最后到信仰法律，构成犹太文化的核心思想。人类早期的历史，预示了未来社会中宗教与法律的基本作用。

犹太法学家伯尔曼认为，在所有的文明里面，法律与宗教共享四种要素，即仪式、传统、权威和普遍性。它们象征着法律的客观性，标志着法律的衍续性，体现了法律与绝对真理之间的联系，因而使法律得与某种超验价值相通。它们所引发的，不是道德或法律的推理与判断，而是人们的法律情感，是把法律所体现的正义理想化为生活终极意义之一部分的充满激情的信仰。因此，律法与法律构成了社会秩序的基础，法律关注的是现实生活，律法不仅构建人类的道德情感，同时关注的是人类的未来。一个有秩序的社会，才能真正成为一个和谐社会。

一、犹太文化和中国文化的差异

众所周知，犹太人被誉为"世界第一商人"和"世界上最会赚钱的民族"。在改革开放的今天，许多中国人努力学习犹太人的经商之道和赚钱智慧。因此，近年来坊间流传了许多关于犹太人经商智慧的畅销书，但是，大部分是简单肤浅地图解犹太文化和《塔木德》。[①]这些书有如下特点：

第一，基本都是关于犹太人如何经商和赚钱的；

第二，追求"大而全"，把许多不是犹太人的世界富豪（诸如洛克菲勒、摩根、卡内基、迪斯尼、希尔顿、巴菲特等）也列入犹太富豪的名单，甚至有些书的内容和犹太人没关系；

第三，《塔木德》不是一部专门讲述犹太经商术的书，而是一部凝聚了犹太人几千年智慧和道德结晶的经典，被称为"犹太人的第二部《圣经》"或"犹太人的《论语》"，但是大部分关于《塔木德》的书都是阐述经商理念的；

---

① 这些书至少有几十部，诸如：《犹太智能》（李佳东编著，金城出版社 2005 年 5 月版）、《犹太人致富的 16 个理由》（褚兢著，百花洲文艺出版社 2005 年 12 月版）、《犹太人一生信奉的传世智慧》（吕叔春编著，中国长安出版社 2005 年 9 月版）、《犹太人经营圣经》（里拉 · 奥德著，国际文化出版公司 1996 年 3 月版）、《犹太人的生意经》（伍林编，知识出版社 1993 年 4 月版）、《犹太智慧故事》（剑东编著，哈尔滨出版社 2005 年 1 月版）、《犹太人成功秘诀》（李昊编著，中国工人出版社 2004 年 1 月版）、《犹太商魂》（刘中民编著，中华工商联合出版社 1997 年 2 月版）、《塔木德的智慧全集》（希小可编著，中国档案出版社 2006 年 6 月版）、《犹商》（张从忠著，清华大学出版社 2007 年 7 月版）、《摩西的书》（罗宇编，中国纺织出版社 2006 年 1 月版）、《犹太商人的创业圣经》（徐世明编译，民主与建设出版社 2004 年 1 月版）、《塔木德全集》（柯友辉主编，新世界出版社 2007 年 5 月版）、《塔木德智慧全集》（柯友辉、李异鸣编著，新世界出版社 2005 年 12 月版）。

第四，犹太人的赚钱哲学从根本上说，是一套系统的道德理念和实用智慧，而不是直接告诉人们怎样发财，但是大部分这类书都是拼凑的小故事，或者非常直接地讲述怎样赚钱，这其实是歪曲了犹太文化和犹太商业精神，显得非常杂乱和肤浅；

第五，这些书基本上都不是专著，而是拼凑之作，大部分书既未标明资料来源，也无参考书目，在学术上和思想上毫无严肃性。

综上所述，虽然犹太文化在国内风靡一时，但是目前出版的书和真正的犹太思想文化精神却相距甚远。也就是说，大部分中国人都在误读犹太文化。说白了，犹太人不完全是一个仅仅会赚钱的民族，更是一个追求思想和精神的民族，他们的智慧不单单是经商智慧，更是一种人类文化的大智慧，因为有很多犹太人不会经商，诸如：马克思、爱因斯坦、弗洛伊德、毕加索、卡夫卡、茨威格，以及获诺贝尔奖的164个犹太人。[①]

那么，犹太人和中国人这两个最古老的民族究竟有什么差异呢?

按已故中国思想家李慎之先生的观点，中华文化和犹太文化的共同点是不少的：

第一，中国人和犹太人一样都是极其勤劳的民族；

第二，中国人和犹太人都是极其节俭的民族；

第三，中国人和犹太人一样都是善于经商的民族；

第四，中国人和犹太人一样都极其重视家庭。因此在世界各民族中，中国人和犹太人的社会稳定性和亲和力是最高的；

第五，中国人和犹太人一样都有好学的传统。[②]

李慎之先生认为，正是上述原因让这两个民族相互仰慕、互相同情。除此而外，两个民族都具有悠久的历史和绵延不断的文化。所不同的是，犹太文化是一种散居文化，其中包括了《圣经》文化、《塔木德》文化、

① 截止到2005年，共有162个犹太人获诺贝尔奖。2007年，美国犹太人赫维茨获得了诺贝尔经济学奖，2008年，又有美国犹太人克鲁格曼获得了诺贝尔经济学奖。

② 转引自《犹太百科全书》，徐新、凌继尧主编，上海人民出版社1993年8月版，第Ⅷ～Ⅸ页。

意第绪文化、律法文化和神秘文化等八种形态；而中华文化却是在黄河文化、华夏文明、儒家文化、道家文化和佛家文化基础上共同繁衍而来，尤其是在秦始皇统一中国以来，中华文化占主导地位的是帝王文化和儒家文化。按李慎之先生的观点，犹太文化的最大独特性在于其宗教性，而中国人自古以来基本上奉行的是一种非宗教化的倾向，即使说相信有一个天，但也是一种神秘主义，几乎很少有人说明“天”究竟是什么。最后，“天”的一切荣耀都归了“天子”——可以随时代表天来发号施令，既代表了文化也代表了权力。

当然，若想从学术上系统地比较两种文化的异同，是一件非常有价值的事，通过比较可以使两种文化嫁接起来，因为犹太文化后来成了西方文化的一大源头，构成了西方人的信仰，即所谓的“两希文化”。但这是一件非常困难的事，需要非常渊博的学识和对两种文化都非常熟悉的深厚的学养。笔者钻研犹太文化十几年，对此问题已有所感悟，而且开了头，下面简单介绍几个观点，供方家批评指正：

第一，犹太史和中国史一样，同样是一部苦难史，但更是一部智慧史，同时是一部思想自由史。

第二，犹太史是一部启蒙史，由于几千年的流离失所，犹太民族要想生存下来，必须以一种怀疑与忧患的态度面对历史和现实。

第三，犹太人是一个有理想的民族，从信仰弥赛亚到犹太复国主义，为了实现这崇高的理想，犹太人在千年的等待中苦苦挣扎。

第四，犹太人是一个从信仰上帝到信仰真理的民族，从而产生了“在上帝面前、真理面前和法律面前人人平等”这些普世价值观，并完成了现代化思想的转化——从自由到民主再到平等。

第五，犹太人崇尚求异思维和异端思想，并从古代的先知就开始了对腐败和黑暗的批判。

第六，犹太人反对偶像崇拜，尊崇上帝和真理，学者成为他们的精神领袖。

第七，犹太人高度捍卫律法和法律，因行称义，追求社会的公平和正义。

第八，在犹太人的民族英雄排行榜中，首先是上帝，然后是拉比和学者，然后是医生、法官和律师，最后才是商人，犹太人把经商和赚钱当做一种手段而不是目的。犹太人认为发了财并没有成功，真正的成功是拥有知识和智慧，并最终推动人类的精神文明建设。犹太人认为，文化与智力的寿命比金钱更长。

第九，犹太人坚决捍卫生命的价值和尊严，追求知识和正义。所以，犹太式管理的出发点就是"一切以人为本",永远站在大众的立场上看问题。

第十，由于犹太人几千年遭受压迫，而他们真正的发展是在自由资本主义的条件下，所以，他们对诚信和法律非常尊崇。

第十一，犹太生意经和经营管理思想，积累了犹太人几千年的知识和经验，是一套系统而全面的思想和观念，绝不是零散而琐碎的。

第十二，犹太人几千年流离失所无家可归，既无房产又无矿产资源，所以，只能用知识和智慧赚钱。

总而言之，与犹太史和犹太文明相比照，不难发现中华文化同犹太文化在许多方面确实还有较大差异。值得我们深思。

二、犹太文化与和谐社会

按照神学的观点，上帝创造人是有顺序的：第一天创造了光，第二天创造了空气，第三天创造了水和各种蔬菜，第四天分开昼夜和节令，第五天创造出大鱼和各种鸟类，第六天造出昆虫和各种野兽，然后才开始造人。

神说："我们要照着我们的形象，按照我们的样式造人，使他们管理海里的鱼、空中的鸟、地上的牲畜和土地，并地上所爬的一切昆虫。"神就照着他的形象造男造女。神就赐福给他们，又对他们说："要生养众多，遍满地面，治理这地；也要管理海里的鱼、空中的鸟，和地上各样行动的活物。"神说："看哪！我将地上一切结种子的菜蔬和一切树上所结有核的果子，全赐给你们作食物。至于地上的走兽和空中的飞鸟，并各样爬在地上有生命的物，我将青草赐给它们作食物。"事就这样成了。神看着一切所造的都甚好。有晚上、早晨，是第六日。[①]

上帝对自己创造的世界非常满意，用《圣经》的话说就是，"事就这样成了"，"神看着是好的"，让一切都"各从其类"。第七天是安息日。紧接着，上帝又在东方立了一个伊甸园，并让他创造的人"亚当"修理和看守伊甸园，还担心亚当寂寞，在他沉睡之际，从他身上取下两条肋骨，造了一个女人陪伴他。

上帝是一个伟大的理想主义者，他认为世界就应该从此美好，万事万物按照自己制定的秩序"各从其类"，这就是一个和谐的世界。但万万没想到，女人经不起蛇的诱惑，怂恿亚当吃了善恶树上的果子，从此破坏了和谐的秩序。[②]这使上帝很伤心，也很生气。

这个和谐的秩序，从犹太教的角度说，就是以《摩西十诫》[③]和《托拉》[④]或《塔木德》[⑤]中的613条诫律为基础的。"不杀人，不奸淫，不偷盗，不作假见证陷害人"等，构成了人类永恒的戒律和道德基础，只要人类不遵守这"十诫"，社会就不会和谐，人类就会走向灭亡。

律法的本质就是道德，律法的延伸就是法律，道德和法律构成了和谐世界的基础。所谓的道德，用苏格拉底的话说，就是"我们应当如何

---

① 《旧约·创世记》1：26～31。

② 原来世界和谐的秩序是：上帝→人→动植物→，现在变成了蛇→女人→男人→植物→上帝。因为上帝来了，男人亚当和女人夏娃都躲在了树的后面。

③ 摩西是公元前13世纪时犹太人的政治和宗教领袖，犹太人的先知和立法者，率领犹太人出埃及，摆脱法老的奴役。《摩西十诫》宣告了犹太教的诞生，内容是：不可敬拜别的神，不可雕刻偶像，不可妄呼上帝的名字，要守安息日，要孝敬父母，不可杀人，不可奸淫，不可偷盗，不可作假见证陷害人，不可贪恋别人的房屋、妻子、奴婢、牛驴及其他东西。

④ 犹太教的律法书，又称《摩西五经》，这五卷律法书分别是：《创世记》、《出埃及记》、《利未记》、《民数记》、《申命记》。后来，人们干脆将《托拉》代表犹太人的《圣经》，包括《律法书》、《先知书》和《圣文集》，又称《旧约》或《希伯来圣经》和"二十四书"。

⑤ 《塔木德》是犹太人继《旧约》之后最重要的一部典籍，又称"犹太教法典"，共有613条诫律，是犹太人的生活"圣经"。与《圣经》、柏拉图的《理想国》、亚里士多德的《政治学》和伊斯兰教的《古兰经》并称为影响人类的巨著。

生活”。[①]用康德的话说，道德的最高原则被称为“绝对命令”，[②]从最高原则中可以产生人们的所有责任和义务。康德认为，人类有着“本质的价值”，例如有尊严，这使他们具有“无上价值”。但是，人类是有理性的行为人，要用理性来指导自己的一切行为。如果没有理性的存在者，世界的道德维度就会消失。[③]这意味着，在最肤浅的层次上，我们对他人有严格的仁慈责任：我们必须为促进他们的福利而努力；我们必须尊重他们的权利，避免伤害他们，并且通常总是“努力尽我们所能，促进其他人的目的的实现”。因此，和谐社会的基础是政府尽可能为人们谋福利和尊重每个人的权利。

犹太教及其改善世界的目标差不多始于4000年前，是随着亚伯拉罕和一种革命性的思想——一神教的出现而开始的。亚伯拉罕获得的这一启示使人在宇宙中的位置发生了变化，人的使命也发生了变化。异教徒的宗教通过享乐主义和“一切以人为中心”降低了人的地位。一神教则提升了人的地位，将宗教关注的焦点从“自以为是”转移到“因行称义”上——人只有执行上帝的诫律，体现自己的仁慈、善良、谦恭和同情，才能为世界带来正义、和平与和谐。《塔木德》说，当一个人死后升入天堂，他会被问道：

> 你是否诚实地工作着？
> 你是否腾出时间用于学习？
> 你是否参与繁衍后代的生殖活动？
> 你是否努力地自救？
> 你是否探讨智慧的哲理？
> 你是否深入探求事物的本质？[④]

---

① 这句话是苏格拉底转引自柏拉图的《理想国》，柏拉图说：“我们讨论的不是小事，而是我们应当如何生活的问题。”

② 在《道德形而上学基础》一书中，康德写道：“只根据你决意依据、同时成为普遍法则的准则而行动。”

③《道德的理由》，詹姆斯·雷切尔斯著，杨宗元译，中国人民大学出版社2009年1月版，第131～133页。

④《塔木德》，赛妮亚编译，重庆出版社2008年1月版，第58页。

只有每天追问自己这些问题的人，才有可能领到去天堂的钥匙。成功是犹太人的一项无穷无尽的任务，他们要努力奋斗，摆脱一切艰难困苦，去修复破碎而不够和谐的世界。这也是犹太人强调教育、重视学习的原因。这一责任和使命，激励着一代又一代的犹太人，去救济他人、改善环境，为受压迫者寻求公正，让世界变得更加美好。在犹太人的心目中，成功不应以一个人获得财富的多少来衡量，而应以他在成功的路上克服的困难来衡量，以及在真正成功后成为一个什么样的人来衡量。成功意味着充分发挥自己的潜能，并利用自己的力量去改善残破的世界，从而实现道德的完善和精神的超越。

《托拉》历来教导人要充分地享受生活："我将生死、祸福陈明在你面前，所以你要拣选生命，使你和你的后裔都存活。"[①]而"无论谁拯救了一条生命就是拯救了整个世界"这句话所强调的则是每一条生命的价值。

犹太教对生命的尊重及其传递给全人类的讯息体现了"修复世界"的最终目标。《圣经·以赛亚书》(2:4) 教导说："他们要将刀打成犁头……这国不举刀攻击那国，他们也不再学习战事。"这一重要教诲如今镌刻在了联合国总部所在街道对面的拉尔夫·巴赫公园的一堵用以赛亚命名的墙上。追求和平是犹太教的核心，也是对希望"修复世界"的人们的激励，因为选择活着意味着无论在和平时期还是战争时期都要尽力保存生命。

也许犹太教对生命的高度尊重，以及认为每次拯救一个人也是在拯救"整个世界"的使命观，正是众多的犹太人进入这一"修复行业"的原因之一。迈尔斯·D. 斯多福说：

几乎每一个所谓"修复性"职业中，如医学、心理学、法律和道德标准的制定、对年轻人的教育或是对公众思想的塑造等，"圣书之民"——犹太人都让世人深深感受到他们的存在。无论这些研究者、从业者是否是犹太教的虔诚信徒，他们似乎都在履行"犹太人的使命"："努力使我们的世界成为一个更加美好的居住地……"

---

① 见《圣经·申命记》30：19

因此，大多数犹太人真诚地意识到他们生活必须要有意义。生存于世不是为了逃避死亡，而是为了拥抱生活。所以当犹太人离开这个世界时，他留下的远远不止是沙滩上的脚印。社会期望他为后代——自己以及他所生活的那个社会的后代，留下不可磨灭的贡献。

犹太哲人希勒尔说："我不为我，谁会为我？若只为我，我为何物？此时不为，更待何时？"

一个人如果重视自己、尊重自己，他就会期望为自己获得最好之物——最好的医疗护理、最好的生活。如果一个人有义务，如希勒尔所说，不只为自己，那他就会像提升自己的需求一样，为提升人类的需求而努力。

犹太教承认人类自私和自我放纵的本性，并以此促进性格的发展。自私的对立面是无私。自私和无私就像蝴蝶一双对称的翅膀，看起来互相排斥，然而，一旦轻轻地共同振动起来，就可以令蝴蝶优雅地飞翔在空中。这就是犹太人的和谐观与平衡论。①

三、犹太人的反省意识与危机哲学

犹太教回溯至公元前三千年先祖亚伯拉罕时期，它就已经成为哲学与哲学争论的丰富来源——首先就是希伯来人的自我概念和他们的律法；后来是先知的教诲（公元前9世纪到8世纪）；公元2世纪到6世纪的拉比犹太教时期，犹太教的口传法律集《塔木德》终于完成，学者们对律法进行评注和阐释。从那时开始，哲学辩论就成为古希伯来人的基本生活之一，他们不断地反省自己的命运和把握应付危机的良谋，并长期致力于有关法律的意义、法律如何指导人们的生活以及公正与美好社会的问题。更重要的是，他们竭力关注如何让他们全能而又难以预料的上帝满意的问题，并积极修复人类同上帝的关系。一个永恒的哲学问题就

---

①《犹太成功的秘密》，[美]杰克·罗森著，徐新等译，南京出版社2008年7月版，第41～43页。

是，神与创世的关系：究竟是神创造了一个独立于他自己的世界，还是神存在于这个世界之中？他如何以及为什么要创造这个宇宙？为什么如此创造宇宙？为什么要按自己的形象来创造人？上帝与人的关系究竟是什么？

虽然犹太教强调个体尊严，我们必须记住它开始于部族宗教。只要他或她是共同体的成员，个体就具有意义和尊严；但在许多古代社会中，共同体的形成不是偶然的。犹太教认为其“选民”的地位，是上帝与他们的先祖亚伯拉罕的约定所确立的。上帝对亚伯拉罕许诺，说他的后裔将成为一个伟大的民族。因此，犹太教就出现了排外甚至是种族的元素，这遭到了早期基督徒特别是圣·保罗的坚决反对。根据这种古代观点，犹太教与其说是哲学或一套信仰体系，还不如说是一种身份。因此，犹太哲学并不只是聚焦于神学和信仰的错综复杂性上，而更关注犹太共同体的成员的意义和影响上。

《希伯来圣经》几乎没有采用神学的方法，但是对上帝的性格（如果我们可以这么说）刻画得像小说里一样鲜明。希伯来人的上帝也承认自己是一个好嫉妒的神。他有时是个易动怒的上帝，一位愤怒的上帝。大量熟悉的《希伯来圣经》或《旧约》中的故事可证明这一点，但是从哲学来看——可以与早期希腊的命运观点相比较——希伯来人全能的保护神是极其不可预测和狂暴的，甚至是反复无常的。他很容易被激怒，降临到希伯来人头上的灾难可作为证明。一方面，希伯来人受到他们强有力的上帝的保护。另一方面，这种保护决不意味着不折不扣的信赖，神的保护的丧失有待加以证明。上帝的恩宠引起了相同的问题。在犹太教中就像在基督教中一样，恩宠是由上帝赐予的，赐给谁完全是上帝自己的选择。任何人任何民族都不可以独占恩宠。

对希伯来哲学的理解必须要根据希伯来人与上帝所立的“契约”所引起的巨大焦虑来理解。这项契约给予他们一些保证，以致当灾难袭来时——就像它经常发生的那样，犹太人毫不怀疑他们对上帝的信仰，反而是“责备他们自己”。先知们几乎是自豪地谈起他们聚集力量起来反对以色列，并不把这看做是上帝遗弃他们的证明，而是看做上帝对犹太人不满意的证明。其他解释——比如他们被上帝遗弃了——对希伯来人来说是不可思议的。他们宁可承担罪恶也不愿失去信仰；可以说希伯来人以哲学的方式理解罪恶。这么做的结果就是，希伯来人把人类的自我反省提到前所未有的高度。[①]

犹太哲学家古德曼说："犹太人是因为无法抗拒的压力才开始哲学化的。他们从外部接受哲学。一部犹太哲学史就是犹太人不断吸收外族的理念，然后使之转化和适应具体的犹太教观点的历史。"[②]曾几何时，巴比伦铁骑攻克了犹太王国，希腊大军马踏约旦河两岸，罗马军团进驻耶路撒冷，焚毁了圣殿。与此相伴，"流放"，"散居"也成了犹太人永久的宿命。然而，"散居"也为原本封闭的文明打开了一扇扇窗户，使之直接面对形态各异的文明，不得不积极或消极地应对希腊罗马的哲学、伊斯兰教、基督教、文艺复兴、启蒙运动，现代哲学与科学、宗教的兴衰嬗变，以及商业与经济的变幻莫测和朝不保夕的流浪生涯。从本质上讲，几乎所有犹太人的思维都是一种危机哲学。

既然是危机哲学，一旦遇到紧急情况，犹太人就会这样思考问题：危机的本质是什么？为什么会造成危机？如何应付危机？因此，犹太文化不仅仅是一种生活方式，更是一种信仰、理念和思维方式，还是一种应对危机的智慧、策略和实践。

反复研读《圣经》是一种智力活动，引导人们去思考和提问，对于这种提问，常常不是一种答案，而是更多的提问。《塔木德》则是教会人们如何提问、诡辩和换一种角度去思考问题。

米歇尔·大卫－威尔是华尔街百年老店拉扎德银行最后一任由创始人的后代担任的 CEO，在任近 25 年。1876 年，米歇尔的曾祖父在美国旧金山创立了拉扎德银行。一个多世纪以来，拉扎德银行以其超凡的业绩成为美国华尔街的常青树。在刚刚出版的自传中，米歇尔一改家族传统中的神秘和低调作风，吐露了自己成功的秘密和对生活的反思。他说：

"犹太人身上令我备感亲切的，一是我本人亦不缺乏的幽默感，再

① 《最简洁的哲学：智慧的历史》，[英] 罗伯特·索罗门，凯瑟林·希金斯著，杨艳萍译，中国书籍出版社 2009 年 1 月版，第 20 ～ 22 页。

② 《犹太哲学史》（上下册），傅有德等著，中国人民大学出版社 2008 年 3 月版，第 37 ～ 38 页。

就是忧患感，认为自己理所应当拥有归在自己名下的一切的犹太人你几乎遇不见。常怀忧患是因为失落了故土，而且前途永远显得那么飘摇不定——世世代代犹太人的命运都表明了这一点。而这同样存在于我的性格中，任何事情，就算最终的结果比我想象的还要糟糕，我也不会感到吃惊。事情进展不顺利，正常；人家不喜欢你，或者不再喜欢你，或者为了这样那样的缘故踢你出局，正常……以此态度看待人生际遇恐怕不只是个人问题，这应该是遗传性的吧。”①

米歇尔还有两句话，更加令人深思：

一个王朝可以延续数百年，生意场上一个世家如能延续一百五十年，就已经算是一个奇迹了。对此，我一向是明白的。我相信，再多的成功都将止于最终的失败，但是，这并不足以成为我们放弃努力的理由。

有两条基本纪律在生意场上必须遵守——都不是什么难事，一条是要在十二小时内作出答案，另一条是要始终保持在线状态。

这难道不是典型的犹太式危机哲学吗？

四、犹太人的改革思维与科学发展观

公元 70 年，当罗马大军在梯图斯率领下攻陷了耶路撒冷城池，放火焚毁了第二圣殿，残酷镇压了犹太民族的反抗时，人们开始担心犹太民族的命运，担心犹太民族在过去上千年历史时期中创造出的独特文明形式——犹太文化的命运。没有多少人对犹太民族及其文化的留存抱有太大的希望，因为当时中东地区的历史已经清楚地表明：没有一个民族能在失去地域联系和流亡状态下将自身的文化传统延续下去，犹太文化的

① 《华尔街最后的大亨：米歇尔 · 大卫－威尔自传》，陈曦琳译，浙江文艺出版社 2008 年 8 月版，第 44 ~ 45 页。

命运自然也岌岌可危，因为“皮之不存，毛将焉附？”客观上说，犹太民族及其以犹太教为核心的犹太文化的确到了生死存亡的关头。

犹太民族如何在失去地域联系的情况下生存？如何在流亡状态下保持自身的统一文化传统？如何才能避免在散居地被主体文化所彻底同化？所有这一切都是决定犹太民族是否能最终留存的关键。面对这样的非常状态，以法利赛为代表的犹太知识分子（后人均以“拉比”称之）力挽狂澜，勇敢地担当起挽救犹太民族的历史重任。他们中的代表人物最初在一个被称为贾布奈的犹太学院聚集，带领犹太民族从文化层面入手，逐步建立起了一整套完备的文化防卫机制，把犹太人重新塑造成一个既不再是主要以种族为取向，也不再是以地域或政治体制为根基，而是以文化生活方式为自我认同标准的民族。在他们的率领下，犹太民族不仅最终完成了《圣经》的正典工作，一劳永逸地锁定了犹太教经典的基础，更为重要的是编撰出了被称为“第二经典”的《塔木德》，为犹太文化的千年大厦树立起了中心支柱。经历了这一过程的犹太民族终于成为人类历史上一个不朽的、以文化为认同准则的“圣书之民”。[①]

犹太教是一个进化、发展的宗教。在漫长而曲折的历程中，犹太教大致经历了圣经犹太教、拉比犹太教、中世纪犹太教和近现代犹太教几个历史阶段。其中值得特别重视的是两次历史性的大变革。第一次是从圣经犹太教向拉比犹太教转变，第二次是发生在19世纪的宗教改革，其结果是现代犹太教各个宗派的诞生。在第二圣殿毁灭前后，以色列民族中代表社会上层和保守势力的撒都该人逐渐失去民心，而以学识渊博、致力改革著称的法利赛人赢得了广大犹太人的支持。两派斗争的结果是代表广大民众利益的法利赛人取得了胜利。有学问的法利赛人被称为拉比，他们按照自己的理解，根据现实的需要解释圣经，解决新形势下各地犹太人面临的种种问题。原来在圣殿中的祭祀仪式被当地圣堂内的祈祷和《托拉》研究所取代，巴勒斯坦和巴比伦等地建立了专门从事《托拉》学习的学校，校长多为著名的拉比。到公元500年前后，犹太拉比们完成了《塔木德》的编纂，从而完成了从圣经犹太教向拉比犹太教的转变。《密西那》名为神授的口传律法，实际上是拉比们意见的汇集，体现了那

---

① 《犹太人为什么聪明》，亚伯拉著，中央编译出版社2007年1月版，第91页。

个时代拉比的集体智慧。如果说圣经时代的权威是先知和祭司家族，那么，此后则是以拉比为核心的时代。拉比们成了犹太经典的权威解释者，是犹太人心目中的学问家和精神导师。尽管和拉比犹太教并存的还有卡拉派、神秘主义的卡巴拉以及其他派别，但拉比犹太教始终是犹太教的主流派和正宗，这种局面直到近现代才被改革的浪潮所打破。法国大革命和由此而开始的犹太人的解放是犹太人历史上的大事件，也是决定近现代犹太教发展方向、形式和命运的关键因素。

在中世纪，欧洲各国的犹太人被视为劣等民族，在宗教上受迫害、政治上没有任何权利和自由、经济上受到种种限制。与他们的身体被禁锢于隔都的高墙之内相适应，他们的精神和灵魂也只有沉醉在传统、陈腐的《塔木德》学问的框架中。那时，犹太人居住的隔都犹如“国中之国”，而犹太人则成了所在国人心目中的“外国人”。然而，随着1789年法国大革命的胜利，犹太人的状况却发生了根本的变化。欧洲各国的犹太人先后获得了公民权，享有了和其他民族一样的平等地位，有了做人的自由和尊严。多少个世纪以来梦寐以求的愿望终于在此时得到了实现，这是令他们最振奋、最扬眉吐气的时刻。这就是犹太史上所称的“解放”。解放把犹太人一下子置入一个前所未有的新的社会和文化背景之下，使犹太人开始了一个崭新的时代。

十八九世纪的欧洲是一个理性主义主宰的时代，包括宗教在内的一切意识形态都要依据理性法庭的审判决定何去何从。犹太教当然也免不了这样的命运。同时，解放以后的犹太人首当其冲面临的是如何调整自己，使自己适应宗主国的社会、文化环境的问题。在这样的背景下，一场相对于欧洲来说是迟到了的犹太启蒙运动（哈斯卡拉）终于发生了。德国的摩西·门德尔松担当了启蒙的先驱。门德尔松开辟的启蒙运动所追求的目标有两个，一是“冲破隔都的禁锢，把犹太人改革成真正的欧洲人；另一方面，他又希望犹太人继续保持自己的民族特性”。然而这是一个不易兼得的两难。正是适应启蒙运动目标的需要，德国犹太教内部率先实行了宗教改革。

改革的直接后果是犹太教的分裂。原来统一的传统犹太教逐渐分化出改革派、保守派，以及正统派；在20世纪的美国还从保守派中分化出了重建派。这些不同的宗教派别把犹太人分成不同的阵营，导致了犹太人在宗教观念和生活习俗等诸多方面的差别。这种局面一直持续到现在。

正统派的最大特点是坚持“天不变道亦不变”的原则，拒绝犹太教的变革。他们认为，上帝是永恒的，《托拉》是西奈山的神启，因此，其中的律法一条也不能改变，否则就是异端。他们还相信将来弥赛亚的降临会恢复犹太国家，重建圣殿并恢复献祭礼拜。大致上说，正统派又可分出极端正统派（原教旨主义者）、新正统派和哈西德派。(1) 极端正统派还停留在中世纪，只坚持传统犹太教的信仰，严格遵守教规和习俗，反对科学文化和任何现代事物，不承认以色列国（有的尽管居住在那里），不与其他教派合作。(2) 新正统派或现代正统派承认《圣经》和《塔木德》的权威，遵守犹太教的圣日、节日、风俗以及传统道德，但具有一定的灵活性。在圣堂内做礼拜时，使用希伯来文祈祷，不用风琴伴奏，实行男女分坐。他们相信并参与科学文化活动，谋求和其他各派的共处和合作，支持以色列国并参加犹太复国主义组织。(3) 哈西德派（虔敬派）是 18 世纪中叶诞生在东欧的神秘主义派别。他们贬低理性和知识，强调人的情感，目的是通过虔诚的祈祷达到和上帝的灵交。其祈祷形式直接指向上帝，形式简单，随时随地，无需圣堂。他们还提倡在祈求时伴以歌舞和其他能够激发人的感情的动作。现在，正统派在美国是少数派，约占 600 万犹太人口的 6%，但在许多欧洲国家例如法国和英国仍有相当大的影响力。

改革派犹太教的主导思想是带有明显理性主义因素的发展观，即认为犹太教和所有的意识形态一样，必须随着时代变化而变化，应该在发展过程中摒弃那些过时的、不合理的成分，以适应现代生活的需要。改革派把犹太教定义为“完全和科学、理性和谐共存的伦理一神教”，奉行在全世界范围内实现和平、公正和各民族和谐统一的大同主义。他们在改革中废弃了不少中世纪习俗。例如，在圣堂做礼拜时男女混合坐，不用希伯来语而用所在国语言读经布道（现在多为希伯来语和当地语言并用），使用合唱队并引入管风琴伴奏；同时，实行男女平等原则，妇女获得了做拉比的权利，并于 1972 年开始任命女拉比。古典改革派曾把大同主义和复国主义对立起来，强烈反对犹太复国主义。后古典的改革派改变了这一立场，成为支持复国主义和以色列国的建设的重要力量。第二次世界大战以前，改革派的中心在德国，战后则转移到了北美。现在，改革派在北美犹太人中约占 42%，是成长最快、力量最壮大的犹太教派。

保守派犹太教是介于正统派和改革派之间的温和派。它的前身是德国的犹太教历史学派。19 世纪宗教改革期间，一些德国犹太人认为正统派过分强调传统，忽视了现实生活的需要，而改革派又过分注重现实，没有给予传统应有的地位，因而各自走向了极端。于是他们采取调和折衷的态度，主张在过去和现在之间建立起活生生的联系。历史学派认为，犹太教的成文《托拉》源于西奈神启，而口传的律法则是犹太人对前一种神启的扩展和延伸，是人类理性和经验的结晶。成文法是超时间的、神圣不变的，而口传法则处于时间的流变之中，可以根据时代的需要做修正和变更。但是，变更的权利不在于个别的拉比，而是学者的一致同意和犹太社区全体成员的普遍接受。对于犹太复国主义，他们持赞成支持态度。这个学派在 20 世纪初期在美国发展成为保守派犹太教，而且曾经一度成为最大的教派。现在，保守派在美国占犹太人总数的 40%，就保守派坚持犹太教律法和仪礼的重要性而言，它接近于正统派，而就其赞同律法的可变性、灵活性而言，它又很难和改革派划清界限。保守派圣堂的用语为希伯来语，礼拜时实行男女分坐，妇女逐渐取得了和男子平等的地位，1985 年开始任命女拉比。

重建派是从美国保守派中分化出来的年轻犹太教派。这个教派的创始人摩迪凯·开普兰认为，超自然主义的正统派、改革派和保守派都不能适应现代性和当代犹太生活的需要，因此必须对之重建，将其改造成为自然主义的、民主型的宗教。他心目中的犹太教是一种进化的文明，上帝、《托拉》和犹太人构成它的三大平等的要素。然而，上帝不是超自然的人格神，而是内在于宇宙万物中的“为了拯救的力”，《托拉》是犹太人经验的记录，其中的律令乃是犹太人的风俗习惯。“拯救”不是来世的永生，而是现世的道德满足。重建派在仪礼上接近保守派，而在理论观点上甚至比改革派还要激进。这个派别主张自由地解释传统，以圣堂为犹太生活的中心，主张宗教生活的民主化，鼓励和支持以色列国的建设。重建派是犹太教最小的派别，约占北美犹太人的 2%，它对犹太人的影响主要体现在意识形态方面。

正如自由的改革派和保守派所言，犹太教的确是一个不断进化和发展的宗教。在最近几十年内，犹太教虽然没有本质性的变革，但也发生了不少的变化。其中很值得注意的一点就是，自由、世俗犹太人队伍的不断扩大。这种现象不仅存在于欧美，而且也发生在以色列。他们或者公开宣布不承认任何宗教，或者仅仅出于功利的考虑在名义上属于某个公会，而实际上不参加任何宗教活动，也不遵守犹太教的法规和习俗。这种现象给人一种犹太人宗教意识和民族意识日趋淡化的感觉，甚至可以看做一种和欧美文化同化的趋向。历史地看，犹太人之所以在散居近2000年后仍然能够作为民族而存在，多半在于她的宗教和由此而产生的独特的文化和生活方式，而其宗教得以延续和维系的重要原因是欧洲反犹主义的流行和对犹太人的残酷迫害和屠杀。十八九世纪，为数不少的犹太人获得了公民权后放弃了自己的宗教而皈依了基督教，自觉自愿地被同化了。二次世界大战结束后，反犹主义和对犹太人的迫害在遭到普遍谴责后在很大程度上得以平息，有利于各民族相互理解、和睦相处的条件日渐稳固，这恐怕是犹太人世俗化的主要原因。①

毫无疑问，同化和世俗化是威胁犹太民族生存的最大问题。但是，没有犹太历史上的几次大改革，犹太人可能被同化得更快。所以，改革是维系犹太人生存和发展的根本，改革思维是每一个犹太人与生俱来的“天性”，因为“不改革和创新就意味着死亡”。一个民族和宗教发展是这样的，一个社会的经济发展也是这样的。

当然，改革的目的：一是为了生存，二是为了发展，不仅是追求物质的进步，更重要的是追求人和社会的全面完善，按现在的说法叫“科学发展”。对此，犹太心理学家弗洛姆在《在幻想锁链的彼岸》一书中，已有深刻的论述：

马克思和弗洛伊德关于历史问题的分歧是相当明确的。马克思始终坚信人类的进步和完善，这一信念植根于从预言家经过基督教、文艺复

①《近现代犹太宗教运动》，[美]大卫·鲁达夫斯基著，傅有德等译，山东大学出版社1996年12月版，第X～XIV页。

兴到启蒙运动各个时期的西方思想传统中。而弗洛伊德，特别是第一次世界大战以后的弗洛伊德则是一个怀疑论者。他认为，人类的进化问题实质上是一场悲剧。不管人要干什么，必然以失败而告终；如果人还能还原成为一个原始人的话，那么，人就会得到快乐，但却失去了智慧；如果人继续是更为复杂的文明建设者的话，那么，人将变得更加聪明，但却更为不幸，更为病态。在弗洛伊德看来，进化是一种模棱两可的赐福，社会干的坏事和好事一样多。马克思则认为，历史总是朝着人的自我实现这个方面前进的；不管任何特定的社会能产生什么样的罪恶，社会总是人的自我创造和发展的条件。一个“善的社会”也就是善者们的社会，即全面发展的、健全的并富有创造性的个人的社会。[①]

那么，经济发展或科学发展观的本义究竟是什么？

按照一位美国经济学家金德尔伯格[②]的观点，经济发展的一般定义包括：物质福利的改善，尤其是对那些收入最低的人们来说；根除民众的贫困，以及与此相关联的文盲、疾病和过早死亡；改变投入与产出的构成，包括把生产的基础结构从农业转向工业活动；以生产性就业普及于劳动适龄人口而不是只及于少数具有特权的人的方式来组织经济活动；以及相应地使有着广大基础的集团更多地参与经济方面和其他方面的决定，从而增加自己的福利。金德尔伯格认为，经济发展的特征含有一些崇高的目标，出于对人类可能进步的坚定信念，解除贫困和消灭贫困成为对人类智慧的巨大挑战。此外，经济“增长”和“发展”虽然是同义词，但内涵却明显不同：经济增长指更多的产出，而经济发展则不仅包括更多的产出，还包括产品生产和分配所依赖的技术和体制上的变革，以及高尚的道德意义。“正如在人类身上一样，强调增长着眼于身高和体重（或者说国民生产总值）；而强调发展则注重于机能上——素质协调的改变，

① 《在幻想锁链的彼岸》，[美]埃里希·弗洛姆著，张燕译，湖南人民出版社 1986 年 11 月版，第 38 页。

② 金德尔伯格：犹太人，美国较有名望的经济学家，生于 1910 年，1937 年获哥伦比亚大学博士学位，1966 年被选为美国经济学会会长。

例如，指学习能力（或者说经济上的适应能力）。”①

纵观西方经济增长和发展的历史，首先是非经济因素在西方摆脱贫困的过程中起了很重要的作用，其中包括19世纪各国政府所起的作用；其次是组织管理和市场经济的作用；城市化的发展对人类文明的进步也起了很大作用。从社会意义上看，从贫困走向富裕是物质福利方面的一个进步。关于国民生产总值、国民收入或实际工资的统计数字并不能充分体现这一进步。死亡从来就是最大的威胁，而由贫困走向富裕，首先就是远离死亡。其主要的指标就是关于寿命、死亡率和婴儿死亡率的统计，摆脱瘟疫也是从贫困走向富裕的一个变化。贫困通常是与文盲、迷信、无知和孤陋寡闻的生活联系在一起的，走向富裕不仅意味着住房的改善，还意味着消除文盲和迷信，让个人享有更多的文明、安宁和自由。正如《西方致富之路》一书所言：“贫富社会之别并不仅仅在于哪个社会拥有较高的人均国民生产总值，而在于富裕的社会为其成员创造了完全不同的生活。”②

因此，科学发展观的首要基础就是判断社会进步不能唯“国民生产总值”或GDP的马首是瞻。按照华尔街资深评论家和预言家犹太人彼得·希夫的观点，“国内生产总值（GDP）的增长意味着一国经济健康、快速发展”完全是谎言，“GDP基本无关经济的健康与发展”。彼得·希夫认为：

GDP虽然一向被认为是衡量国民经济发展的一个重要指标，但实际上却存在一个重大缺陷，那就是它只反映了经济总量的增长，而忽视了自然资源的稀缺性，没有将环境和生态因素纳入其中，也未将经济的可持续发展考虑在内。而且，破坏性活动同生产性活动一样，都被计算在了GDP内。这样一来，横扫新奥尔良的卡特里娜飓风也增加了美国的GDP，尽管它造成了重大的人员伤亡和财产损失。其他如预防犯罪开支、离婚费用、医疗费用和国防开支等也都被记入GDP内。

GDP的另外一个严重缺陷，就是它不包括任何非货币性交易。比如，

---

①《经济发展》，[美]查尔斯·P. 金德尔伯格等著，张欣等译，上海译文出版社1986年2月版，第5页。

②《西方致富之路》，内森·罗森堡等著，刘赛力等译，生活·读书·新知三联书店1989年5月版，第3页。

维系一个家庭的正常运转是不记入GDP的，因为这无须支付薪水，但是照顾老人和孩子，如果不是由家庭成员，而是由保姆来承担，就会记入GDP，因为雇保姆是需要花钱的。同样的道理，志愿者的活动也不会记入GDP，因为这并没有涉及开支。

用于生产的自然资源的消耗会增加GDP。

收入分配被完全忽略。如果一个家庭拥有整个国家的收入，而其他人一无所有，那么这个家庭的收入会增加GDP。

和制造污染一样，清理污染也会增加GDP。埃克森的“瓦尔迪兹号”油轮漏油事故就增加了美国的GDP，因为这是花钱雇人清理的。

同理，借贷消费也会增加GDP，即便这些外债是由我们的后代来偿还的。

此外，GDP数据还经常会被统计人员篡改。比如，政府可以通过活期支票账户增加GDP等。正如先前我们所谈及的生产力神话一样，如果一个企业花费100亿美元购置了一批电脑，而这些电脑与先前购置的电脑相比，性能提高了5倍，那么政府在记入GDP时，100亿就成了500亿。在某些人眼中，这或许是一种理所当然的计算方法；但在彼得·希夫看来，这是明目张胆的操纵。

尽管GDP存在种种缺陷，但它还是被用做衡量一国经济增长的指标。美国庞大债务之所以被认为是正当的，就是因为它和GDP之间的比例与先前相比并未发生大的变化。

殊不知，真正创造财富的那一部分（如制造业、矿业等）在GDP中所占的比例正在不断萎缩。在美国的GDP中，有超过70%来自消费，而这在任何时候都有可能崩溃，因为支撑消费的是庞大的外债，而不是国内的生产。[①]

一个社会从贫困发展到了富裕，却没有使人民对这个社会感到满意，这当然是可能的。事实上，自我满足的人民能否由贫穷发展到富裕，首先就是大可怀疑的。一般来说，身体健壮而心理上不安的百姓甚至可能比由于饥饿而麻木的百姓更难对付。然而，即使是大多数人和国民真的富裕了，按照科学发展观的理论，也还是要渐进而可持续的全面发展，

① 《美元大崩溃》，[美]彼得·希夫等著，陈召强译，中信出版社2008年5月版，第38～40页。

更多地鼓励制度创新和科学文明，更少利用自然资源和破坏环境，充分地体现民主自由和公平的精神，这样，这个社会才能健康有序地发展。否则，这个国家只能是经济上的“暴发户”，很难成为世界上先进生产力和先进文化的代表。

经济学家保罗·萨缪尔森在评价新经济学时写道：

据说，骡子既无法为祖先自豪，又不能寄希望于后代。至于新经济学，至少可以说，它有一个光辉灿烂的过去……但是，新经济学有前途吗？在未来的岁月里，我们的子女们会不会围坐在炉火边，好比说手里拿着计算尺，讲述巨兽在大地上游荡的那种年月里的传奇故事，直到原始的野蛮人把他们从城堡里赶出来？[①]

这究竟是对当下时代的反讽还是预测？假如中国的一些经济学家或政策制定者跑到美国或犹太人古老的城堡，会不会被当做一位原始的野蛮人而被撵出来，这是我内心中长久以来的巨大担忧。

五、诺贝尔经济学奖得主预测中国经济

1997年9月24日，星期三，杰克·特里诺乘坐红眼航班到达波士顿。他来自加州，在那里经营小规模的货币管理生意。波士顿阳光明媚，但气温只有五十多华氏度，阵阵西北风使人更感觉阴冷。特里诺当天早上的目的地是国际金融工程师协会的年会会场，会议在花园广场饭店举行，与波士顿公园仅一街之隔。他远道赶来，是为了在午餐会上发表一个演讲，主题是有关他的老朋友费希尔·布莱克的。布莱克已于两年前去世，享年57岁，他当时刚刚接受了协会的最高荣誉：被评为年度最佳金融工程师。

① 《中间道路经济学》，[美]保罗·萨缪尔森著，何宝玉译，首都经济贸易大学出版社2000年3月版，第19页。

弗兰克 · 莫迪里亚尼 Franco Modigliani (1918～)

特里诺并不知道，在周一这次会议的开幕晚宴上担任特邀发言人的，乃是诺贝尔经济学奖得主保罗 · 萨缪尔森。萨缪尔森任职于著名的麻省理工学院，就在波士顿郊外的剑桥河畔。在发言中，萨缪尔森展望了当年 10 月即将公布的诺贝尔可能的归属，提出了他心目中的“理论金融学的名人堂”。他说，早就应该认识到费希尔 · 布莱克、米隆 · 肖尔斯，特别是他自己的学生罗伯特 · 默顿的工作成果的意义了。他计划用这样的话来总结：如果要为现代金融工程理论的创立找到的一个标志点的话，我一定会投票说，那就是默顿为连续扩散巴切列尔概率偏微分方程构造出边界值解的时候[①]。这个解的证明出自默顿在 1973 年发表的论文——《随机期权定价理论》。同年，布莱克和肖尔斯发表了《期权和公司债务定价方法》。这两篇论文都包含了期权定价公式，而今天所有金融业的从业者都把它称为“布莱克－肖尔斯”模型。

然而，萨缪尔森的演讲刚进行到一半，听众席中就有人打断了他。当时他正通过翻挂图依次介绍现代金融学历史上的重要人物，路易斯·巴切列尔是第一位，这位法国数学家起初并不出名，却为默顿后来的研究开创了思路。萨缪尔森还谈到了其他杰出学者的不同研究途径，演讲进行得很顺利。他一直讲到 1964 年，并在图上写下“约翰·林特纳和威廉·夏普：独立的发现者”这样的标题。他所谓的发现其实是指资本资产定价模型，由于这个模型，夏普获得了 1990 年的诺贝尔奖。萨缪尔森要讲的下一组人物将是布莱克、肖尔斯和默顿，但此时听众席中发出了一个声音，“特里诺呢？你忘记特里诺了！”

① 保罗 · 萨缪尔森，《在创造中》，未发表（1997 年 9 月 22 日）。

说话的人是弗兰克·莫迪里亚尼，和萨缪尔森一样在 MIT 工作并且也获得过诺贝尔奖。在打断主讲人的演讲时，他竟然是从萨缪尔森原来的椅子上摇摇晃晃地站起来的。因为在这位老兄进入会场时，萨缪尔森的演讲已经开始，他能够找到的唯一一张空椅子便是主讲人刚刚坐过的。莫迪里亚尼的听力不好，同时也忘了带助听器，因此他有可能误解了萨缪尔森的发言。然而，萨缪尔森写在挂图上的字可是没有错的，况且莫迪里亚尼有充足的理由对那段时期保持敏感。他知道，特里诺独立提出过自己的资本资产定价模型，而且是在夏普和林特纳之前，因为特里诺曾经拿这个成果给他看过。那时，莫迪里亚尼并没有意识到这个思想的重要性，当时他以为，那样的成果太简单了。如今回想起来，特里诺是对的，莫迪里亚尼对自己当时没有积极鼓励特里诺一直深感内疚。

突然间，本是晚餐后的轻松节目变得有趣起来。两位诺贝尔奖得主，都远远超过了退休的年纪，却表现得像小伙子一样。讲台上，萨缪尔森一如既往地衣冠楚楚，鲜亮的蓝色夹克里打着蝴蝶领结。而在台下，莫迪里亚尼则穿着他钟爱的象牙色丝织外套（让他的弟弟从意大利批发过来面料，找裁缝专门定制的），显得乱糟糟的。这两个人都在 MIT 工作了将近 40 年，既是朋友又是同事，大家对各自的脾性都了如指掌。莫迪里亚尼的独特之处是，他经常在研讨会上“喧宾夺主”。因此，访问学者们总会得到这样的忠告：“千万别给弗兰克说话的机会，否则你就永远别想再发言。”所以，萨缪尔森寸步不让，拒绝自己的朋友在“金融学名人堂”的名单上再添加别的名字。

当然，不管怎么说，特里诺都很难配得上列入理论金融学的荣誉殿堂，因为他是个实践家，而不是理论家。萨缪尔森就任美国经济学会主席时曾发表过一个著名的演说，确立了他的原则——“从长期来看，经济学的研究者们值得奋斗的目标只有一个——那就是赢得同行的喝彩”。这样的原则自然把特里诺排除在竞争者的队列之外了。无疑，萨缪尔森应该听到过这样的小道消息，约翰·林特纳是从特里诺那里得到 CAPM 的想法的，而特里诺以前在哈佛商学院做过林特纳的学生。但这些仅仅是传言而已，并没有确凿的证据。重要的是，两位纯粹的学者，夏普和林特纳，在互不知情的情况下各自独立完成了对 CAPM 的研究。唯一的命运捉弄是，只有夏普因此获得了诺贝尔奖，而在诺贝尔奖评审委员会认识到金融学领域值得重视之前，林特纳已不幸去世了（诺贝尔奖从未颁发给亡者）。

所以，萨缪尔森既拿着粉笔不肯撒手，也占领讲台毫不退让，直到莫迪里亚尼坐下来让他完成演讲为止。但晚会已经被打断，没人会记住他对默顿的赞扬。好在这只是个小小的插曲，几个星期后，萨缪尔森的观点将得到最重要的认同。10 月 14 日，诺贝尔奖评选委员会将发布新闻，宣告 1997 年的获奖者："罗伯特·默顿和米隆·肖尔斯，与费希尔·布莱克合作，发展出了开创性的股票期权定价公式。他们的方法为很多领域的经济定量分析铺平了道路，还催生了多种新型金融工具，给社会带来了更有效的风险管理。"①

这件事非常有趣，为我们见证了一段经济学发展的插曲。下面该看看在世的犹太裔诺奖得主是如何预测当代中国经济的：

1. 关于国企改革和金融问题

1990 年诺贝尔经济学奖得主马克维茨认为："就常识而言，发展私营经济是一个很大的思想进步。我想重要的是允许它的存在不给它出太多的难题。在印度，据说如果你想办私人企业，你要贿赂很多的人士才能办得到。这当然只是道听途说，我不曾去过那里。私营者要做的事恐怕就是：遵纪守法、不污染环境……国营企业是可以自食其力，而私人企业则更具效率。"1970 年诺奖获得主保罗·萨缪尔森认为："如果短期的经济增

哈里·马克威茨 Harry Markowitz（1927～）

① 《华尔街的智慧天才》，[美] 佩里·梅林著，黄志强译，中信出版社 2007 年 8 月版，第 1 ～ 3 页。

长强劲但却伴随着严重的财政赤字，而后者又来源于超量发行货币的行为的话，那么我认为追求这种增长是很危险的……日本掀起了房地产热，产生了大量‘泡沫’，它还掀起了股票热……而当华尔街的经济被收紧（加强控制）时，日本国内的经济便陷入困境。”

1976 年诺奖得主米尔顿 · 弗里德曼认为：“高通货膨胀是因为政府印制货币太多。就是这么回事。那就是唯一的原因，哪里都如此……从长远的观点看，通货膨胀具有破坏性。它浪费人们的资源和努力，使得物价上涨，生产率降低。它就像‘酒瘾’一样，很容易使人们上瘾，特别是使政府上瘾，但摆脱它却非常困难。”

1985 年诺奖得主莫迪里亚尼说：“我总是告诫政府的有关部门，慎用通胀手段。因为其本意可能是通过高通胀推动高增长，但实际上却减少了储蓄，从而减少了增长。特别地，如果因此而使人们不再相信政府，那将是真正的危险。”

莫顿 · 米勒 Merton Miller（1923~2000）

1990 年诺奖得主莫顿 · 米勒认为：“股票市场是可以为企业提供刺激的。但，我们认为中国的国有企业有严重问题。因为它们不单只是工厂，简直就是城市，它们有学校、消防队和其他很多单位……你们首先应该把企业与其他事业脱离，然后可以将工厂股份化，但必须想办法安置那些从关闭的老企业里转移出来的工人……必须谨慎行事使这种过渡缓和一些。不要试图立刻解决一切问题，那是不可能的。”

2. 关于人口问题

1992 年诺奖得主加里 · 贝克尔认为：“我们对大多数国家观察的结果是：作为经济发展的一条经验，提高家庭教育水平，特别是提高妇女的教育水平，人口的出生率就会下降……富人倾向于少生孩子，特别是受教育程度越高的家庭生孩子就越少。因此，我认为教育是一国控制人口最有效的避孕药和最好的解决方式……政府方面应发挥什么作用呢？在促进和资助教育方面应发挥作用，特别是在中、小学方面。尤其是对那些贫穷的人，他们自己交不起学费，那么，政府就应该在这方面发挥主要作用……大多数国家完全或主要由私营企业为雇员提供岗位培训这是现代人力资源的一个主要组成部分……家庭是人力资源的重要来源，给孩子教育、价值观、训练、知识和培养孩子的习惯。”[①] 2005年，加里·贝克尔做客北京大学，发表了题目为“知识、人力资本、人口和经济增长”的演讲，其核心观点是，人力资源将在未来的经济增长中发挥越来越重要的作用。贝克尔说：“在21世纪，人力资本将对一个国家和民族的进步起决定性作用，对知识的投资也将获得回报。”《环球时报》记者宋念申采访了贝克尔，并发表了题目为《爱学习的国家进步快》的专访文章。

加里·斯坦利·贝克尔 Gary Stanley Becher (1930～)

所谓的“人力资本”，在世界上还没有一个公认的、绝对清晰的定义。但贝克尔认为，人力资本包含的主要方面，是人的知识、技能、生产能力、价值观、态度等。他用大量的统计数据证明，无论在发达国家还是

① 以上谈话选自《专访诺贝尔经济学奖得主》一书，高小勇、汪丁丁编，朝华出版社2005年7月版。这些谈话均出自1994年由《经济学消息报》发起的一次跨洋采访12位诺奖经济学得主的活动，该书曾结集为《追踪诺贝尔》一书，由中国计划出版社于1998年2月出版，此为修订版。参与那次署名提问设计的中国经济学家有吴敬琏、林毅夫、张五常、刘世锦、茅于轼等，被访问的12位诺奖得主分别是：米尔顿·弗里德曼、保罗·萨缪尔森、加里·贝克尔、罗纳德·科斯、詹姆斯·布坎南、肯尼斯·阿罗、弗兰克·莫迪里亚尼、劳伦斯·克莱因、赫伯特·西蒙、罗伯特·福格尔、哈里·马克维茨、罗伯特·索洛和莫顿·米勒，除了科斯和布坎南以外，其余均为犹太人。

发展中国家，学校教育、职业培训及成人教育等，都已经获得了越来越高的回报率。在现代经济中，技术和人才已成为经济发展最为关键的要素。以美国为例，在20世纪六七十年代，不同教育水平的人，在工资增长方面似乎变化不大，甚至高学历者的工资增长，还一度出现下降的趋势。1979年，一个美国经济学家写了本名为《教育过度的美国人》的书，书中认为，高学历者工资水平相对下降，是因为受了过高的教育所致。“但是”，贝克尔说：“这本书问世的第二年，情况就出现了变化。”高学历者的工资快速增长，到20世纪末，不同教育水平的人收入差距越来越大。如今，人力资源的投资在美国国民生产总值的增长中，已占有很高的比例。

在北京大学，面对众多学子发表这样的演讲，有其独特的意义。今天，毕业生就业难已成为困扰中国大学生们的普遍问题。不少学生在提问时，都提出了就业市场上高学历者难找工作的现象。贝克尔认为，应当用长远的眼光看待这个问题，在未来5年、10年甚至更长时间里，投资知识的优势终究会显现出来。

有人将贝克尔的经济学理论称为“经济帝国主义”，即他倾向于认为，用经济学方法（比如每个人都追求效益最大化、市场平衡等）分析其他社会现象，比如家庭经济、犯罪问题等。在演讲后的专访中，记者把话题引向社会价值观、社会道德的变迁与经济发展的关系上。

贝克尔对这个话题很感兴趣。他说，经济增长与社会道德、价值观变化的关系是双向的，经济增长会改变社会价值观，社会价值观也会改变经济增长。中国人具有很多传统美德，比如勤劳、诚实、注重家庭等，这些都是发展现代经济的优势所在。而随着中国经济发展，一些负面因素必然随之而来，比如犯罪问题、传统价值观的丧失等。他认为，有一些现象是必然要产生的，诸如离婚率上升、人口出生率下降、社会保障出现问题等，而且，随着中国经济的继续发展，这些问题也会更多地出现。“问题是否可以解决？是的，我相信可以，但中国需要为此做好准备，中国不会绝缘于这类问题，”贝克尔说，“它们曾经发生在先富裕起来的香港和台湾，也会发生在大陆……人们必须对此加以注意。”

贝克尔还回答了有关中国经济模式以及中美贸易摩擦等方面的问题。他认为，出口导向型经济对中国是有益的。“中国积极融入全球经济，不但向海外市场大量出口产品，同时进口产品很多。对中国来说，开放其经济的措施是非常明智的。”他指出，“相对而言，中国还是一个贫穷的国家。美国花了数十年时间，才将其经济结构由以制造业为主转向以服务业为主，美国和中国的经济发展阶段并不相同。未来几十年内，中国经济如果继续发展，就必然会像美国、欧洲或日本那样，制造业的比重逐渐降低，服务业的比重不断提高。而在中美贸易问题上，我认为，美国不应该对中美贸易增加限制，例如对纺织品设限。对美国来说，采取自由贸易的立场，对其经济发展更加有利。对中国来说，道理也一样。”

罗伯特 · 福格尔 Robert Fogel (1926～)

贝克尔也谈到中国发展面临的两个问题：第一，贫穷国家相对更容易发展，因为可以借鉴发达国家的技术，具有后发效应，但当穷国逐步富裕起来后，就不可能永远借鉴，而需要发明自己的技术；第二，中国经济也存在着弱点，如资本市场、银行系统及国有企业等存在的问题。“这些问题是可以解决的。解决这些问题也对中国经济持续高速增长有利。”①

1993 年诺奖得主罗伯特 · 福格尔认为，“我坚信，除非有政治原因阻碍，必须建议中国政府继续促进经济增长。我告诉我的学生，在 30 年内，中国市场将比欧共体更大。不是因为人均收入有那么高，而是因为人口众多。我想这是有道理的。要实现那种高水平的人均收入，我看除了政治上的障碍外，没别的障碍。”

---

① 引自《环球时报》2005 年 6 月 15 日，第 15 版。

3.关于法律和其他问题

1992 年诺奖得主加里·贝克尔认为:“没有适当的体制,就不可能搞市场经济,因此,中国要做的事情似乎在于建立相应的体制。如果体制建立了,就不用为私有化操心了。如果我知道你能提供什么,你也知道我的需要是什么,双方对此都很清楚,我们就不需要什么都由政府来操作。但是政府有必要告知各方的权利和义务……要有些较先进的方法,但要慢慢来,不能快,走快了并不是好事。我记得中国古代有句名言,‘当大象过桥时,你停下来让其先过去是明智的’,这是中国几千年前的名言。谨慎为好,不宜操之过急。你们与米勒先生谈过了是吗?我不知道他讲了些什么,但我记得有次他曾对我说,中国需要的不是更多的经济学,而是更多的法律。我同意这个观点。”

劳伦斯·罗伯特·克莱因 Lawrence Robert Klein (1920~)

1980 年诺奖得主劳伦斯·克莱因在接受采访时说:中国应小心对待四个问题。克莱因指的四个问题分别是:收入分配问题、通胀问题、人口问题,以及能源、交通和通信问题。这些问题都是中国的潜在危机,绝不可掉以轻心。

1993 年诺奖得主罗伯特·福格尔说:“我认为马克思主义只是一种关于资本主义必须崩溃的理论。它并非关于如何建设经济的理论。它建立在这样一个年代,在这个年代中人们根本没有意识到会有经济高速增长……我的一个也曾获诺奖的朋友同样非常强调体制的关键性作用,也就是说某一些体制比另一些体制更能促进经济增长……我认为从政府角度来看,关键在于怎样建立起那种体制、那种市场形式、那种法律制度,以最有效地促进资本形成,促进高储蓄,促进快速地技术革新,鼓励最有才华的人精神饱满地工作。”

1985 年诺奖得主弗兰克·莫迪里亚尼认为：“企业经营的目的不是利润最大化，因为利润是一种不确定的预计的可能性。你为了利润回报要多承担风险，所以，如果你只是为了追求利润最大化，那意味着你将承担所有可能的风险，这将导致资本结构中大量的债务。因为每当你以债务替代资产时，你将提高预期利润，预期利润提高……利润不是一种有价值的观念。你应该做的是使公司的价值最大化，那是 M–M 理论最重要的贡献，即指出了经营管理的核心是什么：不应该基于这毫无意义的利润最大化的观念，而是更有意义的观念，即努力使股东所拥有的公司价值最大。”

1970 年诺奖得主保罗·萨缪尔森说：“许多化妆品公司，它们卖‘希望’，而不是卖‘美丽’，只是卖‘变得美丽的希望’，买它的人有自知之明，他们希望改进自己的外表，但他们知道自己不可能成为电影明星。我想指出的是，这不是西方经济学的主流学派，它强调我们的大部分欲望都要得到适当的满足，要比得过我们的邻居。有的时候，我们买东西是因为我们的邻居买它们，我们希望显得比邻居更富有，而不是因为买了它真的能使我们更幸福。但胜过邻居使我们感到快乐。”

1990 年诺奖得主哈里·马克维茨认为：“中国具备了向市场经济转变的动机、能力及效率，但与此同时，中国却缺少了平等、财富等因素的支持。因此，对体制的改造无疑是个十分有趣的巨大挑战。”

1992 年诺奖得主加里·贝克尔在谈到有关经济学研究时强调：“独创性强，敢于标新立异，我们在过去历史上一直是这样。就是要在同行中标新立异，与众不同。这样会在同行中不受欢迎，我不介意我不受欢迎。我却认为不受欢迎是好事。这意味着我们提出一些与众不同的理论观点……我们希望学生觉得老师提出了一些值得他们思考的问题。不要因为老师曾经说过这是对的，就要他们接受。这是我学生时期就存在的气氛。我们在同事间也形成了一种百家争鸣的气氛。我们在学术谈论会上经常争论不休。我认为这是创造一种良好学术气氛的正确做法……中国这么大的一个国家受到良好的专门训练的经济学家寥寥无几，这是当前最大的压力！”

这些谈话都是上个世纪90年代初那次“诺贝尔大追寻”的采访中那些犹太经济学家说的，他们不仅都对中国的经济增长持乐观态度，也提出了许多睿智的建议，许多建议即使是放在十几年以后的今天，也还是非常有建设性的，而且大部分问题中国仍然没有解决——但有些建议却被我们采纳得很好，如芝加哥大学的莫顿·米勒提出的多修路建议，他说：“要修路，修公路比修铁路好；不但要修大路，还要修小路；修公路，用铲子可能比推土机更科学。”而中国的GDP虽然靠修路拉动了不少，但存在的问题仍然不少——沿海修路多，内地修路少；铁路修得多，公路修得少；大路修得多，小路修得少；(路修起来以后）吃路的多，养路的少。

后来，北京大学中国经济研究中心先后邀请过不少诺奖得主作过演讲，罗伯特·福格尔教授先后三次来到北大，都对中国经济做过分析和预测，许多思想对我国的经济建设富有启迪——诸如，1999年福格尔就预言，到2015年的时候，中国汽车的年产量将达到1000万辆，而1998年时，中国汽车的年产量仅50万辆，中国GDP的80%是来自物质产品，而且只衡量投入，不衡量产出，只衡量数量，不衡量质量，GDP是衡量不了服务的，中国也缺少服务业；中国的金融体系问题多多，需要改革；中国对医疗保健业的投资不多；总有一天中国将不能容忍环境的恶劣……[①]

针对中国的问题，保罗·萨缪尔森还接受过一些中国媒体的采访。他说：“中国过去长期实行的是苏联模式的中央计划经济，它造成了普遍的效率低下并使大批国营企业亏损。但是，如果实行完全的自由市场经济，那也是非常大的错误。我认为应该保持政府在经济中的重要角色。在这一点上，社会主义市场经济这一提法中的‘市场’一词，应在政府离开问题百出的旧经济体制的时候得到合理的平衡。从这个意义上说，社会主义具有真正的意义，它和过去旧的斯大林主义概念完全不同……中国现在实行的社会主义市场经济是对1976年以来事态变化的概括。他们企图把市场活力以及承认道义和分配方面的考虑、承认干预市场对经济迅速发展的需要结合起来。这不是中国独有的，虽然在叫法上可能与其他

---

① 《站在巨人的肩膀上——诺贝尔经济学奖获得者北大演讲集》，北京大学中国经济研究中心编，北京大学出版社2004年9月版。

国家不同。”

当记者问道：“从许多国家包括英国的经历来看，在政府干预和市场之间达到理想的平衡并不容易。在中国官方机构不健全，还存在官僚主义及贪污腐败的情况下，社会主义的一面真能发挥作用吗？”萨缪尔森回答说：“回顾历史，一味追求单纯的自由市场经济，像80年代撒切尔夫人领导下的英国，到90年代就产生很大的问题，如社会不满情绪强烈，10%～20%的最低收入者变得贫困，还有可怜的增长记录……而在混合经济体制下，最严重的不平等模式、最严重的贫困状况，将由于精心设计的和按缴税能力拟定的税收制度和福利计划而得到缓解。请注意这一点：在20世纪的最后阶段，旧的社会主义模式在成功的混合经济中完全不起作用……假如我们修正一下社会主义定义，把它理解为福利国家，使资本主义制度带来的最糟糕的社会不平等，通过税收和重新分配得到了混合经济。这是自由放任资本主义与良好的社会之间合乎逻辑、可以行得通的妥协。”

关于中国国有企业亏损和转换机制的提问，萨缪尔森也作出了明确的答复：“我不是中国问题专家，但我知道，前苏联、捷克斯洛伐克和匈牙利的大型国营企业非常缺乏效率。一旦过渡到市场经济，我不认为大型国营企业能起什么作用。我想中国最好是从经济的最底层开始，实行市场调节。事实上，中国已在那个方面开展工作，让农民和手工工人自由买卖、自由生产……中国的大工厂如果想有什么作用的话，最终还得租给许多小的制造企业。中国可能朝那个方向进行试验。反对自由市场的官僚应受到惩罚，帮助小的生产者得到原料和机器的官僚应得到酬谢。在美国很重要的一条是，我们创立企业时，不需要得到任何人的批准。我靠我自己，赚钱我活下去；如果我是没有效益的生产者或者生产没有人要的产品，我就垮掉……我相信，中国只要照目前这条路前行，就可望在2020年成为全世界第二或第三大的经济强国。但达到那种程度时中国要记住：混合经济如何运用税收和分配来缓解私人财产体系带来的贫困和不平等。我不认为转向纯粹的资本主义是正确的答案，但我真诚地祝愿中国顺利。”①

① 《财富的神话》，宋建林主编，改革出版社2000年3月版，第73～75页。

第五章 中国社会面临的四大危机

只有两门功课我感兴趣，一门是动物学，一门是植物学。其实历史我也感兴趣，不过不是我们学的那本历史教科书。

他老是向学生提出愚蠢的问题。而愚蠢的问题远比聪明的问题难回答。

于是我恍然大悟，我害怕的不是乞丐而是他的手。我害怕的不是从我这儿拿走什么东西的乞丐，而是夺去我什么东西的手。

——左琴科《幸福的钥匙》

经济学家曾预测第二次世界大战后会出现大量失业的情形，结果却错得离谱。所以，人类要学会自我反省和不断回头看，这样才能逐渐预测准确。正如萨缪尔森所言：“永远要回头看。你可能会由过去的经验学到东西。我们所做的预测，通常并不如自己记忆中的那样正确，二者的差异值得探究。”格言有云：“如果你必须预测，那么就经常为之。”这并非只是玩笑之辞或自认无能，而是残酷的事实往往比美丽的理论重要。①

回首中国的改革开放30年，几多欣喜几多忧虑，我曾写过《夏日荷花的沉思》一文，说出了心中的焦虑和困惑，不妨将该文抄录于下：

2008年7月20日，在参加完由北京大学、河北大学和台湾南华大学共同主办的“二零零八年第四届海峡两岸华文出版业论坛”后，我就陪北京大学出版研究所所长肖东发教授匆匆赶赴天津，参加由南开大学主办的“第一届编辑出版教育骨干教师高级研修班”。本来是赶不上下午2：30的动车组了，结果火车晚点，只能和乘3点钟火车的乘客一起上车，所以火车上熙熙攘攘，非常拥挤。我和肖教授只好站在过道里，聊

① 转引自《专访诺贝尔经济学奖得主》一书，第232页。

了一会儿，累了，就拿出随手买的报纸垫在屁股底下坐在过道上。人们看着两位斯文的人，手里拿着书，嘴里却谈论着海峡两岸的出版业和大学教育问题，纷纷露出怀疑的目光。我对肖教授说："我乃一介民间人士，坐在过道里无所谓，您可是北大教授啊！"本来有现代教育出版社的车要专程送我们去天津，但是肖教授担心奥运会前夕返京时因安检而堵车，就不想麻烦别人了，这一点让我很感动。快到天津时，肖教授嘴里默念着一个非常浪漫的名字——"夏日荷花"。我原以为是某一篇文章的名字，或肖老师年轻时所熟识的某一个恋人的名字，等到了才知道，这是一家酒店的名字，是高级研修班的会址，象征着这些编辑出版业的骨干教师们渴望美好理想和出污泥而不染的人文精神，举办者真是煞费苦心啊！

参加会议的人，除了一些青年教师外，大多是出版业的行家里手，武汉大学的方卿教授，中国人民大学出版社的周蔚华总编，北京印刷学院研究生处的张养志处长，河南大学新闻与传播学院的李建伟院长，山东工商学院的张子中教授，都给我留下了深刻的印象。尤其是翻阅福建师大副教授陈林送给肖教授的一本关于解放前福建省基督教出版的专著时，让我感慨万端。据该书介绍，在清末民初，仅一个福建省每年出版有关基督教的书籍就达330种之多，而且还不包括每年出版的几十种神学杂志，想想现在出版业的现状，真是让人一声叹息啊！

由于我是专门研究犹太文化的一个自封的学者，曾有若干所谓的专著出版过，自然就对犹太教和基督教格外关注，曾有将近半年的时间，在每周三晚上作为慕道友参加过福音班。说来奇怪，在以前的经历中，总是非常理性，从来也没有感动过，可这次则不同。也许是下午的演讲过于成功，也许是上帝在又一次召唤我。当我们傍晚和肖教授、河南大学李院长、山东工商学院的张子中教授几个人散步时，竟不由自主地走入一家老式的基督教堂，一进门"神爱世人"的几个大字遒劲有力，随后有几百个兄弟姊妹开始唱赞美诗，虽然许多人都是衣着寒酸的退休工人或家庭妇女，但脸上却露出虔诚而幸福的微笑。我非常感动，眼泪开始止不住地往下流。在座的几位教授也有些眼圈发红，这究竟是一种什么样的力量呢，难道真的没有上帝吗？

不能再听下去了，还得去逛逛天津的夜景啊——这次感觉天津的变化非常大，再也不是北京的郊区了。海河边的夜景非常迷人，虽然没有所谓的“夏日荷花”，但古色古香的建筑群却别有风格，尤其是号称“左右逢源”的两幢冯国璋和袁世凯的小楼让人对旧中国的建筑艺术大加赞赏。当我们举目远眺时，发现有一座新建的楼房却与周围的老式教堂和建筑群极不协调，我不由得心里产生了一个问题，现在经济这么发达，为什么没有几幢现代建筑能和这些古建筑相提并论，我不知道这一百年来我们的文化究竟是进步了还是退步了？一路上，我们几个人就这个问题展开了激烈的争论。

赶快回“夏日荷花”洗个澡吧，一会儿还要讨论《图书策划与营销15讲》一书的写作提纲呢，肖老师、李院长和张子中教授都对这个选题有兴趣，愿意参与写作并作为教材在各校推广。讨论到关键时刻，房间里突然闯进了作为东道主的南开大学徐建华博导，他用一种善意而毫不留情的嚣张语气“枪毙”了这本书，不仅认为这本书没有出版价值，而且认为肖教授是专门治编辑出版史的，没权力也没有必要进行图书策划营销领域的探索，守着自己的一亩三分地就行了。说白了，那是徐博导的研究领域，其他人无权闯入。我用一种调侃的语气对这位看上去很年轻的老教授问道：“您一年能读多少本书？”他回答说：“大概四五十本吧！”我说道：“恕我直言，这只是我一个月的阅读量，现在我们不谈各自的专业领域，我们开始谈谈古文学、音乐、美术、犹太文化、西部民歌、外国文学翻译、宗教和哲学如何？”徐教授自然不敢和我一比高低，总算压住了他的嚣张气势。一直在一旁冷眼旁观的肖教授说道：“太有意思了，竟有人在会议中比藏书量和读书量，这是一种新气象噢！”因为前两天在北大百年大讲堂举办的两岸出版业高峰论坛中，肖教授大胆提出了这样一个问题：“人人都谈30年改革开放，为什么GDP增长了，可我们民族的阅读量却下降了？”这又是一个振聋发聩的问题，和我们在前边争论的“社会进步与否”的问题一样令人沉思。那一晚，我和肖教授梦中醒来上厕所讨论的仍然是这两个问题。

第二天，我有急事要赶回北京。结果在火车站，天津人又和我开了个巨大的玩笑。买9：14的车，还有4分钟就要发车了，仍在售票，而这回车却没晚点，还要严密的安检，最后有四五十个人误了车。退票时，售票员却说 9：44 的车票已经提前 15 分钟停售，只卖 10：55 的车票，真令人啼笑皆非。找到站长再论个高低吧："天津环境变美了，为什么偏要这么办，为什么不直接卖给我们 9：44 的车票，而非要延误我们两个小时的时间呢？"站长满脸堆笑，不停地向我们赔不是，说些不三不四的理由，我感觉在天津火车站又被"愚弄"了一回。

吸一口七月的暖风，我幡然醒悟，当下这个时代确实有点堕落。猫头鹰是哲学家，比柏拉图和康德还要现代。哲学家现在都成了教条，喜鹊却成了传播时代福音的主旋律，而许多知识分子却拜喜鹊为师，这究竟是时代的进步还是退步？我实在搞不明白。

我的这一篇文章其实涉及了中国近一百年来的政治、经济和文化状况的历史变迁。仔细想想，中国的学者虽然大多是喜鹊，但也还是有许多有良知的知识分子敢于面对中国的真正问题和危机，以使我们的国家不走弯路和少犯错误，因为真正的现代社会是以"消费思想和意见"为动力的，只有那些有良知的知识分子不断向社会发出自己的思想和意见，政府才能改正错误，从而向老百姓交上满意的答卷。所以，真正的现代社会是欢迎人们回顾和反思的，这样社会才能进步得更快。

一、对改革开放三十年的回顾与反思

香港科技大学教授、美国哈佛大学博士丁学良先生在探讨中国改革开放 30 年经济的快速发展时，针对国内国际学术界和传媒界使用最多的"中国的崛起"这一说法表示异议，他认为把中国的经济定义为"再崛起"更加准确。因为直到 1870 年代为止，中国的经济总量都大于美国，曾是世界第一经济大国。如果仅仅以工业产出在全世界工业产出中所占的分量来比较，1860 年代的中国工业产出占全世界的 19.7%，而当时美国只占 7.2%。也就是说，中国曾是世界上最强大的国家，不仅是经济上的强大，而且在政治制度、法律制度、行政体系乃至科学、文化、艺术和语言方面在全世界独树一帜。但近二百年以来，中国却大大落后于世界，特别是从1950年代到“文革”后期，中国的经济总量只占全球经济的不到5%。中国的再崛起，只是经济上再崛起，还不是全面的再崛起，在许多方面还存在薄弱环节，诸如：严重依赖外来技术，贫弱的财富创造机制，以及战略性资源的对外依赖。也就是说，中国经济的高速增长，很大程度上是由固定资产领域的投资力度造成的。这种资源配置的低效最后主要体现在国家银行的坏账率上。现在国际上对中国银行坏账率的最低估计是45%，这是20世纪下半叶以来全世界主要经济中间坏账率最高的。此外，在1990年到2004年期间，中国对石油的需求量以年平均7%的速度递增，而中国自己石油开采量大概只能用14年。而这些战略性经济资源的对外依赖是和这些资源的严重消耗和浪费连在一起的。按照中国行业内的测算，2003年，中国每单位GDP的产出所消耗的能源几乎是日本的10倍、美国的5倍和加拿大的3倍。[①]

正是因为中国经济一方面保持着那么高的增长速度，同时又表现为那么严重的低效性，也就是中国经济增长的“素质”远远低于经济增长的“数量”，所以你在全世界的报纸杂志上，能够读到对中国发展前景的完全不同的推测和预言。而且，即便是纯粹从“数量”尺度上比较地看，中国经济增长幅度也不是那么令人陶醉——任何增长值被人口一除，就显出中国社会财富的薄弱基础。[②]但中国却显露了西方往往忽视的两面性：是个富国，又是个穷国；是个强国，又是个弱国。据中国媒体报道，中国2005年的人均国民生产总值是1400美元，是美国的1/30，即使按照购买力平价（PPP）计算，中国的人均国内生产总值在全世界185个国家和地区中仍然排在第118位。如果按照人均国民收入计算，中国与西方发达国家尤其是美国的绝对差距不是在缩小，而是在扩大——比如，按2005年中国人均GDP1400美元和年均8%增长率，来比较美国同年的GDP人均40000美元和2%增长率，2005年中国与美国的差距为

① 《中国经济再崛起》，丁学良著，北京大学出版社2007年11月版，第3～9页。

② 2006年7月17日一篇“多维社”编译自《福布斯》杂志的文章，题为《中国：富国还是穷国？》，用另一种计算法，显示了中国的相对贫困：“全球化推动了中国的经济，中国也正在推动全球化。”

38600 美元；2006 年中国为 1512 美元，美国为 40800 美元，即 2006 年人均国民收入中国与美国的绝对差距比 2005 年的差距扩大了 688 美元。

清华大学经济管理学院院长钱颖一教授在题目为《从国际比较看中国经济》的演讲中谈到对改革开放 30 年的观察，认为：中国的经济增长并不特殊，如果从国际比较的角度看，并不是独一无二的；中国经济的问题并不特殊，无论是法治指标、腐败感受指标，还是基尼系数都不算最差的；中国经济成功的原因并不特殊，其基本推动力主要三条：一是把激励搞对，二是让市场起作用，三是实行对外开放。前两项是改革的内容，后一项正是开放的内容。[①]

国务院发展研究中心研究员、著名经济学家吴敬琏认为，中国改革应当以建立市场经济为目标，缩小国有经济范围，发展私营经济；应当实现多种所有制平等竞争、共同发展；应当建立法治，实行宪政民主。针对中国改革开放 30 年所取得的成就，吴敬琏最担心的是这种高速增长能否持续，他认为中国经济的最大问题就是“两头冒尖”——所谓“两头冒尖”就是，成就显著、挑战严峻。从社会经济生活的现象层面上来看，日益突出的资源短缺和环境的恶化，包括腐败的蔓延和贫富差距的扩大，成为困扰中国社会的最大问题；从宏观经济的深层结构看，可以归结为内外两个方面的失衡，内部失衡主要是“过度投资而消费不足”，外部失衡主要表现在国际贸易和国际收支的双顺差。外汇存底的大量增加，造成中国跟贸易伙伴国之间的摩擦加剧，同时使自己的贸易条件变差，出口产品贱卖，还搭上了我们的资源和环境破坏与恶化。内外失衡体现在宏观经济上，是货币的过量供应或流动性泛滥，从而导致房地产、股票和收藏品的资产泡沫以及通货膨胀和物价指数的上升。从中长期的观点看，这些问题还会导致金融严重脆弱的系统性风险，一旦遇到意外冲突，让人感到危险。

吴敬琏还指出，如果从马克思在《资本论》里对西方国家 19 世纪传统增长模式进行的分析表明，这种靠投资拉动的增长必定会造成“资本有机构成不断提高”，或者说，物质资本在总投资中的比重不断提高。人

① 《中国改革开放 30 年：10 位经济学家的思考》，张维迎主编，上海人民出版社 2008 年 10 月版，第 191 ~ 201 页。

工资本在总投资中的比重不断降低，并导致平均利润率下降和无产阶级贫困化。而一些著名的现代经济学家，像索洛、库兹涅茨、舒尔茨等也在研究中得出结论，西方国家靠投资驱动的早期，增长模式是不可持续的。只有转变为靠技术进步和效率提高驱动的现代增长模式，才有可能实现持续增长。

针对这些问题，吴敬琏通过深入观察，提出了自己的意见：主要原因在于旧体制的“遗产”没有消除，它已经成为实现经济发展模式转变的主要障碍。最重要的体制障碍来自四个方面：

第一，各级政府依然掌握着一些重要资源的配置权力。比如说信贷资源，因为我们的金融体系改革没有到位，各级政府依然对于信贷的发放有着很大的影响力。再比如土地资源，因为土地产权不明确，依然是由各级政府自由裁定运用。1992 年的十四大在确定市场经济改革目标时就已经明确，所谓市场经济，就是市场在资源配置中起基础性作用的经济。我们学过经济学的人都知道，所谓市场在资源配置中起作用就是资源按照由市场供求决定的价格进行交换。由于这种价格能够反映资源的稀缺程度，市场交换可以使资源流向最有效的地方。但是现在，一些重要资源却不是由市场，而是由党政领导机关按自己的意图支配的。

第二，把 GDP 的增长作为各级政府政绩的主要标志，不光在党政机关考核干部时如此，社会舆论也是如此，整个社会形成了这样一种观念。这促使各级政府官员运用权力，投入资源去追求 GDP 的高增长，哪怕是无效率的高增长。

第三，各级政府的财政状况与物质生产部门的增长紧密相连，从财政收支两方面看都是这样。从财政收入看，各级预算的主要收入是所谓生产型增值税，生产型增值税跟物质生产部门的速度是直接挂钩的，所以使得我们的各级政府不得不把主要注意力放在物质生产部门的扩张上。从财政支出看，在一次财政部召开的“财政体制与和谐社会建设”国际研讨会上，一些学者提出了一个很深刻的见解。他们说，中国的政府支出结构现在存在一个很大的问题，就是政府对于提供公共产品的支出责任过度下移。社会保障和义务教育的支出责任大约有 70% 落在县或县以下财政的肩上。由于县和县以下政府财政能力薄弱，这种下移不但使这些公共服务提供的情况很差，而且使得各级地方政府不能不提高物质生产部门的增长速度以便取得更多的收入，否则日子就过不下去。上届政府在卸任以前曾就“三农”问题征求经济学家意见的一次会议上，议论过九年制义务教育在内地农村基本没有实现的问题。为什么会这样呢？经济学家们指出，很重要的一个原因是九年制义务教育的支出责任在县以下机关。而我国县乡财政力量极为薄弱，根本无力承担。为了在内地农村实现九年制义务教育，必须上提支出责任。后来党中央、国务院采取了措施，把九年制义务教育的支出责任提到县一级，这就使情况有了一些改善。但是现在看来，上提得仍然不够。所以有些人主张把义务教育的支出责任进一步上提到省，甚至中央。支出责任在中国通用的说法叫做事权，财政部门早就提出，和其他国家相比较，中国的事权过度分散，应该要更加集中。但它给人们的直接感觉是上面要收权，所以没有得到很多人的支持。

最后一条正好是前面三条的反面，就是在资源配置上，市场的力量受到很大的压制。这表现在土地、矿藏、能源等生产要素的价格没有市场化，而是保持行政定价的旧体制，或者受到行政机关的影响。而行政机关定价时往往按照计划经济的惯例压低价格，因为压低生产要素价格有利于国有企业降低名义成本和增加盈利。而资源价格的扭曲促使企业以低效使用资源的粗放增长方式进行生产，不但降低总体经济效率，甚至影响国家安全。关于燃油价格的问题，是一件多年来人所共知的事情，但是迟迟未能解决。

关于如何解决中国经济发展过程中的这些障碍，吴敬琏开出的药方是：出路在于坚定不移地推动改革，建立起法治基础上的市场经济，让市场充分发挥它在资源配置中的基础性作用——“吴市场”已变成了“吴法治”。正如他在自己的专著的“前言”中所说：“收入本书的文章用了较多篇幅从理论和政策层面分析这些社会病害的制度根源，指出权贵资本主义危险，呼唤建立公正法治的市场经济制度。”①

著名经济学家茅于轼早就对中国经济的高速增长给出了自己的答案：“高增长是靠投资拉动的；而促进投资的主力是各地的地方政府，投资项

① 《呼唤法治的市场经济》，吴敬琏著，生活·读书·新知三联书店2007年9月版，第3页。

目的经济有效性十分可疑，中小企业并没有明显的发展；就业形势不乐观；房地产有泡沫，高增长容易激发泡沫破裂；另一个促进高增长的因素是出口，外汇储备的超高积累破坏了国际经济的平衡，造成国际市场的重大扭曲，招致众多的贸易纠纷。”[①]茅先生还说：“一切改革，没有意识形态的变化都是不可能的……意识形态的改变，导致人们对是非的判断和价值观的形成，最终影响人的行为决策……人权是人人可以拥有但彼此不会冲突的权利，特权只能为少数人拥有，如果人人拥有就会产生冲突。人权用不着刻意追求，取消了特权，人权便自然来到。”

出生于中国湖南的美国耶鲁大学陈志武教授是近两年比较活跃的青年经济学家，他认为中国的“改革开放”在近代史上不是第一次，如果从《南京条约》逼中国开放算起的话，将近160年。中国拥有巨大的廉价劳动力和拥有超强的模仿能力，早在1913年就有英国人提出来过。也就是说，由于巨大的廉价劳动力而使中国成为“世界工厂”创造的经济奇迹，与其说是中国人的独创，而不如说是顺应了某种潮流，因为东亚国家早有如此的经历。前几年有人争论“后发劣势”和“后发优势”——“后发优势”指的是后发展的国家可以从先进国家那里很快模仿到技术，从而少走弯路；“后发劣势”指的是，正因为后发可以轻松模仿，迅速发展经济，会缺乏动力改革自己的制度，结果牺牲了长久繁荣的机会，变成了劣势。客观上讲，造成中国“奇迹”的主要有两条：已成熟的工业技术和有利于自由贸易的世界秩序。“改革开放”的贡献在于让中国搭上了全球化的便车。

在《为什么中国人勤劳而不富有？》一文中，陈志武针对中国没有利用制造业的发展最大限度地带动第三产业的同步发展，从而激发中国经济发展的潜能作出了分析。他认为，答案在于两个方面：首先，制造业的经济增加值低、利润率低，是“硬苦力”活，而服务业的增加值和利润率相对要高。其次，第三产业是经济持续增长、市场经济进一步深化的关键点所在，靠“硬苦力”的制造业是无法在国际竞争中获取更大份额的。而且，在当今世界上决定一国竞争优势的已不再是自然资源的多少、土地是否肥沃宽广，而是取决于你的制度机制是否最有利于市场

---

① 《一个经济学家的良知与思考》，茅于轼著，陕西师范大学出版社2008年1月版，第81～82页。

交易的发生、使交易成本最低。在现代运输技术、通讯技术出现之前的农业社会和工业社会早期，跨地区经济市场还没完全形成，那时的市场交易可能依赖道德规范、习惯法即可，有没有新闻媒体（更不用说开放的新闻媒体）、有没有可靠的正规司法可能并不决定一个国家、一个地区的经济竞争优势，那时“地大物博”决定竞争优势。但今天不行了，在全球化的国际市场交易中与你交易的不再只是熟人、本地人，而是越来越多的外地陌生人和外国商人。道德规范、习惯法已不够用了，只有可靠的正规司法和开放畅通的新闻媒体才能促进交易更高效地进行。[①]

在郎咸平[②]的眼里，中国最大的问题就是产业链的问题，他以事实来证明了中国制造业的危机。以芭比娃娃为例：芭比娃娃是中国众多出口玩具中的一种，2007 年中国曾和美国之间产生了比较严重的贸易摩擦。美国政府以及美泰尔等美国玩具进口商和零售商对中国的玩具出口产品百般挑剔，提出含铅量超标等问题。在制造芭比娃娃的过程中，不仅消耗了中国的资源，破坏了中国的环境，剥削了中国的劳动，但结果是什么呢？芭比娃娃在美国沃尔玛的零售价格是 9.99 美元，但中国制造厂商只能拿到 1 美元。在芭比娃娃的产业链中，除了加工制造外，还有六大环节：产品设计、原料采购、物流运输、订单处理、批发经营、终端零售。这六大环节中，总共创造了 9 美元的价值，是整条产业链中最能赚钱的部分，但几乎和中国的制造商无关。因此，中国越制造，美国越富裕。[③]郎咸平称之为中国产业链中的“非常 6 + 1”。

在经过二十多年的高速发展之后，中国享受着“世界工厂”的美誉。“中国制造”凭借价廉物美的优势，行销全球。据统计，在工业制成品中，中国已有超过 130 种产品产量位居世界第一。但继美国“次贷危机”以来，中国制造业也面临着巨大的危机：上升的成本压力，频繁因产品质量引起的国际贸易纠纷，印度、越南等更低成本国家的替代竞争压力，以及全球产业格局调整下被挤压的价值创造能力等。这些问题正逐步演变成

① 《为什么中国人勤劳而不富有》，陈志武著，中信出版社 2008 年 10 月版，第 63 页。

② 郎咸平：美国沃顿商学院博士、香港中文大学教授，是目前中国最活跃的经济学家，有系列作品成为畅销书。

③ 《产业链阴谋》（Ⅱ），郎咸平著，东方出版社 2008 年 9 月版。《序言》，第 2 ~ 3 页。

中国制造业难以启齿的日见微薄的利润率，尤其是那些靠代工生产的中国出口制造商。在“中国制造”的产品畅销的背后，中国制造业的实质上的低价值问题也逐渐暴露出来。

郎咸平痛心疾首地指出：产业链阴谋下的中国企业就是在夹缝中苦苦挣扎。但是另外一方面，中国经济发展速度却极快，每年以超过10%的速度增长，这又是怎么回事呢？这是因为我国这十余年来的经济发展的思维就是扭曲畸形的。也就是说，地方政府以推动GDP的方式（或所谓的“以GDP为纲”的理念）拉动了中国经济增长。以GDP的组成为例，欧美、日本的GDP当中70%是消费，也就是社会需要什么物品，就生产什么物品，因此是正常的经济成长。我国GDP当中消费只占35%，是欧美、日本的一半，这种消费不足的现象是由于我国的社会保障体系不健全导致的，老百姓必须存钱上学、住房和看病，因此不敢消费。那么我国GDP其余部分是怎么构成的呢？超过一半GDP都是固定资产投资，而欧美日本的固定资产投资只有我们的一半。什么是固定资产投资？也就是到处可以看到的高架路、桥梁、地铁、地产等，这些过度的投资带动了经济的成长。所以我国经济就是一个畸形扭曲的“二元经济”，一方面是由于产业链定位错误而苦苦挣扎的制造业，另外一方面是以拉动GDP为主导的建设工程极其火爆，包括钢铁行业、水泥行业、政绩工程、形象工程、大型国企及替他们融资的银行等。前者占了经济总量的七成，而后者占了三成。这种二元经济就是中国的特色，但是最近几年由于有关政策的错误，使得二元经济问题更加严重。①

曾以《问题与主义》一书风靡中国学术界的清华大学教授秦晖也以一种忧患的目光回眸中国的改革开放30年，在和《南方周末》记者笑蜀等人的对话录《改革开放30年与解放思想》一文中指出：“我甚至觉得以经济建设为中心应该是指给老百姓以发展经济的权利。世界各国的政府都是一个提供公共服务的机构。像我们现在一些地方政府有一些提法是不太对的，包括什么以招商引资为重中之重等，我觉得是不应该给这些企业制造障碍，这是应该提倡的，但是是不是要以招商引资为重中之重，

① 《产业链阴谋》（Ⅱ），郎咸平著，东方出版社2008年9月版，《产业链阴谋与二元经济的成形》一文，第6～7页。

甚至有的地方出台的什么‘谁和招商引资企业过不去，谁就和某地人民过不去’，这就明目张胆鼓吹官商勾结了……”

秦晖进一步指出，目前“国进民退现象非常明显，我们国家财政扩张这么大，总财力包括赋税、行政性收费、各种垄断性收入，占的比重已经不亚于这些所谓的高福利国家了。所谓国进民退不是说把老百姓的企业给没收了才叫国进民退，我用重税从他们那里拿来很多资源，然后又拿来转化为国有资产，这也是重要的国进民退。而且明摆着我们国家这么多年过程中，所谓的‘掌勺者，私分大锅饭’的这种行为一直是存在着的，另一方面国有资本越来越膨胀了，实际上是这两个渠道都在发挥作用。一方面很多民营经济的资源在不断地被国有部门汲取，另一方面国有资产又不断地流失到一些有背景人的手中去，形成这样一种循环。我觉得国进民退肯定是存在着的，有些领域，比如说能源重化工就更明目张胆了，这些年明确提出要提高民营经济进入的门槛，明确就讲要把他们挤出去”。

“掌勺者，私分大锅饭”这句话一度成为描述中国国营企业转制中缺乏法制和公平的精彩描述。而秦晖先生反思中国改革开放30年最深刻的思想，是体现在《南非：中国的前车之鉴》一文中，这篇文章曾在中国思想界引起巨大的争议，秦晖指出：

民办教师和代课教师是什么含义呢？就是村里稍微认得多一点字的人，就是那些普通的社员，国家不养他们，给你一些工分，让你教一些1、2、3、4，教学质量极差不说，这还是老百姓负责的，国家根本是一毛不拔。

改革以后，80年代在农村教育上有一个非常大的进步，人们谈得很少。就是农村小学民办教师民办转公办，实际上是由原来农民养的教师变成由国家养的教师的，这对农村教育投入是一个增加的。但是后来这个情况又逆转了，为什么呢？就是搞了那个分税制改革，而分税制改革恰恰是以中央集权的名义搞的。搞了这个分税制改革，就把所有能赚的钱都收走了，教育经费就是乡财政负责的一个事情了。乡财政拿什么钱来养这些人呢？只能是从农民那里要钱，反而连公办教师实际上也变成是农民养了。原来公办教师领工资是县财政开，结果一改以后也变成是乡财政开支，乡财政就向农民收费，搞得农民焦头烂额。

当然，秦晖并不是全盘否定中国改革开放所取得的巨大成就。针对当下的形势，他认为现在广东省提出解放思想有三个突破，一个是要突破既得利益的格局，一个是突破习惯的思维，还有一个是要突破影响科学发展观的机制体制。四个落脚点，重在研究实际，重在干部带头，重在破解影响发展观的难题，最后一个是重在激发干部群众落实科学发展观的积极性。

上海大学教授朱学勤先生则比秦晖先生更加乐观，他在 2007 年“岭南大讲坛”组织的“激荡 30 年：改革开放的经验总结”演讲中，大胆肯定了中国 30 年所取得的巨大成就，他将中国的改革分为两个阶段，第一阶段是“结束文革：从广场政治重返世俗生活”，第二阶段改革是在“改革中断的背景下徘徊三年，重新启动的”。他幽默地说：

大外滩浓缩到小外滩，我一直说这么一个笑话。只要有外国朋友，尤其是台湾朋友来，我总是带着他们开车，从延安东路高架猛一拐弯，看到外滩璀璨的灯火：那边是 1992 年改革开放之后出现的新楼群，像是曼哈顿一样，这边是 30 年代上海的欧洲老建筑，台湾的学生经过这里，一拐弯老是会“哇”地惊呼一声。老听他们这么喊，于是我说，就把这个地方命名为“哇”！这个“哇”缩龙成寸，是把世界浓缩在这里。老外滩是老欧洲的一个缩影，陆家嘴金融区的灯火是曼哈顿风格的缩影，一个微型的大西洋就是黄浦江。黄浦江两岸分别是老欧洲和新美国，整个世界就浓缩在这么一平方公里之内。但这仅仅是外滩中国，从这里开车行程半天，你会看到内陆中国，那就是另外一幅图画了。

他认为，在 1992 年邓小平“南巡”讲话以后，中国第二阶段的改革功不可没。当下中国有没有问题呢？肯定有，这也就是我对“皇甫平”之所以有保留的地方：改革开放到了第三场辩论，为什么越来越多的民众会发出不满之声？他说：“第二阶段改革有很多秘密。第一阶段改革它的动力来自于大家要走出文革的深渊，参与改革的人是千百万的民众。

当然一马当先，是党内的改革派、官员，还有就是持开放取向的知识分子，有观念风暴。那时改革的愿景，是每一个中国老百姓都相信的。但是第二阶段改革呢？它的动力来自于政府和资本的结合。我们看一看政府行为，第一阶段改革的时候政府各级官员是游移的，是有顾虑的。第二阶段改革时，政府各级官员下海的积极性相当强烈——并不是改变身份弃政投商，当然有很大一部分人这样做了，而是政府部门职能转向招商引资。我走了很多地方，发现省、地、县很多各级官员最关心的就是这个'招商引资'，这成了各级政府最关心的事情，以至于一个经济学家，复旦经济学院院长张军跟我说，改革的动力来自于哪里呢，就来自于各个省市政府都成了大型投资公司，省和省之间就是两个大型投资公司的竞争，动力来自于这个。"但是，为什么千百万的民众会产生被改革开放抛弃的离弃感呢？

他认为：1989 年海外资本撤离，中国大幅度降低了海外资本投资的门槛，几乎是零门槛。经短暂撤离，海外资本一个回扑，远远超过第一阶段改革。"我在欧洲访问的时候，欧洲人告诉我，为什么欧洲的高税收、高福利搞不下去，要改革？原因之一，就来自于你们中国的崛起，中国的崛起给欧洲的剩余资本找到了新的投资场所，这个投资场所遭遇不到工会的纠缠，所以欧洲工人要继续罢工，提高工资，欧洲的资本家第一句话是，你要罢工，我工厂就迁到东欧去，第二句话是，再不行我迁到中国去！到后面这句话提出来，欧洲的工人阶级全部没脾气，降低自己谈判门槛，留住工厂、留住资本。"

第二阶段改革时，中国成为了全世界资本投资的天堂。开始几年，总共是 1.3 万亿美金卷土重来。资本家回来了，资本家政府也回来了，现在任何一个欧洲的政府，不带人权官员带企业家，来要大量订单。邓小平就是这样打破了西方的经济封锁。

无论是怎样的历史学家，都没有预见过会在中国共产党领导下的地方发生这样一件事，可谓奇观：一个是权，一个是钱，它们紧紧拥抱在一起！自有资本主义运动以来，包括英国工业革命在内，从来没有见到过如此动力，这两个人类历史上最有影响的力量结合起来，在中国搞市场经济，这在其他国家是没有过的，资本主义所经之国没有一个国家发生两部发动机并成一个，成为一个大马力发动机，没有这样的事情。权、钱结合，在中国形成这一场市场经济的风暴，它造成的社会弊端，大家都可以看得见，它使中国付出怎样的社会代价，大家都可以看得见。

更重要的是，当资本如入无人之境、大踏步回归中国时，中国的政治体制改革止步不前，或极其缓慢，远远落后于经济体制改革。这是第二阶段改革的第二个秘密。第一阶段改革是有双向目标在那里的，第二阶段改革只有一项目标，经济体制改革，而政治体制改革进度极其缓慢，权力不受监督、不受制约，成为官员权力的盛大节日。那当然会造成制度性腐败，会发生千百万民众被剥夺感，被改革开放抛弃的那种离弃感。

如果计算数字的话，至少沿海地区大多数中国家庭，绝对收入在上升，但是你问他的主观感受，所谓幸福指数的话，倒反而不如第一阶段改革。这二者之间的剪刀差就是这样出现的。

朱学勤教授认为，中国在改革中意识形态虽然发生了大幅度萎缩，但核心结构还在，这是中国第二阶段改革的第三个秘密。它当然有便利。它的便利是什么呢？因为左翼意识形态有一个宏大的愿景放在那里，我们总是要实现共产主义的，每一个人到时候都会有面包的，每一家的厨房都有一只鸡的，每一家的车库里都有一辆车的，这是共产主义。这个左翼意识形态可以给原始积累过程中千百万弱势阶层起一种镇痛的作用，因为有一种允诺在嘛，我们最终是代表你们的根本利益嘛。时间长了，镇痛作用消失减弱，老百姓开始不相信主流意识形态话语，这个便利性就走向了反面，造成整个社会意识形态、政府公信力的严重丧失。大家不相信主流意识形态话语，却又装作相信，而主流意识形态又装作人家都是相信我的，两边都在"装"，这是当下中国公信力丧失的根源。不要怪老百姓随地吐痰，不要怪老百姓上车没有秩序，不要怪老百姓这么粗野，最重要的原因，是这个公信力丧失，老百姓觉得没有什么可相信的了。

全世界都在谈中国，但是中国关于这一场崛起，有没有自己的话语系统呢？世界上关于中国的变革有各种各样的定义，有中国威胁论、中国崩溃论，还有说中国是有韧性的威权主义，但是中国把自己这一场剧变说清楚了吗？中国失去了说清楚自己的能力。发生这么大的变化，中国人满身是嘴，反而说不清楚自己，你看滑稽不滑稽？朱学勤认为，第二个阶段改革的根本秘密，是形成了“市场列宁主义”。他说：“不是有韧性的威权主义，那是什么呢？我认为第二阶段改革塑造了中国、改变了中国的结构，这场转变是从马克思列宁主义变成市场列宁主义。市场成了我们马上就可以触摸到的现实，但是政治体制、政治结构，从列宁主义而来，没有发生变化。这是一个非常奇怪的结合，市场和列宁主义居然能结合。有朋友说，列宁当年也设计过新经济政策啊？对，那是短暂的政策设计，那和中国当下现实不可比拟。所以用新经济政策来解释当下中国，是没有说服力的，是捉襟见肘的。我觉得既要承认已经变化了的，还要直面没有变化的，你老老实实地承认，这是一个市场列宁主义的结构，这样才能使我们能够维护该变的、已变的，对还没有变的，当变则变，应该改变的是政治体制。我们和东亚四小龙的差别就凸现在这里。东亚四小龙是右翼威权，那个政治体制和市场结构没有根本性的冲突，甚至说右翼威权本身没有破坏过市场结构，是先有市场结构，后有威权。中国不是，中国在 1949 年以后，一面倒，曾经采纳过以俄为师的东欧社会主义市场经济的模式，曾经在那个时代创造过一个巨大的国有资产。这是不能用东亚四小龙解释的巨大现实。只有市场列宁主义，才能解释中国和东亚右翼威权的差异。同时，我们跟东欧的差异在哪里呢？我们在 1949 年之后确实是同一个社会主义阵营，但是在 1978 年之后中国是最早进行改革的，而且改革的方向是往市场经济那一头摸索。市场化的取向有别于东欧，列宁主义政治结构跟东欧基本一致，以东欧模式也同样不能解释中国。所以我同意为改革开放辩护，但有一个前提，要还原 30 年中国的历史真相。只有这样，你才能够说服民众。如果眉毛胡子一把抓，用第一阶段改革残留在民间的那个温馨的回忆，来粉饰、遮蔽第二阶段改革的弊端，那么完全可以预见，辩论进行下去，改革方将会处于越来越被动的地位。”①

激荡三十年，风云三十年，是非三十年，矛盾三十年，那么中国的前途究竟在哪里呢？温家宝总理说得好：“要问开化的大地，要问解冻的河流。大地和河流，不在别处，就在我们每一个人之间。”

---

①《回到常识——公众论坛演讲集》，何雪峰等主编，花城出版社 2008 年 10 月版，第 217 ~ 219 页。

二、危险的贫富两极分化

前两年，有个美国人小查尔斯·沃尔夫写了一部书名叫《裂缝——中国经济面临的八大敌人》，该书是受美国兰德公司国防研究所的指派完成的，研究重点是当代中国经济面临的潜在灾难或断层线，及其对未来10年中国经济保持高速增长的影响。按照美国人的观点，中国经济社会目前正面临着八大敌人：

1. 失业、贫困和社会动荡；
2. 腐败的经济效应；
3. 艾滋病病毒、艾滋病和其他传染病；
4. 水资源和污染；
5. 能源消费和价格；
6. 脆弱的金融体制和国有企业；
7. 外国直接投资可能下降；
8. 台湾问题和其他可能发生的冲突。

美国人的观点也许有点耸人听闻，但2008年前后发生的一系列天灾人祸却让每一个中国人都轻松不起来，大大地抵消了奥运带给中国人的自豪和扬眉吐气，虽然我国金牌总数名列世界第一，但社会的危机让人不可小视。而且在2008年新闻媒体的岁末调查中也部分证实了我们存在的危机，尤其是贫富两极分化的问题，成了许多中国人关注的焦点。[①]林毅夫指出："在改革开放初期，城乡收入差距以及东部、中部和西部的地区收入差距都在不断缩小。但从1985年以后两类收入差距又开始重新扩大。这种趋势积累到现在，中国的基尼系数已经超过0.45的国际警戒

① 2008年新任世行副行长的中国著名经济学家林毅夫在新著《中国经济专题》一书中专门写了一篇《中国经济存在的问题》的文章，文章指出中国经济的首要问题就是"城乡差距问题"。

线，贫富差距成为亟待解决的社会问题之一。古语有云‘不患寡而患不均’，过大的贫富差距会让低收入人群产生不平衡心理，加之当前我国教育、医疗、卫生事业以及社会保障体系的发展还相对滞后，因而极易引发矛盾，影响社会的和谐与稳定。”正如林毅夫所言，严重的贫富两极分化现象，在政治上埋下了不稳定的隐患，经济上加剧了泡沫现象的产生，文化上变成了一个“野蛮的物质主义时代”。[①]笔者的家乡内蒙古鄂尔多斯市，不仅有“鄂尔多斯羊绒衫温暖全世界”的美名，更因“羊、煤、土、气”（羊毛和羊绒、煤炭、稀土和天然气）而闻名世界，现在号称人均收入全国第一，而且据说是全中国亿万富翁最多的地方。富到什么程度呢，有钱人家结婚要车队，前头黑色“悍马”，然后是白色宝马，劳斯莱斯和奔驰也只能凑合着用，至少也要十辆车。据说有家煤老板全家每人一辆豪华车，除了奔驰就是宝马，车子停满了别墅的院子，但是都用车罩罩着呢，因为全家没有一个人会开车，慢慢再花钱一人买一本驾驶执照。问题是，大多数普通老百姓连孩子上学的学费也凑不齐。

改革开放30年，允许大部分人先富起来，发财有什么不好吗？当然好，中国人穷了几千年，也该发发财了。土改没收了地主的土地，公私合营把资本家的财产收归国有，“文革”和“反右”彻底革了文化和知识分子的命。一个民族既不敢发财，又不追求文化，这是多么可怕的事情啊。其带来的恶果就是，改革开放30年虽然经济高速发展，许多人富了，但严重的贫富两极分化、道德沦丧、资源的枯竭和污染，以及愈演愈烈的腐败现象，为我们埋下了祸根。

按照美国人的数据，近年来中国的公开和隐蔽失业率达总劳动力的23%，有近1.7亿人。预计近期中国失业率还会增长，主要原因是20世纪80年代人口的急剧增长，和国有大中型企业的亏损和破产，倘若中国遵守其加入WTO时的承诺，还会造成更大的失业。城市和农村的差距越来越大，加深了农村的贫困和农村人口向城市的迁移，从而使城市失业率继续增大，造成了社会的不稳定因素。这些问题若得不到及时遏制，将导致未来中国的年经济增长率降低0.3%～0.8%。

根据我国官方数字，1998年中国仅有4.8%的农村贫困人口，即

① 这句话是笔者即将出版的一本书名——《野蛮的物质主义时代》。

4200万农村人口是贫困人口。而世界银行却估计1998年我国有1.06亿农村人口生活在贫困中，该年度中国的基尼系数为40.3%。比印度和印尼稍高一些。

何为基尼系数呢？20世纪初意大利经济学家基尼，根据洛伦茨曲线找出了判断分配平等程度的指标，设实际收入曲线和收入分配绝对平等曲线之间的面积为A，实际收入分配曲线右下方的面积为B，并以A/A+B的商表示不平等的程度。这个数值被称为基尼系数或称洛伦茨系数。如果A为零，基尼系数为零，表示收入分配完全平等；如果B为零，则系数为1，收入分配绝对不平等。该系数可在0和1之间取任何值。收入分配愈趋向平等，洛伦茨曲线的弧度越小，基尼系数越小，反之越大。若个人所得税能使收入均等化，基尼系数也会变小。联合国有关组织规定：基尼系数在0.3以下为最佳（Best）的平均状态，在0.3～0.4之间为正常状态（Normal），但超过0.4就算警戒状态（Warn），达到0.6则说明收入差距悬殊，随时可能发生社会动乱。世界银行在1997年发布的一份题为“共享不断提高的收入”的报告中指出，中国20世纪80年代初的基尼系数是0.28，到1995年为0.38，到20世纪90年代末为0.458，2001年为0.456，2002年为0.460，而且几个研究机构的结果大体相同。报告指出，这一数据除了比非洲和拉丁美洲的一些国家稍好外，贫富悬殊要比发达国家、东亚，以及前苏联和东欧国家都大。报告指出，全世界还没有一个国家在短短15年内造成贫富差距如此之大。若短期内没有政策来调节的话，还会继续恶化。

那么，贫困意味着什么，何为贫困人口呢？世界银行的估计远比中国官方的估计要大，指的是国际维持最低生活水平的贫困线标准，即在1987年美元购买力条件下的一天1美元，中国国家统计局使用的数字只相当于一天0.66美元，和世行的差距太大，而且国家统计局使用收购价格来估价农民购买和消费的粮食价格，而收购价比市场价要低得多。据赵仁伟等人所著《中国居民收入分配研究》一文，若按世行标准，1988年中国官方公布的贫困线标准应从年收入260元上升到291元。

在20世纪末，中国社科院曾对上海、天津、武汉、兰州和重庆这5个城市的2500户贫困家庭进行问卷调查，这个调查揭示了贫困的这样一种状态：从收入上看，他们的收入只有当地社会平均收入的1/3甚至1/4;在食品消费上，贫困家庭每星期吃肉的天数平均在1～2天，武汉、天津和兰州都有4成到6成的贫困家庭基本不沾荤腥，8成以上贫困家庭的副食都是以素菜（蔬菜）为主；在衣着消费上，90%以上贫困家庭中成人都极少买衣服，30%～60%贫困家庭成人穿的衣服主要靠亲友赠送，有些人穿的是基层社会募集的旧衣物；在医疗方面，贫困家庭中有家庭成员患有慢性病和遗传病的要占30%～60%，但是生病时不去医院看病的要占50%～70%；在教育方面，贫困家庭负担不起学校学杂费的要占60%～90%，有50%～80%的家庭在教育方面没有能够享受到政府或学校的优惠，因为缺钱想让孩子退学的贫困家庭，除了上海外其他城市都在2成上下；在社交方面，贫困家庭中有30%～40%不爱和邻居和同事交往，40%～60%过年过节不走亲访友。

前几年网上流行了一个搞笑的帖子，名为“等我有了钱”，其中有几段是这样的：

虽然工作是枯燥的，赚钱是辛苦的，但理想却是远大的。

等咱有了钱，喝豆浆吃油条，妈的想蘸白糖蘸白糖，想蘸红糖蘸红糖。

豆浆买两碗，喝一碗，倒一碗！

虽然工作是枯燥的，赚钱是辛苦的，但理想是远大的。

等咱有了钱，喝啤酒吃烧烤，妈的想烤荤就烤荤的，想喝贵的就喝贵的。

啤酒买两瓶，喝一瓶，再喝一瓶！

虽然工作是枯燥的，赚钱是辛苦的，但理想却是远大的。

等咱有了钱，就他妈的得病去，想得艾滋得艾滋，想得非典得非典。

然后住到军队医院去，反正也不占咱中国的名额。

这虽然只是一段笑话，却真正显示了穷人与富人的差距。问题是，目前中国的贫富差距不但没有得到有效遏制，而且在很大程度上处于一种失控状态。中国社会学家孙立平称这种两极分化严重的社会为“断裂社会”，很担心这个社会突然断裂。孙立平在《失衡——断裂社会的运作逻辑》一书中写道：这种断裂社会有两大特点：其一，就是一部分人很有可能被甩到结构之外。对此，法国社会学家图海纳曾做过一个关于金字塔和马拉松的比喻：金字塔是一种社会的等级结构。在这种等级结构中，尽管人们的社会地位有高有低，但都是这个结构的一部分。比如你是擦鞋的、修脚的，社会地位可能很低，但却是这个社会不可缺少的一部分，也是金字塔结构中一个有机的组成部分。而现在的情形则是，犹如一场马拉松赛一样，每跑一段，都会有人掉队，即被甩到了社会结构之外。被甩出去的人，甚至已经不再是社会结构中的底层，而是处在了社会结构之外。现在我们社会中的失业下岗人员有一部分就属于这种状况。这部分下岗和失业者大多具有如下一些特征：年龄基本在35岁或40岁以上，大多数只受过中等教育，过去所从事的主要是低技术的工作。对于他们中的绝大部分人来说，第一，回到社会的主导产业中去，根本没有可能；第二，在目前的体制之下，回到原来那种稳定的就业体制中去，根本没有可能；第三，朝阳产业不会向他们提供多少就业机会。其二，社会阶层之间边界固定化，阶层之间的流动开始减少。在20世纪80年代，我国社会中阶层之间的流动是相当频繁的，但到了20世纪90年代中后期，许多路径的社会流动已经在明显减弱。比如一些研究表明，经商的门槛越来越高，白手起家的可能性已经很小；工人阶层成为相对凝固的社会群体等。

据2006年的《商务周刊》报道：

中国的转轨改革在经历了27年“摸着石头过河”式的推进后，正在进入一个新时期。

一方面，中国经过调整后的GDP高达19317亿美元，中国即将成为世界第四大经济体，而且经济结构也突然变得健康起来；但另一方面，“中国的基尼系数达到0.45，超过国际公认的0.4警戒线，如今中国20%的最贫困人口收入份额只有4.7%，而20%最富裕人口收入额则高达50%”。联合国开发计划署公布的《2005年中国人类发展报告》显示，“如果贵州是一个国家，那么它的人类发展指数仅刚超过非洲的纳米比亚，但是如果把上海比作一个国家，其人类发展指数则与发达国家葡萄牙相当。”同时，有 70% ~ 80% 的中国农村人口没有医疗保障，这导致成千上万婴幼儿和农村人口等弱势群体不必要死亡。对未来中国社会结构至关重要的教育改革，也被认为是不成功的，因为它正朝着“越穷的人越不能通过教育进入快车道”的“马太效应”驰去。

为什么会出现这样一正一反的局面？以产权为核心的市场化改革和国内主流经济学家受到越来越多的质疑，国内民众对改革的不满情绪日益高涨。在“不争论”口号下合力做大蛋糕的改革已经过渡到不同的利益集团相互博弈的新阶段，在民众对改革的共识正在破裂的今天，重新开始理论到现实问题的论争，让不同的人都有机会充分表达自己的诉求，通过公开争论廓清每一个改革的利害是非，让各群体都有公平的机会享受市场提高效率所带来的福利，是当前重建改革共识的唯一途径。

那么，究竟是什么原因导致了如此危险的局面呢？经济学家茅于轼认为，主要有三大原因：一是城乡差别的扩大，二是工业化的进程，三是巨额外国投资加剧。他在《收入分配问题的再审视》一文中指出，中国从建国以来就采取典型的城乡二元结构政策，乡下人一直是不允许进城的，后来进城也只是大部分当民工，所以中国农村收入的增长总是比城市低。从全球范围看，穷国都是农业国，富国都是工业国或者服务业占主导地位的国家，可见贫富差距的根子在工业化的先后。此外，改革开放以来，每年差不多有五六百亿美元的外资直接冲向沿海地区，使东部地区的经济如虎添翼。再一个因素是我国的土地制度使得国家城镇化过程中农民的利益更得不到保障。在工业化过程中农民唯一的优势是土地，工业化是需要土地的，所以农民在工业化过程中通过出卖土地还能够得到一些补偿，地处城市边缘的农民甚至于暴富起来。而我国的土地是集体所有，在土地出卖过程中农民没有直接的发言权。代表土地所有者的干部可以串通政府或开发商低价出售，为自己个人牟利。我国规定的土地占有补偿法则也极不利于农民，它以农业的产出做基础，不考虑土地城市化后的收益。因此农民往往得不到应有的补偿。

因此，在此过程中特别要注意保护弱势群体的权利，让他们的劳动所得能够不被侵犯，并且有平等的机会就业或自谋职业。弱势群体缺乏保护是改革后在起点不平等的基础上收入差距迅速扩大的主要原因。不解决这个问题不但收入差距问题不好解决，而且是社会动乱的导因。另外应该有政府的再分配政策，通过税收将高收入人群的收入转移一部分给低收入人群，以缓解分配差距过大造成的社会动荡。在社会保障方面要有大动作，首先解决贫困人口在医疗和教育方面的燃眉之急，否则社会动荡的危险很难避免，尤其是在低收入人群中阶级斗争的学说远没有肃清的背景下，这种危险更为迫切。要让大家明白收入差距扩大是一个历史过程，只有加速发展才能够较快地越过这种痛苦。①

吴敬琏指出，作为集中计划经济的制度基础的，是大一统的国家所有权。在这样的产权基础上，市场经济是无法生存的。为了给市场经济奠定制度基础，转型的一项重要任务，是对多种形式的产权作出明晰的界定。如何在明晰产权的过程中保证起点的公正，是一个严重的问题。比如说，在国有经济的改革和“放开搞活中小企业”的过程中，出现了掌权者或掌权者的“亲信”和“关系户”蚕食和鲸吞公共财产的问题。对于这类行为，除了要靠完善处理产权的规章制度和从上到下的监督来加以制止，更加重要的是实现交易过程的透明化和保证公民的知情权等宪法权利的行使和对政府工作人员进行有效监督。他还认为：“当前我国收入不平等加剧的现象，主要是由机会不平等造成的。对于这种不平等和由此造成的贫富差别悬殊，需要通过市场取向的改革和实现机会的平等来解决。从这个意义上说，谋求平等和提高效率是一致的。”②

上述两位老经济学家的观点还是比较温和的，但是新锐经济学家陈志武就不同了，他通过自己的实证分析，得出了中国的贫富差距主要源自“权力掠夺”这一重要观点。他说：“今天中国的现实是，资源配置、收入增长机会既不受效率原则又不受公平原则支配，而是由权力原则决定。在这种起始条件下，最好是市场化改革和宪政改革都进行。如果这两者不能同时做到，继续其一也比现状更优。现在如果停止市

① 《一个经济学家的良知与思考》，茅于轼著，陕西师范大学出版社 2008 年 1 月版，第 201 ~ 205 页。

② 《呼唤法治的市场经济》，吴敬琏著，生活 · 读书 · 新知三联书店 2007 年 9 月版，第 375 ~ 377 页。

场化改革，中国过去的经验表明，那只会带来更长期、更广泛的不平等，让特权当道。”①

在联合国开发计划署公布的《2005年中国人类发展报告》中指出，中国的贫富差距和发展机会不平衡问题日趋严重。对此，有人提出“问题就出在改革开放，特别是市场化改革本身上”，因此认为改变这一局面的最好办法就是停止或放慢市场化改革。陈志武通过实证分析认为，世界上绝大多数国家一直实行的是市场经济，东欧国家现在也基本是市场经济,但他们中的大多数国家却没有中国这么严重的收入差距问题。所以，私有制和市场经济不是造成收入差距失控的根本原因，否则世界多数国家都会因为私有制和市场经济而动荡不安了。原因肯定在于其他制度架构上。中国在没有可靠的权力制约机制的情况下又偏偏什么都控制在行政权力手中，还通过国有银行等让资源由政府来配置，问题就出在这里。从根本上说，国有制、极强的政府管制以及不受制约的行政权力，是导致贫富差距恶化的根本原因。

首先，我们看到这些年腐败盛行，之所以如此，一是权力不受民主监督制约，二是通过国有制与行政管理让政府控制的资源权力太多，这两者加在一起形成了最有利于腐败的温床。既然政府权力不受监督制约，而我们同时又通过国有制让政府直接代替市场进行资源配置，这就等于把全国老百姓的资源都交给不会被问责的当权者去支配，你说他们会把这些集中控制起来的资源和发展机会分配给谁呢？当然是会给那些有权力、有关系的地区和个人，哪个地区有更多权力，哪里就得到更多的固定资产投资，所以就有北京、上海这些第一世界，贵州、广西、安徽、湖南、江西等这些第二世界，而县一级掌握的资源更少，乡镇农民获得的资源最少，所以只能是第三世界和第四世界。以2002年为例，北京的人均固定资产投资最高，为15905元，各省会城市人均9223元，地级市的人均固定资产投资为5137元，县级最低，人均才590元。这种投资差别当然给各地居民不同的收入机会，2002年北京的人均GDP是28449元，到省会城市人均GDP是22565元，到地区级市是13660元，最后到县一

---

①《商务周刊》，2006年1月20日，钟加勇文，《贫富差距主要源自“权力掠夺”——耶鲁大学教授陈志武谈中国改革困局与转轨路径》。

级才 5674 元。难道这种收入金字塔结构跟权力金字塔结构的吻合仅仅是巧合吗?

同样的道理，当老百姓的金融储蓄和资源都掌握在国有银行与政府部门手里的时候，谁有权力，谁有关系，当然谁就能发财，权力关系也决定了谁能找到高收入的工作。由于行政权力掌握了所有的资源和审批权，这也逼着每个想发财的人只能走官商勾结的道路。

这就是说，当政府掌握所有资源的同时行政权力又不受制约的时候，政府在代替市场分配资源时，资源的配置就会既不符合效率原则（因为不是按市场规则分配），又不符合公平原则（因为没有代表民意的问责机制），而只会符合权力原则，这样的经济是权力经济。

一旦认清收入差距恶化的原因之后，我们发现应该做的恰恰不是放慢市场化改革，而是要加快，同时我们也看到对其他制度改革的重要性。要给各地区、各社会群体平等的收入增长和发展机会，除了必须建立对权力的监督问责机制外，同时必须要做的是减少权力所能控制的资源范围，这就是说要进一步深化市场改革。保留国有制、保留政府管制等于是保留住腐败的温床，对转轨国家来说，市场化的一大作用实际上是削弱行政权力的空间，缩小权力对收入机会的扭曲作用。

在联合国开发计划署和国务院发展研究中心的报告都指出，由于中国实行卫生体制的市场化改革，看病越来越贵，有 70% ~ 80% 的农村人口没有医疗保障，这导致成千上万婴幼儿和农村人口等弱势群体不必要的死亡。这样的评价进一步引发了人们对卫生、教育等问题不满情绪的爆发。对此问题陈志武认为，公共产品和服务不足，归根到底还是缺乏对行政权力的问责机制，政府开支不太注重老百姓的福利。对于任何一个社会来说，基本底线的社会保障和医疗保险是让不幸运的穷人能够体面生活下去的基础。在 2001 年，美国联邦政府开支的 49% 用于社会保障和各种医疗保障上，约占其 GDP 的 8%。而在中国 2004 年，政府开支的 7.4% 用于抚恤、社会救济和社会保障补助，18.1% 用于医疗卫生、文教和科研事业，这些项目加在一起才占政府总开支的 25.5%。在政府预算过程没有受到实质性的民意约束的情况下，政府没有起到应有的扶贫角色，没能从这个角度降低收入的差距。

但是，有必要强调一下，并不是说要阻止商业性的民间医疗机构的出现，而是说政府要为低收入的家庭提供基本的社会医疗保障，除了政府提供的医院外，还必须鼓励商业性的和非商业性的民间医院、诊所的出现，增加国有医院之外的医疗服务机构对社会来说是好事，这可提升医疗服务的供应量，鼓励竞争，改善医疗服务质量。换言之，卫生体制的市场化改革不应该是把所有医疗服务市场化，而是让医疗服务多元化，既有国有的，也有营利性的和非营利性的民营医院，因为医疗是一种特殊的服务产品。

也有人说中国经济改革目前进入了负面效应的释放期，有 3000 万国企下岗职工，有 5000 万失地农民，社会结构已经产生深深的断裂。那么，到底改革中出现的这些问题，仅仅是发展中不可避免的问题，还是路径选择上出了问题？

陈志武认为：两方面的因素都在起作用。关于路径问题，中国选择的是在不推进政治改革的情况下先进行经济改革，这等于是在没有保证民营化程序公正的架构下就逐步开始了对国有资产的民营化。也就是说，在没有建立对权力的有效监督制约机制前，就由权力来决定对国有资产的处置，并由权力决定各行业里谁能进入、谁不能进入等等，最后只能是权力大小决定收入的多寡，权力原则成为收入分配、财富分配的重要因素。其结果是社会不满日益恶化。

相比之下，如果像捷克那样先定好规则并设立好公正的规则执行机制，然后把国有资产按人均一份，那样至少能保证起点公平，不会引发高度的社会不满。也许许多人会说："东欧私有化的过程名义上是给了公民人均一份的国有资产券，但结果是很多人拿了资产券去换酒喝了，他们还是落得一无所有。"这种说法太夸张了，退一步讲，即使真的拿资产券去换酒了，那也是他们自己的选择，至少他们还有这样选择的机会。他们落到一无所有的地步是自己决策的结果，而不是由不受制约的权力所造成的。

我们也必须看到，除了制度因素外，个人天赋、各地自然资源禀赋的差异也会导致收入的不等。在发展过程中有的人正好掌握了最俏的技能，有的人没有，这当然也会导致收入的差异。所以，在任何一个社会里都会有收入的不等，这是自然的。关键是，如果由于制度原因使不同地区、不同群体拥有极不同的收入机会和发展机会，这种机会的不平等是人为的，是应该改变的。

中国人现在对改革感到空前的困惑，不仅企业家、官员、记者，就连一贯非常自信的经济学家也感到困惑；但另一方面却是中国的崛起获得了国际上很多的赞誉，难道是国内的人们自己理解不当吗？

中国的改革开放的确走到一个重要的转折点，所以各方面的压力都很大，有各种各样的反应不奇怪。我们必须看到，中国在 1978 年后实际上在进行三项大转折。第一是从计划经济转型为市场经济；第二是从农业社会到工业社会的转型；第三是从封闭社会到开放社会的转型。这三项大转型中的任何一项都会给一个社会带来空前的震荡，更何况这三大转型同时在中国发生。人类历史上，在 1492 年哥伦布发现美洲大陆后，跨国海洋贸易使西欧经历了从封闭社会到开放社会的转型；19 世纪和 20 世纪初的工业革命使美国等西方社会经历了从农业到工业社会的转型，完全改变了美国的社会结构和方方面面的文化；20 世纪末期俄罗斯和其他东欧国家经历的只是从计划经济到市场经济的转型，因为在此之前它们已经经历了开放和工业化的过程，但就此一项转型就给俄罗斯带来了极大的震荡。因此，我们应该看清楚在身边发生的到底是怎么一回事，这至少能给我们更好的心理准备。

那么，西方主流经济学在解释转轨时会存在哪些不足和偏差呢？世界银行有研究表明，那些大型国有企业大规模私有化后，实际上绩效并没有改进。很多前东欧国家发现，它们现在对那些已经私有化的国有企业的补贴跟私有化以前相比是增加了而非减少。不仅是一些偏左派的经济学家，即使是林毅夫在“中俄会议”上也认为，主流经济学作为大的框架应该没有问题，但作为一个指导计划经济国家转向市场的工具是有缺陷的。他认为新古典经济学建立在很多暗含假设上，比如充分竞争、信息完整等，这些条件现在需要重新思考。

陈志武认为，任何社会或经济转型都不是一两天就能完成的事，你今天把国有企业变成民营企业，在其他相配制度机制（包括文化、法制）还没跟上的情况下，怎么能立即下结论说私有企业不行？一夜间改变企业所有制、土地所有权性质容易做到，但要彻底改变培植腐败的温床不是一两天的事。你说的这些研究结果只能说明国企改革的艰难和长期性，但不能否定民营化的方向。简单地说，世界上有哪个富有的国家是靠国有制富起来的？其实，这些我们不需要做太多研究就能知道结论是什么。

退一步讲，以往关于是否要将国有企业民营化的讨论太多局限在企业效率上，实际上民营化的意义远非如此。前面讲到，国有制权力太多集中在政府手里，会造成发展机会的不平等。国家既是规则的制定者，又是唯一可合法使用暴力执行规则的组织，这两方面已经给国家至高无上的权力，本身已蕴含巨大的道德风险或腐败空间。如果再让它取代民间、取代个人成为企业的所有者和经营者，那么民间就没有呼吸空间了，这种安排所蕴含的道德风险就更加无穷大了。再比如，我们现在到处听到关于自主科技创新的论述，许多人又在指望国家、指望国有企业来胜任这项任务。的确，如果科技创新只要有人才和资金就行了的话，那么国家既可招到人才又可通过国有银行获得大量资金。可是，过去几十年这两项条件都具备了，为什么没见到太多创新，以至于我们今天还在一如既往地呼唤着呢？关键是在国有制下缺乏创新的激励，而私有产权提供的恰恰是让人挖空心思创新的激励。

什么叫“主流经济学”？像任何一门科学一样，经济学也需要不断地发展，在现在的基础上不断去陈迎新，要用建设性的眼光来看待经济学。遗憾的是，任何时代的人所能用到的知识和工具不可能超出那个时代。在这种知识局限下，如果我们不需要做决策，那当然好，但是在现实改革问题面前，我们又不能回避必须做决策的硬事实。因此，尽管我们知道现有的知识有局限性，但应用这些到目前为止是公认最好的知识总比靠拍脑袋来做决定更优。换句话说，批评现有理论总是最容易，但在没有提出逻辑上更好而且经得起实证数据检验的理论之前，现有的经济理论框架还是我们仅有的依赖。正如吴敬琏先生所总结的那样，中国过去30年的经济改革是伴随着不同经济理论的引进而前进。

人类历史上有过各种转型、变迁，虽然那些转轨变迁在内容、广度和深度上也许跟中国正在发生的有所不同，但不同时期和不同社会的人在本质上是一样的，都在为自己的利益所驱动。我们不能以表面上的中国“特色”为借口来拒绝世界其他国家的经验和知识。不管肤色和种族，人从本质上是一样的。所以，我们应该继续深化市场化改革，让市场的力量调节各地区间和群体间的收入机会、而不是由官权力来决定哪里有更多的、哪里有更少的发展机会，也不能由官权力所延伸出来的“关系”来决定谁有、谁没有发财致富的机会。同时，我们看到，即使在自由市场经济的国家里政府总会有很高的权力，包括执法权、监管权和各种审批权。为了约束权力所可能带来的收入机会的不公，必须建立监督制约行政权力的制度架构，这是中国改革开放走到今天所必须迈出的一步。①

三、国学救治不了信仰危机和道德沦丧

据2008年1月1日《新京报》报道，2007年12月29日下午3时左右，广西岑溪的三个农村家庭遭受了突如其来的灭顶之灾，其中一家人的母亲、妻子、儿子等五口被砍柴刀当场砍死在自家门前，而杀人嫌疑犯是一位40来岁、身高只有1.5米左右，体形瘦小的农妇何结钊。在亲属眼中，“这个女人很记仇，很野蛮，忌妒心比较强”。何结钊经常为一些鸡毛蒜皮的小事和被砍人五婶、六婶吵架。事发当天下午，何结钊的丈夫还在地里干活，妻子拿着一把带血的砍柴刀走到他面前，很平静地说：“我杀人了。”当日的《新京报》还报道，河南商丘一储蓄所所长全家10人失踪，骗走了4000万元到5000万元的储户存单。

据2008年1月7日《新京报》报道，男子持刀杀兄埋尸女友家中，事发后以“杀掉全家”威胁女友家人；20个月后警方接到女方家人举报，将犯罪嫌疑人控制。犯罪嫌疑人名叫赵振宇，其女友叫王云，他的准岳父叫王骞。从2006年4月26日事发，到2007年12月13日赵振宇被警方控制，过了20个月。这20个月里，赵振宇时常被噩梦惊醒。他后悔杀死亲哥哥，但他又怕被王家“出卖”，于是他拿起刀来，威胁王家人“不准报警，否则杀全家”。这20个月里王骞夫妇时常在梦中被赵振宇叫醒，

① 同上文，向采访者钟加勇和陈志武先生表示敬意。

等待他们的是又一次恐吓和威胁，于是他们只得选择逃避和惟命是从。至于赵振宇的女友王云，那件事之后，她病了，记性也越来越差。直到赵振宇被控制后，她最后一次回忆了当晚她为赵胜利洗去血污的一幕，接着她失忆了。

赵振宇和亲哥哥并无过节，只是因为喝多了酒一言不合而发生冲突，便一时冲动，激情杀人，哥哥临死的时候只喊了一声："我是你亲哥哥啊。"便没了动静。赵振宇也说，他最后悔的就是杀了哥哥。"每天都会害怕，一闭上眼，他的脸就在我面前晃。"他说，哥哥死后最初的一段时间，他整晚整晚睡不着觉，即使一睡着，也会被噩梦吓醒。人也变得疑神疑鬼，老害怕王家人把自己供出去。后来，他晚上睡觉时，都会喝不少酒，给自己压惊。王骞说，逢哥哥忌日或清明，赵振宇都会在埋尸的屋里烧纸祭奠兄长。

这样的事在中国的农村时有发生。2008 年 1 月 11 上午 9 时许，北京怀柔区某村再次发生血案，因 700 元欠款引发弟弟杀了哥哥。据哥哥的未婚妻讲，2007 年 10 月，27 岁的哥哥因订婚向 22 岁的弟弟借了 700 元钱，此后弟弟多次向哥哥讨债，因此发生口角，弟弟一时性起，持刀杀死了哥哥。[①]

2008 年 1 月 13 日下午 16 时，北京市顺义区木林中心小学门口，一男子抢劫一辆夏利车，砍伤女司机夺车逃跑时连撞 4 人，一名 14 岁男孩被撞身亡。同日，北京市大兴区魏善庄再次发生一桩血案。村民魏齐民 75 岁的老父亲被发现吊死家中，其母脖子中刀不幸身亡；魏本人头部受重伤昏迷，被送进天坛医院。据警方透露，魏齐民昏迷前曾报警称遭父亲追砍。[②]

2008 年 1 月 15 日，公安部发出通缉令，通缉涉嫌 1 月 9 日在北京丰台区致 3 人死亡命案的犯罪嫌疑人。据《新京报》报道，2008 年 1 月 9 日下午，丰台区某小区一家三口被杀，小区居民称，死者为一名 70 岁左右的老太太及其儿子儿媳。

2008 年 2 月 22 日，云南红河再次发生一起灭门案，李贵华一家 5

① 参见《新京报》2008 年 1 月 12 日 A12 版。

② 参见《新京报》2008 年 1 月 14 日 A10 版。

口人被杀害，其中有两个小孩，一个 3 岁，一个 4 岁，现场唯一幸免于难的是死者 5 岁的儿子。[①]

2008 年 4 月 29 日，中国资本市场最后一个系族企业——涌金系的缔造者和掌舵者、“金融奇才”魏东跳楼自杀，年仅 41 岁。2007 年度，魏东以 50 亿元的身价登陆胡润中国富豪榜。魏东的死是一个谜。据魏东的朋友讲，这位凡事追求完美的金融奇才有严重的自卑心理，最喜欢的歌就是《心太软》。[②]

笔者之所以不厌其烦地列举了这么多的关于生命的报道，主要是想说明当代中国人的精神状况和道德状况，杀人和自杀频率非常高，几乎每天都发生，真是屡见不鲜，而且触目惊心。

许多的犯罪嫌疑人要么是法盲，要么是激情犯罪，并非本性非常恶劣的“天生的坏人”，杀人的目的无非是贪恋别人的钱财、报复或与同胞争财产，许多人杀完人以后非常后悔。为什么当时没有控制住自己的恶念呢？关键是缺乏扼制住恶念的道德“诫律”，这主要说明当代中国人信仰的缺乏。一旦人有了信仰，就会有健康的心态和丰富的内心世界，一般是不会轻易犯罪的，无论是基督教还是佛教，最终的目的是让人向善，进了教堂就不容易进监狱，这不仅会使社会更加和谐，而且大大减少法律的负担。一旦发生了恶性刑事案件，会给公、检、法、司的人增加巨大的工作量。

此外，我国自杀死亡人口——尤其是农村妇女自杀死亡人口在全世界自杀死亡人口中所占的比例也是十分惊人的。据世界银行等机构关于“全球疾病负担”的调研报告，1990 年我国总自杀死亡率高达 30.3/10 万人（指每 10 万人中有 30.3 人自杀身亡，其他所有国家的平均数仅为 10.7/10 万人）。女性的情况更为惊人，我国为 33.5/10 万人，其他所有国家的平均数仅为 7.1/10 万人。根据这种高比例以及我国拥有的庞大的人口，这份报告测算 1990 年我国自杀死亡总人口数为 34.3 万人，占该年度全世界自杀死亡总数的 43.6%，我国女性自杀死亡总人数占 55%。

中国农村妇女的高自杀率，在很大程度上是由 15 ～ 34 岁青年妇女

---

① 参见《新京报》2008 年 2 月 25 日 A12 版。

② 参见《新京报》2008 年 5 月 14 日 B07、B08 版。

的高自杀率造成的。1990 ～ 1994 年，我国 15 ～ 39 岁的农村妇女平均每年有 99266 人自杀死亡（60 岁以上农村妇女的年均自杀死亡人数为 19309 人），约占全国自杀死亡总人数的 31%，约占农村妇女的自杀死亡人数的 57.3%，即在每 10 万名农村妇女中，平均每年有 29.40 名年龄在 15 ～ 39 岁之间的青年农村妇女自杀身亡，其自杀死亡率为同龄城市女青年的 4.7 倍，同龄城市男青年的 4.9 倍，同龄农村男青年的近 2 倍。[①] 据权威资料推算，我国从 1990 年到 1994 年，平均每年自杀死亡人数为 324711 人，其中城市自杀死亡人数为 21664 人，农村自杀死亡人数为 303047 人，农村女性自杀死亡人数为 173230 人。这也是一个令人震惊的数字，如果估算一下改革开放 30 年以来中国人每年自杀和杀人的数字，一定是一个不小的数目，恐怕比巴以冲突、阿富汗战争和伊拉克战争死亡的人数要高多少倍！

2002 年，客居中国近 20 年的加拿大医生费力鹏和他的中国同事在国际权威医学杂志《柳叶刀》上发表了《中国自杀率：1995 ～ 1999》一文，正式向世界公布，中国的自杀率已降为 23 人 /10 万（大约相当于美国的两倍），很明显，中国一夜之间就变成了全世界自杀率最高的国家之一，自杀问题成为继艾滋病问题之后，整个世界关注的又一个中国问题。[②]

其实，频繁发生的名牌大学学生因失恋或找不到工作而跳楼自杀，这几年已成为街头巷尾的热门话题。尤其让西方的自杀学者感到困惑的是，中国的自杀者中只有 63% 的人患有精神疾病，而不像西方多数国家那样至少有 90%。为什么要自杀呢？大多数人是因为不幸福，谁能逼人幸福呢？强迫来的幸福，还能称为幸福吗？中国人虽然没有西方那么多的抑郁症患者，但也会绝望，也会痛苦。说白了，无论是他杀还是自杀，都和一个人的信仰有关系。

《摩西十诫》说，“不可雕刻偶像，要孝敬父母，不可杀人，不可偷盗，不可贪恋别人的房屋、妻子和钱财”。如果上述的那些犯罪嫌疑人在犯罪时耳边响起上帝的声音，恐怕许多案件就不会发生了。同样，如果

---

① 《中国农村妇女自杀报告》，《农家女百事通》杂志社课题小组，贵州人民出版社 1999 年 4 月版，第 7 ～ 8 页。

② 《自杀作为中国问题》，吴飞著，生活 · 读书 · 新知三联书店，2007 年 11 月版，第 1 页。

有一个上帝或佛祖每天陪伴在他身边，那些自杀的人就会把问题想开了。因此，GDP 的增长和人的精神状况无关，和人的幸福无关，要不是那么严重的两极分化问题，也许许多人就不会因仇富心理或嫉妒别人而去杀人。没有绝对的信仰就没有绝对的道德，这是犹太文化给我们的又一个伟大的启示。

正如俄国诗人丘特切夫所言，我们时代的文明已经到了“沉默无言的渴望时刻”，其时，人“没有家园，举目无亲、孤孤单单、虚弱无力”。因此，“人人都必须褪下面具的午夜时刻”最终已经来临，逼迫我们关注那些迷茫的、痛苦的、渴望的、争斗的和无能的世界。这个午夜时刻是我们共有的，许多人必须开始对灵魂信仰之谜的思考。我们的时代正面临着严峻的考验：一些势力正在兴起，它们强大得足以湮没和废弃数个世纪依赖的遗产。我们所经历的危机是整个文化的危机，“在万事万物的尽头，人如丧家之犬，走投无路”。[①]

中国的文明已到了一个十字路口，我们必须开始严肃地反思我们的文化，并进行中西文明的交流和嫁接，因为这几年的国学热救治不了我们的信仰危机和道德沦丧。在这样的时刻，批判的任务是一项严肃的任务。批判者必须消除痛苦和骄傲的表面，使自己置身于永世绝望的陡坡，并尽可能地进入人类命运的奥妙当中，这奥秘的确是“人眼所不能测度的深渊”。正如“耶利米哀书”所言:“看哪，我今日立你在列邦列国之上，为要施行拔出、拆毁、毁坏、倾覆、又要建立、栽植。”因此，我们的任务是，进行批判性的“拔出和栽植”，把那些破坏了人类发展目标和被人类自身毁坏的道德和理想突破口补缺，让那些混乱不堪和杂乱无章的东西消失在人类文明的长河，并靠着我们信仰的遗产把我们的宿命转化为新世界新开始的契机。正如犹太人所说，我们虽然发了财，建了一大批高楼大厦和高档别墅，买了一批豪华汽车，用过一批新式家电，但我们并没有成功，我们只不过是一群靠出卖上帝的馈赠而一夜暴发的暴发户，既没有信仰和道德指引我们领取天堂的钥匙，也没有插上文化和智慧的翅膀高高地飞起来，我们只不过是一群满身珠光宝气的精神乞丐。

---

① 《信仰的危机》，[美]斯坦利·霍珀著，瞿旭彤译，宗教文化出版社 2006 年 7 月版，第 2 页。

四 、严重的环保问题和资源枯竭

和中国的许多城市一样，在 3 月的大多数日子里，广州依然与明媚的春光无缘。灰蒙蒙的天空带给人们灰蒙蒙的心情，对此大家似乎已经习以为常。近年来，“灰霾”这个词在各种媒体上出现的频率越来越高，仅 2007 年 12 月份，广州的灰霾天气就达到 22 天。对许多市民来说，灰霾天气带来的是憋气、咳嗽、头晕、乏力、恶心和坏脾气。去医院的患者一下子多了起来。2008 年 3 月 10 日至 11 日，广东省又出现了大范围的灰霾天气。开车行驶在高速公路上，白天也要开大灯，人就仿佛一个白内障患者在阴天里行走。当一批又一批的农民工涌入城市时，他们没想到城里的空气是如此污浊，在空气更加恶劣的车间里，许多农民工是以透支健康为代价换取微薄的收入。

据中国气象局的权威专家说，2001 ～ 2005 年，中国的珠江三角洲、四川盆地、长三角、京津冀、东北平原地区的灰霾状况非常严重。我国目前实行的空气监测标准还是 1996 年制定的，严重落后于形势。国际通行的衡量空气污染的标准，是测量每立方米空气中的悬浮微细粒子。世界卫生组织的标准是 20 微克。中国只有 1% 的城市居民生活在 40 微克以下，有 58% 的城市居民生活在 100 微克以上的空气中。广州也达到 100 微克。相比之下，纽约才二十几微克。深圳市气候中心的工作人员说，在 2007 年深圳市的灰霾天气达 231 天，2006 年是 164 天。中国空气污染地图的制定者说：“中国已彻底成为一个世界工厂，大量绿地和农田被工厂和道路所占用了，城市失去喘息空间，一些地区的环境承载能力因此下降。”可怕的是，深圳市的灰霾天气不是单独出现，而是和广州、东莞等珠三角城市的灰霾天气同时出现的，成区域性灰霾现象。[①]中国气象局广州热带海洋气象研究所大气环境首席研究员吴兑说：“工业发展超过

① 《南方周末》2008 年 4 月 3 日第一版，《城市灰霾天气夺命三十万　专家呼吁严防雾都劫难重演》，记者姚忆江，谨致谢意。

环境负荷，珠三角从机械污染、化学污染过渡到多种污染并存局面。国外发达国家完成这一污染过程花了200年，而我们只花了30年，就完成了三个污染阶段的演变。”因此，中山大学公共卫生学院教授陆家海发出警告:“灰霾的形成将会对各种传染疾病的流行起到一个推波助澜的作用，长期生活在这样的大气环境中，人的机体抵抗能力也将大为减弱。”而国家环保部环境规划院的赵越博士，则通过对2004年11月至2005年9月北京市8个城区、近郊区的死因数据进行分析，得出结论：

大气污染对北京市民的两大疾病——呼吸系统疾病和心脑血管系统疾病——造成的影响率，分别为每天增加41人和59人，过早死亡的经济损失分别为2550万元和3691万元。灰霾影响最大的是老人和儿童，对肺癌的发病率也影响极大①。

在某种意义上说，中国的空气已不能呼吸了。那么，中国的食品、药品、阳光及水的状况又如何呢？我们不妨以事实说话：

2005年11月发生了松花江污染事件，中石油吉林石化公司苯胺车间发生爆炸事故，导致80公里长的高度污染水团顺松花江而下，威胁黑、吉两省数百万民众的饮水安全，甚至可能波及中俄关系。

苯污染，对人类危害甚烈。人们对苯中毒并不陌生。在医学上，急性苯中毒主要表现为中枢神经系统的麻痹作用，轻者表现为兴奋、性快感，步态不稳，以及头痛、头晕、恶心、呕吐等；重者可出现意识模糊，由浅昏迷进入深昏迷或出现抽搐，甚至导致呼吸和心跳停止，还有可能导致各种类型的白血病、中毒性肝炎，国际癌症研究中心已确认苯为人类的致癌物。最可怕的是，当地的环保部门和有关部门，虽然知道苯污染的严重性，却有意隐瞒真相十多天。②后来，这起事件被定义为“重大环境污染事件”，《财富》杂志的评论说：由事件引起的对于透明度、公开性的呼吁是普遍的，而我们认为，更深层次的问题，在于当局如何对

① 另一项数据也足以刺激我们的神经：2004年中国城市由于空气污染共造成近35.8万人死亡，约64万呼吸和循环系统病人住院，造成的经济损失高达1527.4亿元。

②《财经》2005年第24期，《松花江污染事件》一文，记者王以超、段宏庆、王丰，谨致谢意。

待和处理涉及环境污染的重大事件。

一年之后，《财经》杂志又发表题为《白洋淀污染事件》的报道，关注“华北明珠”如何绝处求生，文章的开头写道：

2006 年 3 月 24 日凌晨 5 点，河北省安新县端村镇河南村。清冽的晨风挡不住刺鼻的腥臭味。湖水呈墨色，每隔数米，就可以看见数百条银白色的死鱼漂浮在黝黑的湖面上。3 月的白洋淀，本应是芦绿荷红，但呈现在记者眼前的却是一片惨淡凄凉。①

文章认为，白洋淀水污染最核心的原因，在于缺乏天然水补给。白洋淀已经成为一个失去了自净和循环能力的死湖，而作为唯一流入白洋淀的河——府河则被称为“罪魁祸首”。原因在于，府河是一条没有自然源头的排污河，而保定市的 41 家造纸企业长期超标排污，生活污水处理厂日处理能力只有 16 万吨，而全市每天的污水排放总量却有 25 万吨。此外，保定县周围满城县的造纸厂，高阳县的毛纺印染业，蠡县的皮革制造业，安新县的羽绒业等等，也是高耗能、高污染的“环境杀手”。据河北大学生命科学院刘存歧博士的研究资料显示：

1995 年时，白洋淀的维管束植物还有 48 种，到 2004 年已变成 32 种；浮游植物原来有 406 种，2004 年仅剩 106 种；鱼类从 1958 年的 54 种下降到 2004 年的 31 种。在采访中，记者乘车从高阳返回保定，尽管车窗紧闭，但仍然有阵阵臭味袭来。夜色中，一条巨大的横幅标语——“全力打造中国纺织强县”清晰可见。无独有偶，2007 年太湖蓝藻再次大爆发，导致 280 万人的江南古城无锡饮水困难，到处是臭水和臭气，“太湖美呀，太湖美，美就美在太湖水。水上有白帆，水下有红菱，水边芦苇青，水底鱼虾肥……”早已往事如烟，无锡已不再是“江南鱼米之乡”。据太湖流域管理局的监测，近年来，太湖流域每年直接排入河湖的工业和生活废污水量，都在 50 亿吨左右；而太湖本身在正常水位下的库容也只有 44 亿吨，也就是说，每年排入太湖的污水能够填满整个太湖还有富余。而正是这些污水中的氮含量是磷含量的 15 ~ 20 倍时，蓝藻大量繁殖，从而导致“臭水事件”。以 0.4% 的国土面积，创造了全国 1/10 的 GDP，在经济奇迹的背后，是不堪重负的“环境负担”。早在 2004 年，根据江

① 《财经》2006 年第 7 期，楼夷、戴维、苏丹丹文。

苏省疾病监测控制中心[1]公布的资料，无锡所在的环太湖地区，就被认为是江苏省恶性肿瘤发病率最高的两个地区之一。另外一个为苏北里下河地区，两地同属水环境污染严重，地势低洼的地区。到底要付出多大代价，才能弥补太湖的创伤？中国水利水电科学院的专家认为，大概需要十年的时间，花费 5000 亿元至 6000 亿元，才能使太湖的水质恢复到 20 世纪 80 年代初的水平，大概是 3 个三峡工程的钱，这也要拉动 GDP 的增长啊。[2]中国著名经济学家林毅夫在谈到中国经济存在的问题时，也提到了资源和环境问题：

在中国经济高速发展过程中，消耗了大量的能源和资源。2006 年，中国国内生产总值只占世界的 5.5%，却消耗掉全世界的石油的 9%、氧化铝的 23%、钢材的 28%、煤炭的 38% 和 48% 的水泥。自然资源的总量是有限的，中国目前的这种资源消耗水平和增长模式如果持续下去，势必会影响到世界其他国家乃至子孙后代。同时资源价格的不断攀升也使得过度利用资源的成本不断加大，有悖于科学发展观的战略思路。由经济快速发展所造成的环境问题同样也不容忽视，近年来国内频发的矿难、水灾就多与环境的恶化有关。20 世纪 90 年代中国发生了三次大的水灾，每一次都号称“百年不遇”，为何“百年不遇”的水灾在十年内发生了三次，值得人们去深思。自然灾害对经济的打击常常是致命的，环境保护，将灾难防患于未然是一个重要问题。[3]

林毅夫教授虽然对这一问题没有深入阐释，但毕竟是快接近了危机的本质。尤其是这几年频繁发生的冰灾、雪灾、地震、旱灾更给我们敲响了保护环境的警钟。再加上由于中国科技的落后，中国拉动 GDP 的能耗代价远远高于国外，更让我们有一种大难来临的紧迫感。当然，“灾难的大小与损失的大小也不是成正比的，精良的救灾设备，训练有素的救灾人员，充足的物资供应，及时的医疗卫生服务，果断有效的指挥调度，

---

① 《财经》2007 年第 12 期，《太湖蓝藻事件》一文，记者于达维，谨致谢意。

② 《财富》2007 年第 18 期，杨海鹏文《太湖：沉重的欠债》。

③ 《中国经济专题》，林毅夫著，北京大学出版社 2008 年 7 月版，第 19 页。

居民本身良好的素质和一定的救灾能力等，都可以大大缩小灾难的损失。除了水坝崩溃，堤防决口，山洪和泥石流暴发等突发性的灾难以外，一般水灾直接造成的人员伤亡是很有限的，只要能将灾民转移到安全的地方，保证他们的生活，防止疾病的发生和流行，并尽力搜寻抢救遇难人员，进一步的人员伤亡完全可以避免”。[①]

因此，从某种意义上来说，多难兴邦，正是这些天灾人祸，考验我们的应急机制，让中国真正走向一个现代化的公民社会。与此同时，在严重的环保问题背后，中国还面临着资源枯竭的问题。据权威资料显示：

在我们这个本来树木就不多的国家里，学校每上一堂课的时间，就有4000亩森林被毁；每吃一顿饭的工夫，有2000亩森林被砍伐一空；甚至，每眨一下眼睛，就有12亩森林从我们的土地上消失。

黄河的水土流失特别严重，每年夹带的泥沙有4亿吨淤积在干流河道，8亿吨淤积在河口三角洲，4亿吨入海，年输沙总量为16亿吨，年均土壤侵蚀总量为20亿吨。如果把这些泥沙筑成高宽各一米的长堤，可绕地球赤道37周。

最近一个科研报告指出，中国的荒地化势不可挡，而且有25.4%是由于过度农垦造成的，有31.8%是过度樵伐造成的，28.3%是过度放牧造成的，水资源利用不当占8.3%。工矿、交通、城市建设破坏植被引起的占0.7%。在不足半个世纪的时间里，我们的人均生存空间被压缩到原来的1/5。此外，地质灾难剧增，耕地的流失与超载，水资源的枯竭，江河湖库的干涸，气候灾难的轮番扫荡，水污染超过单位产值世界平均数的3倍以上，空气污染为伦敦的40倍、纽约的2倍，超出世界卫生组织标准的9.6倍，以及垃圾泛滥和物种灭绝——上海吃蛇成风，每年吃掉蛇类约7000多吨，武汉人每天吃掉青蛙8吨以上，海口市每月吃掉野生动物18吨。

这是多么可怕的现实啊！据《新京报》2009年3月6日报道，国务院日前确定了第二批32个资源枯竭城市。此前国务院第一批资源枯竭城

---

① 《未来生存空间》，葛剑雄著，上海三联书店2002年版，第59期。

市共 12 个，包括：阜新、伊春、辽源、白山、盘锦、石嘴山、白银、个旧、焦作、萍乡、大冶、大兴安岭。第二批资源枯竭城市包括：山东枣庄市、湖北黄石市、安徽省淮北市和铜陵市、黑龙江七台河市、重庆市万盛区、辽宁省抚顺市、陕西省铜川市、江西省景德镇市，以及甘肃省玉门市、湖北省潜江市、河南省灵宝市、湖南省冷水江市、山西省孝义市和内蒙古阿尔山市等 17 个县级市，以及河北省张家口市下花园区等 6 个市辖区。这又是多么严峻的形势。

美国学者霍华·克莱贝尔指出："现在你和你所爱的人正面临的终极健康挑战是什么？我们共同面临的根本挑战是要迈向生态上共生的生活形态及公平的全球经济，挽救地球上美好的生活幸免于环境的灾祸。这不但是与我们这个时代休戚相关的问题，更会影响每一个时代。如果我们身为地球村一员不能在这一代解除地球走向毁灭的危机，我们的子子孙孙及其他生物都将没有健康的未来……但后代和我们一样需要饮水和呼吸，他们和我们一样易受致命的废料、紫外线和天灾的伤害……然而一个生病的地球对我们的威胁不仅是身体方面的。悲观的前景以及此问题的复杂与艰巨，更会造成人类内在的不安、挫折、愤怒、绝望的无助感。地球还有明天吗？只要我们重新调整我们的价值观，便可运用人类发射原子弹、登陆月球的那份智慧与创造力去挽救地球。这也是全人类共同面对的挑战！"①

五、始终没有根治的权力腐败

回眸改革开放 30 年，中国稳步发展。尤其是近 10 年，中国处在一个经济上的黄金时代。1998 ～ 2007 年，中国的经济总量从 8 万亿元激增到超过 24 万亿元，拥有的外汇储备也跃居世界首位。但经济的成就并非发展的全部，危机与阴影永远和盛世光明交织在一起，宛如一枚硬币不可分割的两面。当天灾人祸、环境污染、瘟疫、矿难、假药、问题食

① 《人生的七个大梦》，[美] 霍华·克莱贝尔著，内蒙古文化出版社 1997 年 11 版，第 203 页。

品、火灾、爆炸等公共危机不期而至时，无论是局部性的还是全局性的，对于整个国家都是严峻的考验。因此，处在大转型的中国，在各种利益消长和权力制衡的约束下，如何寻求避免危机以及消弭危机之道，注定是一个复杂的命题。外部性的天灾有时是不可避免的，但内部的危机我们却应该坦然视之，并努力解决。现实中，有一个巨大的内部危机令我们常常痛心疾首，那就是——始终没有根治的权力腐败问题。

众所周知，在过去的几年中，中国出现了全国性的房地产价格上涨、物价上涨，以及通货膨胀。中国国民财富增长的一个最明显的特点就是，它不是在各个领域齐头并进地增长，而是在几个特定的领域和板块中迅速膨胀。中国式国民财富的寻宝地图上大大地写着这几个字：地产、金融、股市和矿产资源。它们是本轮国民财富增长的“四大金刚”。在2007年的全国财富榜上，全国的一百多位富豪中有48人与房地产直接有关，占了近半壁江山。①

很显然，无论是煤炭，还是石油、天然气等资源生意，早已被一些和权力有密切关系或背景强大、实力雄厚的大集团所控制，有人称之为“利益集团”。这种“利益集团”介于有形和无形之中，成为控制中国经济最强大的隐性力量。金融和股市因缺乏有力的法律监控，属于野蛮生长，老百姓只能在暴跌暴涨和疯狂的熊、牛变幻之间，忍受着资产的层层缩水。最能看得见、摸得着的是中国的建筑业、高速公路和房地产生意，然而普通消费者只能在最强大的泡沫中选择高房价，否则就没房子住。房地产投资的核心业务是两个——一个是地皮，一个是钱，不管什么人，只要能拿到低价和优质的地皮，并能从银行获得高额贷款，一夜之间就可成为房地产大亨。而若想拿到地皮和钱，就必须有一个中间环节——贿赂，大部分的中国房地产大亨根本不需要文化，只要胆子大，敢于贿赂就能成功。

北京泰跃房地产公司的董事长名叫刘军，以地产起家，最多时候控制沪深两市多达5家上市公司，是名闻资产市场的“泰跃系”掌门人。透过提升“壳”资源的业绩获得再融资，或者以“壳”资源和关联公司为担保，从而获得银行贷款，或者通过大量关联交易，套取和占用上市

① 参见《南方周末》2007年10月18日《中国式财富地图》一文，作者陈涛。

公司资金，泰跃系聚敛了大量财富。[①] 2008年3月28日，北京海淀区原区长周良洛受贿案一审判决，周良洛被控受贿1670万元，判处死缓，其妻鲁小丹作为共犯被判无期徒刑。在周良洛案件中，有约九成，共计1500万余元的受贿金额来自土地审批和房产项目，而其中刘军一人就向周良洛行贿800余万元。刘军本人不仅因周良洛案件相牵，而且与主管北京市城市建设的副市长刘志华有关，早已被立案调查。[②]

2008年4月28日，吉林省原人大副主任米凤君被抓。米凤君在吉林副省级官位上长达17年，案发时卸任仅3个月。米凤君近10年来虽多次被发现经济问题，但均“有惊无险”。直到2008年3月，他的老部下、长春市委原副书记田忠“卖官案”开庭，田忠为求重大立功，避免被处极刑，在一审开庭后即进行检举揭发，检举内容包括其老上司米凤君的问题。长春当地人士称，米凤君在长春民怨颇大，民间称其为“米老鼠”，意指贪欲十足。由于他在长春城区好大兴土木，又被人送外号“米大扒”，暗指其将长春最繁华的长江路拆得面目全非。办案人员在长春市某大酒店一包房内，将他和两名卖淫女当场抓获。办案人员找人取证时，有人指证米凤君是这里的常客。[③]

2008年10月14日，原北京市副市长刘志华因涉嫌受贿600余万元在河北衡水市中级人民法院开庭。刘志华在担任北京市副市长期间，主管城市建设规划、国土房管、体育、轨道交通等方面的工作，利用职务之便索取贿赂，并为情妇王建瑞承揽工程牟利。王建瑞是北京某建筑公司的法定代表人，曾揽得国家网球中心、曲棍球场及射箭赛场等奥运工程。而刘志华曾担任北京2008工程建设总指挥，负责奥运场馆的基础建设项目。[④]

有关中国官员腐败的案件不胜枚举，网上比比皆是，不时爆料。而

---

① 刘军的泰跃系从一家1000万规模的小公司，在短短几年内发展为净资产20亿元总资产超过100亿元的大型投资集团。2003年，刘军入选胡润的“中国资产控制力50强名单”，名列第23位。2004年，刘军再次入选《福布斯》“中国富人榜”，名列第174位，这一年他才38岁。

② 上文取材于《周方周末》2008年4月3日“经济版”,《向周良洛行贿的地产商人》一文，作者李红兵。

③《新京报》2009年3月3日，A19版。

④《北京晚报》2008年10月15日，“中国新闻”版。

且中国的腐败无孔不入，教育界也不例外。最近，中国人民大学顾海兵教授有关“官味度”的网络抽样调查文章，在学术界引起较大反响。根据顾海兵的抽样调查数据，发表学术文章的大部分是学校的领导，比例非常高，2007年的“官味度”比2003年高137%，年均增长24%。[①]

针对愈演愈烈的权力腐败问题，原中纪委副书记刘锡荣在2008年“两会”期间提出了反腐五建议，赢得了非常热烈的长时间的掌声。他建议国家尽快制定五部法律，在制度上遏制腐败。他认为：审计部门应和纪检监察部门结合起来；每一笔钱都应该进预算；财产来源不明最多判8年让官员钻空子。刘锡荣首先回应关于审计部门可以隶属人大的发言，他觉得审计部门和纪检监察部门也可以像古巴那样结合起来，因为现在，“审计部门查出来不能处理，纪检监察部门有处理的权力但是没有力量去查”。有人说，有案子也是在审计中发现，随后纪委介入。不过刘锡荣提醒说，因为地方上审计部门要把结果先告诉政府一把手，里面就存在一个可能：如果政府领导和这个厅长关系好得很的话，首先就给压下来，不让告诉纪委，这样不利于揭露问题。“所以在体制上还有很多文章要做”。

这位声言自己一直在思考反腐倡廉之路的老人说，邓小平说过，人与制度相比，制度才是第一的。他由此建议国家应尽快制定五部法律，在制度上遏制腐败。“我们现在每年有5万多亿的财政收入，但是教育和医疗还这么困难，怎么分好国民收入这个蛋糕是个大问题。”刘锡荣说：他由此建议要出台国民的收入分配法，“让每个纳税人、每个公民都有权利过问国家的国民收入分配”。

第二个是财政预算法。“这个问题和第一个问题有联系。”刘锡荣说，我们国家一些钱没有列入财政预算，就是列了，有的也不严格执行。“为什么现在‘跑部钱进’那么多？在北京，省有办事处，市有办事处，县有办事处，大的企业有办事处。”刘锡荣说，因为“钱可以给你也可以给他，这个钱不跑白不跑。这样的话就形成了腐败，暗箱操作由此而来”。刘锡荣说：“每一笔钱都应该进预算，违反的话就要追究，如果很多钱不列入预算，怎么监督？这个和第一个问题是一样的，第一是蛋糕要分好，

① 《南方周末》2009年1月8日“时局”版，《“官味度”揭开教育科研官本位面纱》，作者沈亮。

第二是严格按照制度去分。”

第三是惩处集体贪污法。“很多发达国家都有这个法律。”刘锡荣说，“去年中纪委派我协助国务院搞工资改革，我在全国各地调查，大吃一惊，一个地方，同样一个厅，有钱的和没有钱的，收入相差十几倍，少的话七八倍很正常。”“国务院砍了 50% 的审批权，到了下面我查了下，没落实。一些地方把审批权改为审查权，或者把审批权改为备案权，说到底就是没有经过我批准还是不行。权要抓住用，权一交小金库就做不大了。”刘锡荣说，这跟中国没有惩罚集体腐败贪污有关，“他们说，个人拿 5 万元钱开除党籍，但要是集体决定的话，我调查一下，一个月发一万二，没关系，集体决定的啊。”刘锡荣说，一些人会说某些贪官太笨了，“为什么贪那五万元钱，你集体决定大家分掉就没事了嘛，居然有出这样的主意钻法律的空子的，这个问题很严重”。“我认为惩处集体贪污法一定要出台，不然我们去年搞的工资改革，不到几年就又重蹈覆辙。”刘锡荣说，公务员的分配要法制化。

第四个是公务员财产申报法。“当然过去（财产）报也报过的，每个月的工资是多少，这种报和不报都是一样的。”刘锡荣说，他认为官员财产还是要申报，“但是比较复杂，你要报到哪里，亲属和子女要报到哪里，未成年的子女和独立的子女要不要报，这个界限是要分开来的。但是没有财产申报法是很危险的，我们国家现在处理干部很难，比如财产来源不明的话最多就是五年徒刑。现在有调皮的官员就钻这个空子，他两千万财产来源不明，死也不讲，他知道讲自己的脑袋就要搬家，死也不讲，最多五年徒刑”。刘锡荣说，这也和财产来源不明不管数量多少都是五年徒刑有关系。“在国外，来源不明的财产都等同贪污受贿”。

第五个法律是行政机关编制法。“我们不仅要廉洁的公务员，还要廉洁的政府。”他同时认为，部门太庞大了，不可能高效，“一样事情要好多部门来搞，后来成立领导小组，省长当组长。搞不好工作说省长不开联谊会议，厅长很轻松”。“有的县里，有 17 个副县长，现在的官不是过去的官啦，配汽车，配秘书，宿舍也要换大的。所以编制法要确定干部的编制，一个都不能超。”“我多年从事纪检工作，现在当人大代表，我觉得不用法不用制度来治理腐败是不行的。我们的理论再科学，道路再正确，如果没有一个廉洁政府，没有一个优良作风，仍然实现不了我们伟大的目标。”[①]

当然，反腐败的核心还是民主宪政和新闻自由，台湾陈水扁的受审再一次证明了制度的重要性。2008 年 12 月 18 日，纪念中国共产党十一届三中全会召开 30 周年大会在北京召开。中共中央总书记、国家主席、中央军委主席胡锦涛发表重要讲话。从 30 年改革开放的各个历史片段看，改革开放的过程，一直伴随着的是忧患意识。这种意识在胡锦涛的讲话中依然有所表述：“我们要增强忧患意识，始终居安思危，保持清醒头脑，充分估计前进道路上种种可以预料和难以预料的困难和风险”，我们深刻认识到，“党的先进性和党的执政能力都不是一劳永逸、一成不变的，过去先进不等于现在先进，现在先进不等于永远先进；过去拥有不等于现在拥有，现在拥有不等于永远拥有”。改革开放 30 年来，中国的进步毋庸置疑。我国经济总量跃居世界第四，民众兜里有钱，心里有底。客观上，社会的进步巩固了执政党的先进性和执政地位；但从根本上说，也是执政党直面问题，回归改革与务实的历史规律让执政党能够正视困难和风险，以不断的改革来应对新的社会形势的不断变化。忧患意识正是这样一种执政的常识。而改革开放 30 年的历程，某一个侧面也是认识常识、尊重常识、回归常识的过程。[②]

“党的先进性和党的执政地位都不是一劳永逸、一成不变的，过去先进不等于现在先进，现在先进不等于永远先进；过去拥有不等于现在拥有，现在拥有不等于永远拥有。”[③]这难道不是典型的犹太式危机哲学和忧患意识吗？值得我们每一个人铭记。

---

① 《南方周末》2008 年 4 月 3 日“时尚 · 动态”版，《原中纪委副书记提反腐倡廉五建议》一文，记者马昌博。

② 《新京报》2008 年 12 月 19 日“社论·来信”版，《忧患意识激励我们前行更有力》一文。

③ 摘自胡锦涛总书记在纪念党的十一届三中全会召开 30 周年大会上的讲话。

第六章 十字路口的中国经济

当年围攻莫斯科的德军比我们还是幸福的，至少他们能追到瓦西里教堂的尖顶，孤军深入而被迫停顿的巴顿将军也是幸福的，至少他可以在欧洲大陆仲夏的树丛中等待补给。而我们呢？也许只是开始进入冬季，而还没有踏入冰冷的沼泽区域。

——一位上海金茂大厦的白领

谁是最好的导演？当然不是张艺谋，更不是冯小刚，历史是最好的导演。人世间最富有想象力的大导演编出来的故事也不如历史本身更具有戏剧性。

2008年发生在全世界的一切都非常富有戏剧性。无论是次贷危机，还是股票市场；无论是经济泡沫，还是地震冰灾……这一切都是任何人都无法预料的历史事实，宛如一幕惊心动魄的话剧，让许多最有理智和自命不凡的精英人物和普通老百姓一样同哭同悲，正是他们的欲望和贪婪催生了经济和金融界的地震和海啸，而且来得那么突然，那么荒谬。

历史如此残酷，现实如此复杂，让所有的人都欲说还休。泡沫、周期、衰退、不确定性……这所有的词语都脱离教科书和许多所谓的经济学家的视野，进入全世界人们的日常生活视野。而常识，在被遗忘多年之后，地震的肆虐如此悲痛地将它召回——天下没有永远免费的午餐。没有人，也没有国家可以永远地超前消费，即使是为全世界管理钱包的美国也不行。没有增长可以建立在数亿人无力消费自己的产品之上，即使是GDP快速增长的庞大中国。

一切真正的艺术品都是文献和见证，经济学家的任务是预言性的，目的是给人类装上一只眼睛，真正的现实永远是非现实的。人来到世界上本来都是赤身裸体的，而今天穿的最暖和的人有许多是一些披着羊皮的狼。每个人都逃脱不了自己放到世界上来的魔鬼，坏事总是从哪里来回到哪里去。十字路口的中国经济，等待着我们每一个人的答案。

一、谁来拯救我们的股市

2006年，中国的股市告别了低迷，开始步入了良性循环。2006年3月23日，国务院发布《2006年工作要点》，要求在年内基本完成股权分置改革，从此股改拉开序幕。2006年9月18日，受A、B股并轨传闻的影响，沪深B股暴涨。2006年11月20日，上证综指收盘报2017.28点，创2001年7月27日以来的收盘新高。之后，2007年中国股市一路飙升，其中沪综指突破6000点大关，涨幅高达97%，而到2008年却出乎许多人的意料，沪综指突然跌破2000点，而且长期低迷不振……这一切正常吗？许多股民哭爹叫娘，纷纷呼吁"谁来拯救我们的股市"？

对于股市的现实意义，许多人不言自明。股市不仅制造了无数个亿万富翁，而且帮助许多企业融资。另外还可以拉平社会收入与财富的分布，使更多人能够通过股票来分享到经营性产权的升值，它有利于培植中产阶级，使社会收入分配更趋平等。俗话说，"无商不富"，现在的说法是"无股权不富"，或者说无股权难以大富。自从有了股票市场以后，财富增长的空间就根本改变了，因为在正常情况下，股权价格是未来无穷多年的利润预期的总贴现值。也就是说，如果一个公司办成功了，而且职业化的管理也到位，让公司享有独立创始人、大股东的"法人"人格。那么，这个公司就具有无限多年生存经营下去的前景，拥有这个公司的股权就等于拥有了这种未来无限多年的利润总贴现值，这就是为什么靠股权挣钱远比靠传统商业利润赚钱来得快、财富规模来得大的理由，也是比尔·盖茨、巴菲特、施正荣等能在很年轻时就能成为亿万富翁的重要理由。

从《新财富》曾推出的"中国四百首富"和《福布斯》"全球首富"的排行分布来看，中国19%的首富来自于房地产业，20%来自于制造业，

5.8% 来自于矿业，5.5% 来自于化工业，占四百首富的 50.3%。相比之下，美国首富则分别以金融业（10.3%）、零售业（8.8%）、媒体娱乐业（8.6%）、服务业（7.8%）和软件与高科技业（7.4%）领先，该五个行业占总富豪人数的 42.9%。

值得注意的是，这五个行业均不是以制造"硬"设备为主，都是以拥有无形资产和提供"无形商品"而突显。为什么会出现这种情况，就是因为 30 年中国经济增长靠的是"硬苦力"。无论是房地产、化工、制造、医药、服装，销售的都是有形商品，看得见、摸得着，对法律和诚信的依赖相对较少，买卖双方信息对称，买方不容易上当受骗。而"软实力"则不同，靠的是文化、可靠的司法制度和自由开放的新闻媒体。很显然，中国股市的根本问题是，在缺乏强有力的法治监管下，中国上市公司的质量普遍存在问题。没有质量的上市公司，怎么能有高质量的股市呢？

评判股市质量的核心标准应该包括两方面。其一，看投资者的契约权益、合法权益是否有可靠的保障和执行架构；其二，看股市的信息环境是否足以让投资者辨别"好的"和"坏的"上市公司。前者是保证股市不是一个骗钱、掠夺的场所，后者是保证投资者有评判股票价值的信息基础。说到底，这两方面的制度构架充分与否决定了一国股市最终会成为"劣币驱赶良币"还是"良币驱赶劣币"的交易市场。一个高质量的股市会逼着坏公司变好，给投资者带来应有的回报；一个奖罚不明、信息浑浊的股市不仅使坏公司继续变坏，而且逼着好公司也变坏。因此，很大程度上，"中国没有几个高质量的上市公司"只是表面现象，是由低质量的股市催生出来的。

如果证券市场法则不可靠，监管部门不执法，法院不受理证券诉讼或者处罚不痛不痒，那么，一方面上市公司内部的人会大胆掏空公司资产，制造"坏的"上市公司；另一方面，这种监管不作为会使财务作假和虚假陈述盛行。这样一来，股市投资者对于哪个上市公司在作假或掏空资产、哪个公司不作、哪个公司作得多、哪个公司作得少的情况都无法区分。其次，如果新闻媒体能够自由地追踪报道上市公司的炒作行为，验证他们披露的信息，那么媒体或许能以独立第三方的角色使市场上的信息更真实，同时也使有用的信息量增加。这样的话，股市投资者多少能更好地区分不同上市公司的好坏。相反，如果监管部门不仅自己不去监管、处罚作假和虚假陈述行为，反而以"市场稳定"的名义去压制媒体的打假报道，并且法院又动辄判决媒体侵权败诉，那么社会中本来可以改善股市质量的各种机制安排就都无法发挥作用，促使造假盛行，让股市参与者无法分辨好坏。①

诺贝尔经济学奖得主阿克罗夫说，这种逆向选择的结果是股市最终要关闭。

按照郎咸平先生的观点，股票市场的核心就在"信托责任"这四个字。他讲了这样一个故事：

1553年，英格兰有一个叫做商人企业家的协会为了应对经济衰退，组织进行了一次带有秘密探索任务的行动。威洛比爵士与后来成为著名航海家的钱瑟勒是本次探索船队的主要负责人。在出发的那一刻，他们都不会想到，他们将进行的是西欧大航海时代以来最为惨烈的航行之一，最后2/3的船员被冻死，威洛比爵士本人也在严寒中丧生。而更令他们想不到的是，股票市场的前身正在无形中酝酿起来。

从信托责任这个词的起源来看，信托责任的本质是什么？"Trust"是信任的意思，用一个文学化或学院化的名词叫做信托，实际上就是指当时250个股东对这位船长抱着信任的态度，大家靠你了，去赚钱吧。希望这个船长不要逃跑。于是莫斯科威号的船长就率领船队开始远航北方，因为只要地球是圆的，往北走一样可以找到中国。这三艘船在向北方航行的过程中在挪威外海遇到了暴风雨，三艘船中有两艘沉没了，只剩下莫斯科威号继续远航。

莫斯科威号在两艘船沉没之后仍然继续向北航行，他们航行到了哪里？航行到最后，遇到了一大批北极熊，他们到了北极。走不下去了，怎么办？莫斯科威号做了惊天动地的事，那就是向右转，继续走啊走啊，碰到了一片冰天雪地的陆地，而且这个陆地跟北极不一样，北极只有冰，而这个陆地除了冰之外还有土，他们知道遇到新大陆了，于是这些人就在平地上滑着雪橇，在一片一望无际的平川之上开始滑雪，就这样滑啊滑啊，大概滑了起码有上百公里，荒无人烟，偶尔碰上北极熊。到最后，

①《非理性亢奋》，陈志武著，中信出版社，2008年10月版，第32～33页。

终于碰到一个人，在英国历史上极为有名的一个人，叫做“恐怖大王伊凡”。他就是俄罗斯历史上赫赫有名的第一位沙皇——伊凡雷帝。

伊凡雷帝的手下看到这些英国人走过来，都吓了一跳，无法沟通。后来英国人想到一个主意，他们拿出从船上带下来的羽毛笔、围巾、丝织品、地球仪，还有很多小玻璃制品，跟伊凡雷帝换貂皮，貂皮对当地人来说毫不值钱，但贸易的价值就在这里。为什么会有贸易？就是因为有比较利益。什么是比较利益？英国人给伊凡想要的东西，而伊凡给英国人想要的东西。英国人把毫无用处的笔和丝织品向伊凡换了他们最想要的貂皮，又向伊凡换了雪橇，把大量的貂皮运回船上去，然后开船回到英国，把貂皮卖掉，替他们的股东赚了大把的钞票。

而这些人给伊凡雷帝居住的地方取了一个名字，取了一个什么名字呢？他们用旗舰的名字作为这个城市的名字，就叫做莫斯科。也就是说这些英国人往北走去寻找中国，结果没有找到中国，却找到了俄罗斯。自从俄罗斯被发现之后，“信任”便有了价值。也就是说，如果这个船长下次还要出海的话，他就可以找到更多的人愿意出钱。因此同样是一艘船，他所能获得的财富或者投资——IPO，也就是上市价格一定高于别的船，所以市盈率的概念当时就出现了。①

因此，要建立好的股市，就要有好的信托责任，政府对股民要有信托责任，上市公司的职业经理人要对股民有信托责任。那么，什么是信托责任呢？

2001 年，美国小布什总统希望通过一个法案，这个法案将使得富人的遗产税被减免。也就是说其终极目的是帮助这些富人，让他们可以把遗产完整地交给他们下一代，不用缴税。那么，美国富豪的反应如何呢？

不久，人们在《纽约时报》上看到一则广告，广告的中文意思是：“请向我们收税。”这是谁登的广告？是美国 120 名最有钱的富豪，巴菲特、比尔·盖茨、索罗斯，以及洛克菲勒家族等等。这些富豪们同时签名，一致反对小布什总统的做法，他们认为取消遗产税将使得他们的子孙不劳而获。他们说这是不对的，不征收遗产税，将使得我们这些人永远富有，而穷人永远是穷人，这违反社会的公平原则。他们认为，这种做法会使

① 《郎咸平说——谁也逃不掉的金融危机》，郎咸平著，东方出版社 2008 年版，第 95 ~ 97 页。

美国政府在未来10年内减少8500亿美元的税收收入，从而导致政府减少社会保障、教育等有利于国计民生的政策的推行。更可怕的是，如果免征遗产税以后，政府缺钱怎么办？那就有可能向穷人征税，进一步造成社会不公平。此外，这种政策将使慈善基金的运作受到影响，因为很多人可能会把钱留给子女，而不捐给慈善基金。要不是因为这120个最有钱的富豪们游说美国议院的话，这个法案在第一年就通过了。巴菲特讲的一句话最有意思，他说，美国政府取消遗产税是个非常可怕的错误，就好比挑选2000年奥运会金牌得主的儿子去参加2020年奥运会一样。不是挑选最优秀的运动员去参加奥运会，而是挑选上几届奥运会冠军的儿子和女儿来参加奥运会。也就是说，他们认为，他们如果把钱留给自己的子女，而这些子女不一定是这个社会最优秀的人，由他们来掌管这些财产对国家是有害的。

因为他们愿意把钱拿出来，让美国政府有更多的经费发展教育事业，让社会最有能力的人来继承这笔财富，这才是美国未来的立国之道。巴菲特说，美国政府对于有钱人征收的税负太低，他本人2006年的收入为4600万美元，个人所得税税率只有17%。而他的秘书年收入只有6万元，税率却高达30%，他认为这是严重的不公平。

这就是美国人引以为傲的资本主义的灵魂。这是为什么呢？是对国家、民族、百姓的信托责任，他们认为他们作为有钱人，应该具有深切的民族责任感。他们的财富是取之于社会的，因为是社会给他们机会让他们发财，所以最后他们将还之于社会。像比尔·盖茨，他只给他的子女留下1000万美元以及一座大概价值一亿美元的家族住宅，其他的财产全部捐给慈善基金。巴菲特也把80%～90%的财产捐给了慈善基金。因为他们认为这是取之于社会，还之于社会。公益基金对于美国未来的发展关系重大，这就是美国。

在英国，股改的时候，撒切尔夫人推行了犹太人罗斯柴尔德家族的三定律：定律一，上市公司必须由具有职业资格的职业经理人经营。定律二，政府要发挥信托责任，必须是好的公司才能进行股改。定律三，英国政府为了信托责任，所以保有一股黄金股，如果有伤害股民的事情发生，英国政府有一票否决权。

很显然，股市只有在强有力的法制国家才能健康成长，因严刑峻法才能让公司不敢没有信托责任。2007 年，中国平安的掌门人马明哲税前薪酬高达 1000 万人民币以上，最低的是 389 万元。中国平安的解释是，高薪激励是国际化的体现。平安保险什么时候有过这种信托责任了？不止平安，中国的上市公司普遍缺乏信托责任。另外中国平安出台 1000 亿元人民币债券融资方案，引发了股市动荡。

没有信托责任，任何融资都是套现，最终倒霉的是广大股民。其实，早在 2003 年 9 月 16 日的《经济日报》就刊登过全国人大常委会副委员长成思危的文章，文章指出中国股市有九大问题：规模较小稳定性差，大半股份不能流通，只能做多不能做空，政策影响相当显著，过度投机现象严重，股市泡沫相当不少，短期行为普遍存在，黑庄操纵罪责难逃，法律体系还不健全。到现在，这些问题基本上还存在着。

股市的真正宪法是“保护投资人的利益”，保护投资人的利益就是要在制度安排上能让投资人整体得到合理回报，并在一个较长的时间尺度下没有风险。如果一个股票市场，投资人作为一个整体注定是要亏损的话，要么股市走向灭亡，要么股市沦为赌场。

二、房价会出现拐点吗

2008 年初，从旗下第一个楼盘降价开始，“不确定”就成为万科董事长王石的口头禅。对于一个行业来说，最可怕的时刻，不是最坏的年代，而是一个不确定的年代。在一切都不确定的年代，对于这个行业链条上千千万万个从业者来说，焦虑与恐惧、迷惘与徘徊时常伴随着他们。一些人一夜之间失去工作，一些人无奈转行，大多数人忧虑地等待着明天，房地产商等待着稳定、回升和政府托市，消费者则等待着价格突降，双方在进行着艰难的博弈。

无可置疑，中国的房地产业已经进入了一个漫长的调整时期，即所谓的拐点。2008 年年初，潘石屹还表态不赞成王石的“拐点论”；年中潘石屹不提“拐还是不拐”，改称“百日巨变”；岁末，潘石屹给员工的新年献辞中，从母亲病逝谈到地震再谈到企业精神，绝口不提房市。瑞士信贷亚太区房地产融资部的某董事长2008年年末告诫基金的投资方说，现在一切都不确定，观望可能是最理智最安全的。[①]天津某房地产公司的前销售总经理则告诫消费者说，不要着急，房地产冬天很长，你可以慢慢考虑。想清楚自住还是投资，资金实力如何，房价的税费现在如何。要细细地打算，房价高低不应是你决策的唯一依据。[②]

判断我国的房地产是否会出现拐点，关键是判断中国的房地产是否存在泡沫。一旦我国的房地产存在泡沫，就一定会出现拐点，而且也应该出现拐点，否则中国的房地产市场就永远不可能健康发展。

所谓的“泡沫”，犹太经济学家金德尔伯格在1987年出版的《帕尔格雷夫经济学大辞典》中认为：“泡沫状态这个名词，随便一点说，就是一种或一系列资产在一个连续过程中陡然涨价，开始的价格上升会使人们产生还要涨价的预期，于是又吸引了新的买主——这些人一般只是想通过买卖牟取利润，而对这些资产本身的使用和产生盈利的能力是不感兴趣的。随着涨价常常是预期的逆转，接着就是价格暴跌，最后以金融危机告终。通常‘繁荣’的时间要比泡沫状态长些，价格、生产和利润的上升也比较温和一些。以后也许接着就是以暴跌（或恐慌）形式出现的危机，或者以‘繁荣’的逐渐消退告终而不发生危机。”关于泡沫现象，虽然经济学界目前尚无一致定义，但是一些基础性的解释却是共同的：⑴泡沫最直接的表现是资产价格的暴涨和暴跌；⑵泡沫期间的金融投机活动异常盛行和猖獗；⑶基础经济因素对资产价格变动几乎不会产生影响；⑷泡沫发生的主要载体是股票和房地产市场。[③]

因此，中国青年学者鞠方也在《房地产泡沫：一个新的二元结构分析框架》一文中分析认为，房地产泡沫呈现新特征和新趋势，房地产的虚拟化越来越明显。房地产虚拟化有四大表现：一、住房金融证券化趋

---

① 《南方周末》2009年1月1日，“经济白皮书之楼市”版，《2008楼市：不确定的年代》一文，记者王小乔。

② 《南方周末》2009年1月1日，“经济白皮书之楼市”版，《一个地产经理的2008》一文，记者王小乔。

③ 《房地产泡沫研究》，鞠方著，中国社会科学出版社2008年10月版。第7～10页。

势凸显；二、房地产的资产化趋势和投资功能越来越明显；三、房地产的市场化、货币化进程加快；四、土地的资产功能和经济价值得到了前所未有的开发。在这四大特征中，房地产的功能已不仅仅是满足人们的居住，而是成为一种投资手段和虚拟经济中金融衍生品的重要组成部分。很显然，炒地皮、炒房团、投资过热、炒楼花，这都是诱使泡沫和投机的重要原因。目前中国房地产业的投机现象很严重，再加上中国的贫富差距那么大，房地产肯定要有泡沫。

著名经济学家茅于轼先生在《我国房地产市场扭曲的宏观原因》一文中指出，我国房地产市场有相当程度的扭曲，表现在房价虚高，高档房的比例不适当地多，脱离了大众的需求；房地产业的利润偏高，而且长期居高不下，资金流入房地产业数量巨大，出现泡沫。茅先生认为，企业家的任务就是创造利润，无可厚非，微观经济学说明企业的目标就是利润极大化。问题是中国的贫富差距那么大，房子那么大，房价那么高，会有多少人无家可住，这不利于社会的稳定与和谐。我国房地产业的高利润能够长期维持，唯一原因就是投入要素的竞争不充分。房地产的投入要素主要是资金和土地。土地是政府批的，资金是银行批的。市场在其中发挥的作用不大，主要是靠关系，这自然容易出现暗箱操作和见不得阳光的事。2007 年以来，重庆揪出一系列震惊全国的地产腐败“窝案”，近 10 名厅级干部陆续因收受开发商巨额贿赂而落马。其中，重庆市规划局原副局长梁晓琦受贿次数多、受贿金额超过 1589 万元，于 2008 年底被一审判处死缓。

梁晓琦“落马”后在忏悔书中写道，在房地产规划、开发领域中存在一种“潜规则”，让他感到“恐惧”、“非常惧怕”，“心理承受着巨大压力”。为摆脱这种恐慌，梁晓琦甚至多次酝酿调离规划局副局长这一“肥缺”。2006 年以来，他多次酝酿调离外人眼中的“肥缺”——规划局副局长，最终来到江北嘴公司担任董事长，希望能够远离是非，逃离组织的视线。他在忏悔书里说：“有人劝我留在规划局，不要脱离为官主战场。实际上，我心里非常惧怕留在那个岗位上。我很清楚按那种搞法早晚会出事。”然而，在无孔不入的“潜规则”下，履新后的梁晓琦不但没能脱身，反而越陷越深。

案发前的梁晓琦，手握规划大权，有众多房地产开发商想方设法投其所好，似乎过得风光无比。但记者通过其忏悔书发现，恐惧、担心、压力始终纠缠着他。在重庆揪出的地产“窝案”中，开发商用钱财女色侵蚀干部，操纵其为己牟取更多暴利，已经成为房地产业内不成文的秘密。领导干部一旦自我约束不严，便很容易被“拉下水”，被开发商们套牢、锁死。梁晓琦和他在规划局的上司重庆市规划局原局长蒋勇、曾经的下属沙坪坝区原副区长陈明等，都因此纷纷落马。

在忏悔书里，梁晓琦透露了规划腐败“潜规则”的冰山一角：每当有重大利益关系的“调规”(调整规划)，一些早已认识或经朋友介绍的开发商就会送上一大笔“感谢费”，而且大多数是逢年过节时送来，比平时的礼金数额要大，名义上虽是“帮忙感谢”，但梁晓琦很清楚：“每个表示拜节的背后都对应着相应的支持和关照。”面对开发商潮水般的攻势，梁晓琦开始还推辞客气，后来推不胜推，终于全盘照收。他回忆：“在我接受的贿赂次数中，2/3 以上是利用年节机会表示的。”[①]

关于中国的房地产为什么有泡沫？茅先生指出，主要是改革开放后中国有很多人先富了起来，资金没有别的出路，找不到投资渠道——股市不稳定，制造也不赚钱，只好拿钱买房，相对最安全，最后造成投资过度。现在房子空置率很高，许多人买房，既不自己住，也舍不得出租，于是就成了泡沫。一旦房价下降，大家就会争先恐后地买房子，房地产就出现拐点，一发而不可收拾。要想解决房地产的泡沫问题，需要改善我国的金融业，让资金流动到多种可以获利的项目上。[②]

郎咸平的观点更是直接，他批评房地产是为了老百姓能过上好日子，房地产的问题不是茅于轼先生所谓的“流动性过剩”，而是因为我国投资经商环境恶化的结果。他在《房地产关键词》一文中说：

我给你看几个数据，深圳在 2007 年 1 月的平均房价是每平方米 1 万元，到了 10 月份变成了 17000 元，不到 1 年，涨了 70%。深圳到底有

① 《新京报》2009 年 2 月 14 日 A14 版，新华社电《重庆一落马厅干部“惧怕”房产潜规则》一文。

② 《一个经济学家的良知与思考》，茅于轼著，陕西师范大学出版社 2008 年 1 月版，第 86 ~ 87 页。

什么活力？经济跃升 70% 是不可想象的，我们中国的经济增长率也不到 10%，为什么房价涨幅与经济的涨幅差别这么大？这个现象不合理。

我刚才说的还是平均楼价，我告诉你实际楼盘的价格。比如深圳东部的华侨城，目前每平方米能卖到多少钱呢？20 万！对于我们这些大学生而言，你挣多少年的钱才能买到 1 平米的房子？你说这种楼盘、这种奇怪的现象值不值得我们关注？前一阵子，我的助理打电话到高尔夫球场询问房价，他们推出很多很漂亮的别墅，到 2007 年涨到了 9000 万，而且很多人使用现金来购买。各位同学，谁在买这些房子？另外一个奇怪现象也出现了，深圳的很多楼盘是有房无市，为什么？大量资金进入深圳，装修行业生意好不好？家具行业生意好不好？和建筑有关的行业，包括家具、装修行业，生意并不好。①

郎咸平认为，影响楼市产业产生泡沫主要有四项资金：第一项资金是由于近两年中国投资经商环境恶化，其他许多行业的企业家为了躲避风险而把投资其他领域的商业周转资金转向房地产，它的去向就是高价楼盘；第二项资金就是中国某些干部的腐败款；第三项是国际热钱；第四项资金才是老百姓真正买房子的储蓄款。而中国政府关于宏观调控的目标主要是后两项资金，前两项根本没有考虑，所以楼市泡沫仍然存在。②有房无市就说明楼市有泡沫，因为房价超过了老百姓的购买能力。房价的下调就是买家和卖家双方博弈的过程。上海房价跌了 7%，深圳也下跌，是不是一个拐点？房价高到这种水平，再大幅上涨可能性不大。以北京为例，许多房地产商一看情况不稳定，怎么卖房呢，先推出几户，看看市场反应如何，然后再决定开盘价格。

房地产市场有个巨大的心理怪圈，那就是“买涨不买跌”。这是房地产商不降价的重要原因之一。作为消费者，关键是要理性购房，清华大学的一位教授提出了如下几点购房建议：

一、假如我是一个靠工资吃饭的普通打工者，我会选择租房；

① 《郎咸平说热点的背后的》，郎咸平著，东方出版社 2008 年 9 月，第 14 ～ 15 页。

② 《郎咸平说热点的背后的》，郎咸平著，东方出版社 2008 年 9 月，第 16 ～ 17 页。

二、假如我已经有买房的首付款，有能力还月供了，我会买一套中等房价、交通比较方便的住房。

三、假如我手上有一笔储蓄，够买一套房，我会一次性买下一套比较容易出租的住房。

四、假如我是一个房地产商，实在扛不住了，也要顺势而为，必须以客观的心态对待房价的涨跌。①

最终决定市场的还是消费者，不怕房价不会出现拐点。当然，一个负责任的政府有责任和义务帮助本国国民拥有一套自己的住房，现代社会“住者有其屋”是一个最基本的理想。作为社会精英的经济学家，更应该具有强烈的社会责任和人文精神，关注房地产市场中的内在制度缺陷并努力寻求完善的方法。

三、如何让农民出头

2009 年 2 月 7 日，2300 多发炮弹终于在河南上空换来百日大旱后的首场降雨，但雾气般的水粒却娇柔得仅够湿润空气。在过去 3 个月的时间里，一场 50 年一遇的特大旱灾持续袭击了中国中部和北部 15 个省市区，8 个冬麦主产区——河北、山西、安徽、河南、江苏、山东、陕西、甘肃首当其冲，1.3 亿亩受灾，几占中国冬麦种植面积的一半。一大帮专家开始会诊北方大旱，一系列问题被提了出来：

中国是否进入气候灾害频发期?

旱情与饮水安全危机何时能解除?

能否对干旱作出预警?

部分地区农民为何缺乏抗旱能力?

地方抗旱应急预案建设不够理想?

① 《看不懂的中国经济》，韩秀云著，中信出版社 2008 年 6 月版，第 34 页。

农田水利设施等农村公共用品长期缺乏管理维护？

全球水资源短缺大背景下如何合理调配使用水资源？

旱灾是否会影响中国粮食安全？[①]

无论是“非典”，还是冰雪灾害或者地震，我们的预报机构基本没有发挥出多大作用。这是对中国公民社会的应急机构和科技机构又一次大的考验，是走向现代化无法躲避的生命之重。回眸我国改革开放 30 年的坎坷道路，许多有识之士最担心的是“三农”问题[②]，最焦虑的还是——如何让农民出头？

温家宝总理说，中国必须立足扩大内需。提高贫困农民的收入，改善乡村交通、医疗和学校教育状况是这一经济措施的关键组成部分。经济学家说，让农民能更大限度地转让土地或把土地集中到更大规模的现代化农业竞争者手中，将会提高生产力，加速城市化。和发达经济国家相比，我国仍有约占总人口的 70% 是农民，而在美国这个数字仅是 5%。[③]因此，所谓的“三农”问题的核心是两大问题没有解决，一是土地私有制问题，二是城乡二元户籍。

所谓的土地所有制问题，实质上是由于国家只是把土地承包给农民，农民无法出售土地，既影响了农民的正常迁移，也影响了土地的合并和大规模的机械生产；相比之下，户籍制度较为容易解决，其本质是福利制度。改革开放 30 年，大多数城里人都得到了实惠，只有农民的生活进步不快。

实事求是地说，我国的所谓“三农”问题就是肇端于 50 年前土地集体所有制的实行。因为自从动用国家力量推行人民公社、剥夺农民的土地所有权以来，中国就开始了所谓“农村真穷，农民真苦，农业真危险”这一典型的中国“三农”问题了。用历史的观点看问题，可以说，造成 1960 年开始的导致人口锐减千万的三年大饥荒，其最初的所有制上的源头也正是这个土地集体所有制，因为正是这种所有制给后来刮起的并给我国农村、农民和农业造成了巨大损失的以所谓“共产风”为首的“五风”铺

① 《南方周末》2009 年 2 月 12 日头版，《大灾背后》一文，记者叶伟民、马昌博、黄永旺等。

② “三农”问题指的是“农村真穷，农民真苦，农业真危险”。语见《南风窗》2002 年 12 月 3 日，李昌平《给总理的信》。

③ 《参考消息》2008 年 10 月 9 日，《中国希望依靠农村推动经济发展》一文。

平了所有制上的道路。而在改革开放中陆续出现并逐步严重起来的许多社会问题，如贫富悬殊、官场腐败、分配不公、治安恶化、公权滥用、法制失衡以及基层民主制度难以推行等，无不与这种土地集体所有制息息相关。

有资料表明，我国城乡居民收入差距 2003 年即已达到 3.2 倍，这两年又一直扩大，如果加上社会福利和公用设施这一块，有人估计已达 5 倍甚至 6 倍。据《小康》杂志社主编、社会科学文献出版社推出的《中国全面小康发展报告（2006）》透露，按照中国国家贫困线，目前全国有 4800 多万贫困人口，其中农村贫困人口约 2600 万人，占一半以上。如果包括土地被征用失地后无家可归不得不居住在城镇的无地、无业、无社保的所谓“三无”农民，这个比例将达到 70% 以上。而如果根据国际上每人每日支出不足 1 美元即为贫困人口的标准，按照世界银行最近的估计目前中国约有 70% 以上是依靠土地生活的农民。农民贫困的原因有不少，但不合理的土地制度却是个非常重要的原因。因为农民对耕种的土地只有使用权没有所有权，也就很难保证土地所有权中所包含的发展权和生存权也属于自己。这样的土地制度不仅严重挫伤了农民从事农业发财致富的积极性，同时也给那些围绕土地交易形成的特殊利益集团剥夺农民的土地权益创造了条件。所以，现有的不合理的土地制度无疑是导致占全国人口 70% 的农民阶层普遍贫穷并造成城乡差距的巨大的一个十分重要的原因。

再如，官场贪腐。有资料说，地产业是官员腐败最厉害的领域。《中华人民共和国土地管理法》规定，“国家为公共利益的需要，可以依法对集体所有的土地实行征用”，但是对于什么是“公共利益”的问题，该法却没有也无法明确规定。其结果是，对集体所有土地的国家征用权被政府官员和商人们滥用了。我国迄今所有的征地，包括无数私人和企业的商业投资开发项目，都是各级政府以国家公共利益名义进行的。这里不仅存在着大量的违法和欺民的政府行为，而且也为官场权力寻租式的体制型腐败培植了丰厚的土壤。

自 20 世纪 80 年代末以来，仅仅因为土地转让中违规现象所造成的国有资产流失每年都高达 100 亿元以上。如据国家审计署审计长李金华，在向全国人大常委会作出的《关于 2005 年度中央预算执行的审计工作报告》中披露，2003年至2005年6月，上海、天津、江苏、浙江、江西和四川6个省（市）所属87个开发区中，有60个违规低价出让土地7873万平方米，少收土地出让金55.65亿元。这些少收的出让金有相当一部分落入了各级贪官污吏的腰包。迄今所知的已被暴露的贪官污吏几乎有一半以上是产生于所谓经营城市的范畴内，也就是产生于土地交易或与土地交易息息相关的行业中。尽管还没有一个具有权威性的统计数字，但中国官场的腐败之所以能够迅速地向深度和广度发展，并在短短十几年里时间里就形成燎原之势，不合理的土地集体所有制为其源头之一是毫无疑问的。

土地集体所有制还导致农村财富大量流失。农村财富大量流失问题其实也是一个分配不公和社会正义失衡问题。现有土地集体所有制度也是造成这一状况的主要原因，比如，据中国社科院2005年的调查报告披露，我国1987～2001年期间就从农民手里征收了3395万亩耕地用于房地产和经济区开发以及基本建设，而由于这些土地大多位于城镇周围、人口密集之处，每征收一亩地就大约有1.4个农民失去土地。[①]

如果加上2002～2006年这5年期间征收的土地，再加上这20年来从农民手里征用的数量可能更加巨大的非耕地性农村土地，我国迄今总共从农民手里征收了至少有1亿亩土地。（但是也有另外的说法认为征地面积要远远大于公布的数字。比如，有学者就说，仅2003年，"农民土地被各地政府和开放商以招商引资为名，大规模圈占，全国一年土地就减少将近2000万亩"）。[②]这么多土地变换用途后增值的平均溢价是多少没有统计资料，反正沿海和内地、大中城市和小城市、建设用地和房地产开发以及时间远近等都不一样，但如果将其增值后的平均溢价估算为每亩30万恐怕没有人会有非常大的异议。照此计算，这1亿亩农村土地增值后的溢价就有30万亿元人民币！同时，造成的失地农民即便按照官方公布的数字比例计算，至少也有7000万！[③]

---

① 韩俊《失地农民的就业与社会保障》，原载《中国改革论坛》，中国社会科学院农村研究所网，2005年9月6日转载。

② 温铁军在安徽某县的演讲《李昌平的悲剧和胡温的难题》，原载《乌有之乡》，《学术中国》2005年7月5日。

③《农村改革的反思》，史啸虎著，中央编译出版社2008年7月版，第41～42页。

我们目前财政通过工业反哺和城市支援方式每年增加的1000多亿元支农资金（摊到每个农民头上只有区区100元出头）与每年通过这种不合理的土地制度征地从农民处剥夺掉的近2万亿元人民币的财富相比，反差是多么大呀！而且，其本身还是一种极大的讽刺。我们现在的这种一方面从农民处拿走巨量的土地溢价，另一方面又以各种方式增加农民补助的做法，用一个不一定很恰当的比喻说，不啻从农民身上抽血却用打点滴方式去回补葡萄糖水。

由此可见，只要目前的所谓土地集体所有制不改革，仍然由政府既当裁判员又当运动员式地垄断土地交易一级市场，无论怎么改革土地交易上的分配制度，也肯定是解决不了根本问题的。因为就农民而言，由于土地不是属于他们自己所有，他们没有土地所有权项下的土地交易与否以及如何交易的权利，这使土地集体所有制下的土地交易和收益支配已经变成一种国家单方面的对农民的一种垄断式掠夺了。

土地集体所有制也不利于社会稳定。在不合理的土地制度造成的贫困、贪腐和分配不公的三重压力下，农民因为土地征用而导致的上访和群体性抗争事件呈急剧上升势头。不少文章和调查报告都说，我国因各种不稳定因素发生的群体性抗争事件里有70%以上发生在农村，因土地纠纷而形成的抗争事件又占农村全部事件的65%以上。根据国家公安部发言人武和平2006年初在新闻发布会上公布的数据，我国2005年发生的群体性抗争事件就达8.76万起，平均每天达240次之多，比上年增加6.6%。相比之下，大规模征地还刚刚开始的1993年这类事件还只有8700起。十来年时间竟增长了整整10倍！

这些增长速度惊人、众多而频繁发生的抗争事件都是在现有的所谓集体所有的土地制度下产生的，因此，如果我们仍然把这仅仅归结于现有土地制度是合理的、只不过需要完善、国家只要严格加以管理就可以解决的话，那显然是自欺欺人，根本解释不过去。据有的学者分析，农民的土地抗争“最集中的地区就是沿海较发达地区，其中以浙江、江苏、河北、山东和广东最为突出。这些地区争议的主要是非法和强制性征地，农民控告的对象主要是市、县政府”。由此可见，土地的集体所有制的受害对象主要就是农民，而继续实行这种所有制也是从根本上不利于社会稳定的，并与建设和谐社会的宗旨背道而驰。[①]

正是因为城乡分割的二元分层体系，农民永远处于二等公民和劣势，既享受不到良好的医疗保障，也享受不到起点公平和机会公平，养老保险制度也是刚刚开始。所以许多人被迫去当农民工，在金融危机的逼迫下，返乡的农民工一旦找不到工作，就真正成了所谓的“游民”了，这是影响中国社会稳定的潜在因素。

自20世纪50年代中期，一直到1979年，甚至可以说一直到今天，中国一直奉行着比较严格的户籍制度。按照这种制度，一个人一旦在某地注册了户口，那么，迁徙他地就是十分困难的事情了。当然，这里是指从边缘区域向中心区域的迁移十分困难，从中心区域向边缘区域的迁移并不受到限制。当然，没有人愿意这样迁移，因为这样的迁移会被定义为社会地位的下降，俗称“下放”。户籍制度最主要的方面就是将人群分为两类：城市户口和农村户口。而所有持农村户口的人均被称为农民，尽管他们中有些人并不从事农业生产劳动。对于中国的农民来说，户籍身份的改变极为困难，他们极难进入城市身份群体。

户籍制度是中国大陆社会分层体系的重要内容，其基本特征之一就是对于城乡人口迁居进行非常严格的控制。目前，在世界上，像中国这样实施如此严格的户籍制度的国家并不多见。前苏联在解体以前曾经有过相似内容的户籍管理，但是也没有像中国这样严格，随着苏联的解体，该制度早就瓦解了。

户籍制度建立以后，起到了两个最主要的社会功能：第一是使得革命以后的经济分配、资源分享的秩序得以维持。如前所述，中国在尝试打碎了阶级的实验以后，需要用“非所有权”的手段来维持经济秩序，而户籍制度是“非所有权”式的、比较有效的屏蔽手段。第二，依靠户籍制度阻止农民进城，在这一前提下，实行了向城市工业发展的倾斜政策，完成了工业发展的原始积累。户籍制度的本质是一种身份制度。当然，构成当时中国身份制度的不仅是户籍，除了户籍制度外也还有一复杂而又相互匹配的身份体制，比如根据参加工作时间、级别、工作单位性质

---

① 《凤凰周刊》2005年3月5日总第176期，于建嵘《转型中国的社会冲突——对当代中国工农维权抗争活动的观察和分析》一文。

以及家庭出身等进行筛选的体制。总之，到了 50 年代中期，这样一套非财产所有权型的社会分层，已经形成了一套比较稳定的制度体系，并一直持续到 1979 年的改革开放以前。对于这套以户籍制度为核心的社会分层体系，我们可以称为“身份制”。[①]

我们知道，作为城市市民，他们常常通过变换工作实现地位上升；与市民相比，农民工的职业流动更为频繁，然而，流动的结果却相反，农民工虽然频繁换工作，但是他们在城市单位中的工作地位、职业地位却始终没有什么变化。为什么农民工的职业流动并不能带来职业地位的上升呢？这里面起作用的又是户籍制度。我们知道，农民工没有城市户口，他们在城市的就业单位就不能成为正式工人，而只能是临时工。所以，尽管农民工频繁地更换工作，但是其地位却始终没有上升。根据第二次全国农业普查结果显示，2006 年农村外出从业农民工达 1.32 亿人，占农村劳动力资源的总量的 25% 左右。如果再考虑在本地从事非农业的大约 8000 万～ 9000 万农村劳动力，则转移到非农业部门就业的农村劳动数量在 2.1 亿～ 2.2 亿之间，已超出农村劳动力资源总量的 40%。[②]

正如国家统计局农村司副司长盛来运先生所说：“中国特有的户籍管理制度限制了劳动力迁移的自由，强化了工业对农业、城市对农村的剥夺；隐藏在户口制度之后的就业、医疗、教育、住房等一系列城市偏向性的社会保障制度加大了农民进城的堡垒和迁移成本；城市福利制度的剥离程度和市场化程度决定了户口开放的程度。城市福利住房的排他性和商品房的外部性使得绝大多数的农民工望楼兴叹，即使在户口制度有所松动的城市，农民工较低的收入水平和城市高涨的房价仍然将广大农民工拒之城外，不合理的住房制度是当今阻挡农民工进城的最大制度障碍……”[③]此外，针对我国城镇和农民的基本养老保险制度陆续启动，但由于基金收入不抵支，也再一次陷入困境。[④]农村不容乐观的卫生状态也

① 《农民工与中国社会分层》，李强著，社会科学文献出版社 2004 年 12 月版，第 29 ～ 31 页。

② 《流动还是迁移——中国农村劳动力流动过程的经济学分析》，盛来运著，上海远东出版社 2008 年 8 月版，《序言》第 1 页。

③ 《流动还是迁移——中国农村劳动力流动过程的经济学分析》，盛来运著，上海远东出版社 2008 年 8 月版，第 4 页。

④ 《可持续发展的中国城镇基本养老保险制度研究》，刘昌平著，中国社会科学出版社 2008 年 11 月版。

威胁着农民的健康，清洁水源相当匮乏，目前，全国 70% 以上的河流湖泊遭受不同程度污染，COD 排放总量水平高于环境承受能力的 40% 左右，因污染而不能饮用的地表水占全部监测水体的 40%，流经城市的河段中有 78% 不适合作为饮用水源，近 50% 的地下水受到污染，全国有 3 亿多人饮用水不安全水。[①]土壤污染也形势严峻，据调查，中国受重金属污染的耕地达到 2000 万公顷以上，受农药和其他化学品污染的农田数约 6000 多万公顷。云南安市县草铺乡柳树村（行政村）总面积为 10 万平方公里。村里有 256 户，664 人。该村交通便利，有丰富的磷矿。1989 年，村里的大部分土地被占用，作为云南黄磷工业基地的建设用地。随着黄磷厂投入生产，环境污染便接踵而来。村里牛羊经常无故死亡，剖开后骨头都发黑了。田里大豆也不生长，收成很少。200 年，因厂里的有毒物质泄露，六个鱼塘中的鱼几乎全死光了。柳树村的人到集市上卖东西，只要被知道是柳树村的，东西就卖不出去。虽然村里人还没有出现与家畜相类似的症状，但谈及黄磷厂正不断扩大生产时，村长表现出万分的忧虑："村里老人无所谓了，但孩子们在这样的环境里长大，保不准将来会有什么不良的影响。"空气污染日益严重，农村卫生条件依然较差，导致了疾病发生呈明显上升趋势，部分病种高发的慢性病和传染病也不断攀升，高昂的医药费加重了家庭经济压力。[②]

早在 1927 年，我国伟大的教育家陶行知先生就提出了"如何教农民出头"这一命题，到现在这仍然是个问题。正如杜润生先生所说："我不是什么经济学家。我一生都重视调查，大部分时间都是在颠簸的路上。我在农村问题上有一条原则：尊重农民，让农民真正解放。"金融危机给返乡的农民雪上加霜——想走，却不知去哪里；留又不会也不想学耕田犁地，要不就要和留在村里的中老年抢工作。

"如果我不去打工，生活会更糟糕。"问题是，出去打工又会怎样呢？

---

① 参见《科学时报》2006 年 7 月 24 日版，王五一、杨林生文，《农村环境与农民健康："三农"问题的重要症结》。

②《中国农村卫生调查报告》，韩俊，罗丹等撰，上海远东出版社 2007 年 1 月版，第 12 ~ 19 页。

四、不容忽视的“三工问题”①

三工问题是指“传统老工矿区”、“下岗职工”和“进城农民工”这三项全国性的城市重大经济、社会和政治问题。可以预测在近几年内，三工问题将会更加严重地表现出来。

下岗职工问题也是国企改革和传统老工矿区衰落的结果，在较发达的地区也是进城农民工冲击的结果，现在似乎早已不成为什么问题了，因多年的存在已让人熟视无睹了，再加上媒体的片面宣传粉饰太平，压抑和淹没了弱势群体的呐喊与呼声。我们在这里强调这个问题的严重性不仅是出于对人民苦难的同情，更是出于对政治稳定、社会进步、经济健康发展（区别于可持续发展）的深深忧虑。

无论是在计划经济还是在市场经济制度条件下，经济发展（GDP 的增长）与社会就业往往并不同步，特别是在中国这样处于体制转轨的社会大变革时期，13 亿人口（客观的真实统计有可能否定这个数字）的特别巨大的就业压力将会是长期（至少是 50 年）悬在中国社会头上的达摩克里斯剑。这样一方面我们在 50 年内不会忘记毛泽东和马寅初，他们至少 50 年会活在我们的心中；另一方面每一届政府和民众每一年每一月每一天都要面对这个重大的民生问题。青年毛泽东说：什么问题最大？吃饭问题最大。这是最大的民生问题。

“下岗职工”的概念有很大的中国特色，从官方的解释看是指 40 岁以上原来在岗的国有企业职工，但这只是片面、狭义、模糊的概念。但从广义的下岗职工概念看，即全国城镇无岗的劳动力人口的角度看，则人数达到几千万，这些人在传统中国社会被认定为“无业游民”。在中国 2000 多年的专制社会里，历代统治者对“无业游民”问题都是既非常重视又非常头痛的。但像今天这样庞大的“无业游民”规模和无产阶级

① 本文写于 2004 年 5 月 20 日，未发表过，系好友张平转来，有删节，特此引用。原作者北京大学国情研究中心“三农与三工问题研究课题组”沈明明、杨百撰、李克力等，谨致谢意。

文化大革命一样，都是“史无前例”。历史上的“无业游民”基本上是失去土地和脱离土地的农民。而今天的“无业游民”则是新时期更大规模的井冈山会师，即城镇“无业游民”和农村“流民”在城镇的会师。现在是两股人数都在几千万之众的“无业游民”沧海横流在大、中城市里，既无“安居”也无“乐业”，在几乎所有百姓都能感受到暗潮汹涌的时刻，“方显出英雄本色”的时候也就为时不远了。何为暗潮汹涌？遍布全国的假冒伪劣已经从个别产品发展到一切行业了，形成第二市场经济体系，或者叫二渠道，或者叫地下经济，也有人称为灰色经济（但最准确的定义是第二市场经济体系）。包括了色情业、毒业（种毒、贩毒）、赌业（与娱乐和行贿、受贿交叉在一起）、盗业（盗什么的都有）、倒业（倒批文、倒火车票、倒文物、倒医院挂号、倒留学倒人口……）、骗业（假风水、算命、碰磁、扎款……）、乞业、顶业（顶考、顶债、顶罪、顶责、顶工……）、托业（婚托）……众多谋生之道如雨后春笋般涌现出来，野火烧不尽春风吹又生，体现出强大的可持续增长态势。两个市场经济体系的共存共生形成鲜明的中国特色，至于叫什么名字并不重要。第二市场经济不仅在大、中城市里存在，在农村具有更大的市场，相继被媒体曝光的假烟、假酒、假奶粉、假农药、假化肥、假种子、假课本、假盐……大多数发生在农村。被曝光的只占极少数。第二市场经济体系的大本营往往设立在城乡结合部，那里面向城乡两个市场，由于人员更为复杂便于掩护生产。第二市场经济目前容纳了几千万人就业（尽管国家统计局尚未纳入统计，却无法否认它的存在）。相反，随着加入世贸组织，资本市场的国际化和多元化，市场经济的发展，生产的规模扩大和技术含量的提高，劳动用工的总趋势是不断减少，反过来失业大军将不断增加。劳动力市场供求矛盾在两三年之后将会达到一个新的高峰，这是一个引发社会地震的事件。

为什么会出现这种局面呢？原因很简单，目前国家制定的产业政策有很大的失误，扶植的重点产业只能发挥出快速增加 GDP 百分点的作用，例如高科技的电子信息产业、汽车产业、生物工程、重化工业、房地产业等。举例说汽车产业三年后势必引发厂家的倒闭、兼并导致大批工人下岗。房地产的前景也不妙，就全国总量而言商品房过剩已较明显，近年来房价大幅攀升，并不是由于需求旺盛，而是成本上升，反过来，消费者在“买涨不买落”的心理作用下发生抢购，这是一种不能持久的虚假繁荣，衰败期快到了。再加上“车贷”、“房贷”的门槛提高因素，病来如山倒，“雪崩”一定会发生。入世前两年人们说“狼来了”，入世后到现在“狼”一直没有来，许多人以为“狼”不会来了，难道“狼”会害怕中国人吗？

入世以来，大批外资进入中国（这当然是好事），加剧和加快了供给与需求的矛盾，投资量大规模增加但并未带来就业的相应增加（当然，外商没有替你解决就业的义务）。产出量是相应增加了，市场竞争更为激烈，风雨飘摇中的国企垮台得更快了。

现在中国每年有 2000 万人进入就业年龄，无论城镇还是农村均是人满为患，从大江南北到长城内外的农村，现在很难看到 30 岁以下的青年人在田间劳动，干农活已经引不起青年农民的兴趣，外面的世界更精彩，存在决定意识，大城市的高楼大厦与穷乡僻壤形成的巨大反差决定了农村青年心理上的巨大失衡，女青年宁愿进城去给人捏脚、按摩、当三陪、当二奶……忍受各种屈辱也不愿呆在农村，有些人为了彻底跳出农门，不惜在城里找老头、找残疾人、当二奶……在相当普遍的程度上，农村被青年认为是永不得翻身的枯井，在许多地方男青年不出去打工会被别人看不起，视为无能。

随着人权状况的进步和加入世贸后普惠制的逐步推行，大、中城市劳动力市场上的竞争愈演愈烈，劳动力的价格愈降愈低，人们普遍感觉到是人愈来愈不值钱了。就农民工而言，每月 300 块的收入比在家种地要强。因此，进城农民工在就业市场上呈现出“农村包围城市”的战略态势。

可是对于有着 10 亿后备军的进城农民工来说，大、中城市就业蓄水池就显得过于狭小了。这个蓄水池并不单属于进城农民工，下岗工人也在里面抢。形成了中国经济的有趣现象，一方面是 GDP 多年保持高增长，媒体一片乐观；另一方面是就业形势愈来愈严重。“发展才是硬道理”这句名言国人讲了 30 年，许多人认为发展了，一切问题自然会迎刃而解。

“硬道理”必然会导致把 GDP 增长数字作为衡量业绩的主要标准（前些年一直是这样做的），而不利于经济的健康发展，并掩盖许多弊病的及时诊断与纠正。中国国情与西方有很大不同，如果盲目模仿既是可笑的也是要栽大跟头的。

中国的不同在于，经济危机的表现方式与动因不同。这个区别是非常巨大的，意义是重大的。其中最重要的就是两点，一个是危机（发展之后的危机）来自就业的巨大压力。另一个是发展的制约来自资源的不足。早已经暴露出电力、石油、煤炭、运力……粮食的不足，早已存在木材、钢铁、水资源……的不足。而在西方国家工业化道路进展中，由于存在一个殖民地历史阶段，前述问题或者不存在，或者不严重。

西方早期工业化时期，伴随着劳动力严重不足，才产生相当长的贩卖黑奴时期，这是因为工业化自发带动原有产业结构的变动与失衡，在一定时期内工业化发展造成了农业和第三产业的就业严重不足才引发了贩卖黑奴。但这并不否定工业化自身的重要规律：高效率的大规模生产将减少相应的人员就业。这是一种剪刀差效应，效率愈高规模愈大则人力用工愈少。工业如此，农业也是如此。中国农业自包产到户的自然经济经过 30 年的改革开放，正在缓慢融入市场经济体系中来，加入世贸后融入的速度加快了，科技含量、规模化、效率化的程度都在缓慢提高。但同时却在以几何比例吐出剩余劳动力，在原来的人民公社大锅饭时代，农村劳动力的过剩就非常严重，只不过严重的问题被掩盖住了。30 年的改革开放使几千万农民变成了城镇户口，这是巨大的成果。由于过剩的劳动力相比较取得的成果更加巨大无比，问题反倒更突出，形势更加严峻了。

在制定经济发展战略的某个阶段内，可以“让一部分人先富起来”，但绝不能只让一部分人抱有希望。新思路应该给下岗职工希望，给进城农民工希望，给传统老工业基地希望，给三农希望，如果没有希望，就会产生失望并导致绝望，在绝望中挣扎，一有机会就可能铤而走险。

今日之中国，正面临盘古开天地以来之前所未有的大变局，这句话在清末时就有人说过了，可是在 100 多年后的今天这句话仍然未过时。清末时的大变局是中国人面临亡国灭种危险和推翻帝制的大变局；今天的大变局是实现工业化，从传统的农业社会向现代社会的大变局。是 3 亿人带动 10 亿人转变的大变局。何况这 3 亿人并不是健康良性可持续发展的整体，其中下岗职工（包括所有家属和所有失业人员的大概念）达几千万人之多。就业前景十分严重。一方面是经济仍在不断向前发展，另一方面却是失业人数不断增加，形成大致的剪刀差（或者说是双轨制和二元社会），这是中国区别于国际社会和其他发展中国家最主要的特殊性。特别是当前中国正逐步融入全球经济一体化的进程中时，更应时刻关注自身的特殊性，从实际出发，实事求是地对症下药解决经济的制约和瓶颈问题。

老工业基地问题在东北地区与关内地区既有相同点又有不同之处。相同点在于，下岗问题在老工业基地（城市）表现得更突出、更尖锐、更复杂。由于大锅饭、计划经济时期的重复建设等历史原因，往往形成一家子一家子同在一个企业里就业的近亲繁殖的行帮现象，企业垮掉后全家都下岗。特别是当年依托单一产业形成并发展起来的老工业基地(城市)，工人下岗后“再就业工程”相当于说胡话、说昏话。当地政府也是没办法，财政非常困难，各地公务员的工资往往都不能按时发放，巧妇难为无米之炊。不同点在于，在东北往往是近距离之内几个老工业基地城市连接在一起。例如在黑龙江鸡西、鹤岗、双鸭山、佳木斯、牡丹江等；在辽宁本溪、沈阳、抚顺、辽阳、鞍山、营口、盘锦等。除了沈阳、长春、大连、哈尔滨这些大城市外，其他城市的进城农民工比例很低，一般而言 300 元的月工价当地人都抢着干了，农民工只能干黑行业和更下贱、更辛苦、更危险的工作。而在关内的老工业基地（城市），虽然分布较为分散（相比东北而言）但大多占据在交通战略要道上。例如：河北的唐山、张家口；山西的太原、阳泉、大同；河南的洛阳、安阳、新乡、开封；安徽的两淮、马鞍山；广西的柳州；陕西的汉中、咸阳；内蒙古的包头、赤峰、海拉尔；湖南的岳阳、株洲；江西的九江、景德镇；湖北的十堰、宜昌、大冶等。非常严重的失业率造成了一系列的问题。由产业结构的变化引发出经济结构、社会结构、就业结构、人口结构都发生了很大的变化。第一市场经济体系与第二经济体系交叉在一起，勾结在一起，重叠在一起，形成显著的中国特色的“混合经济”。

在老工业基地（城市）里逼良为娼、逼良为盗、逼良为黑早已成为一定程度的普遍现象。老百姓戏称某些老工业基地为“敌占区”、“匪区”、

“特区”。实质上是中国躯体上的“癌变区”。如果没有大手笔、大动作、大思路，而只靠目前的发一点救济款、上几个项目、过年送温暖、减免点税收就想盘活老工业基地，那是痴人说梦。

五、中国向何处去

2008年是个意味深长的年份，全世界都遭到了危险。

改革开放30年，中国人民创造了奇迹，经济总量增长了十几倍，增长率居世界之首，令全世界对中国刮目相看。改革曾是共识，现在却出现了社会的严重分歧。普通老百姓关心的不是姓资姓社的争论，而是大多数人是否在改革中受益。在市场改革中痛失了旧有权力的一小批人，打算劫持民意，左转再左转，把车开回权力代替市场的旧体制。在市场改革中没有如愿捞得更多的另一些人，希望车头右转再右转，走上一条财富支配权力的新道路。两个旗号截然不同，两条道路却几乎是殊途同归。旗号可以是社会主义或者是资本主义，但本质上却是权力垄断或者是市场垄断。两批人的背后，也都跟随着失望和迷惘的人群。机遇与挑战并存，又到了给自己动手术的时候了。中国向何处去，这是每个人不得不面对的问题。

考察一个国家和社会之进步，也许我们只需要两个指标就够用了：其一为“效率”，其二为“分配”。1987年，中国的GDP为3645.2亿元，2007年为246619亿元，增长了67.6倍。剔除了物价因素，大致增长了15倍。同期，城镇居民人均可支配收入从343.4元增长为4140元，增幅分别为大致40倍和30倍，剔除物价因素，一个增长了大约9倍，一个增长了不到7倍，而且城镇居民的收入基数要比农村居民高，而且增速也快。[①]那么，为什么还会出现“内需不足”呢？最直观的解释就是“我们的生产能力超过了我们的消费能力”，或者说中国的GDP增速超过了

① 另外还有一个数据，在过去30年间，人均收入的增幅在递减。全部资料来源于《南方周末》2008年12月18日版，《三十年中国人收入流变》一文，作者陈涛。

人们收入的增幅。问题就出在分配不公上。如果这一观点成立的话，我们就能得出这样一个结论：中国人每创造 100 元的财富，个人能拿到的只有 45.4 元，23.1 元流入国家财政，31.5 元变成资本和存货（其中 7 元流出国外，变成中国的资本输出）。这一现象的后果是，导致了所谓的“国进民退”。正如一些经济学家预言，国民若不能分享经济活动之增长，一方面会导致“内需不足”，另一方面会加深社会冲突。税赋过高，在分配上过多地向资本倾斜，缺乏公正的机制，不容易形成和谐的社会局面。

政府已意识到“国进民退”的危险性了，已于 2008 年 11 月上旬出台了十项扩大内需的措施，准备于两年内投 4 万亿拉动内需。[①]美国哥伦比亚大学地球研究院院长杰弗里·萨克斯参加了题目为“全球经济动荡及环境挑战背景下的中国”的国际研讨会，并接受了《南方周末》记者的采访。他说：“中国经济要想转型，就要更多地依赖国内消费，而不是仅依靠出口，因为我认为中国在增强国内需求方面比增强出口方面潜力更大。”在未来 40 到 50 年间，中国可以加快城镇化的步伐，因此有很多余地来进行投资，而且也有机会走向更环保、更高效的城市型经济，比如说对清洁水、清洁空气和可持续能源以及可持续的运输方面，进行更多的规定。这对中国社会来说是很大的增值，因此不是浪费钱……但是无论是中央还是地方，重要的挑战还是长期投资，比如公共交通、公共住房、污染控制、可持续的能源系统等……当中国政府宣布 4 万亿人民币的投资计划时，可以说是一个很好的计划，但这不能只是一次性的，而应是一个长期的公共投资计划，一个更高层次的公共投资起点……至于 4 万亿能否传导到中小企业的问题，我想说的是，4 万亿将创造直接的工作机会，也间接地刺激了经济，这一点是肯定的。这种间接的利益可能不是中小企业最需要的，因为中小企业目前最需要的是减轻资金压力。”杰弗里的发言中还提出了一个这样的建议：“如果美国消费者和中国消费者一样，把工资的 40%、50%、60% 都存起来的话，那美国消费

---

① 十项措施包括：加快建设保障性安居工程，加快农村基础设施建设，加快铁路、公路和机场等重大设施建设，加快医疗卫生、文化教育事业发展，加强生态环境建设，加快自主创新和结构调整，加快地震灾区灾后重建各项工作，提高城乡居民收入，在全国所有地区、所有行业全面实施增值税转型改革，鼓励企业技术改造，减轻企业负担 1200 亿元，加大金融对经济增长的支持力度。资料来源：《新京报》2008 年 11 月 10 日 A04 版，“扩大内需 10 措施之动态”。

者就不会面临现在的困境了。所以我觉得中国和美国消费者应该互相学习……中国的消费者应该花更多的钱……”其实，提这个可笑的观点的人很多[①]，谁不喜欢花钱啊？关键是中国13亿人口，8亿农民连基本的住房、上学和医疗都保障不了，怎么花钱、怎么敢花？中国两极分化严重，有钱的人也舍得花钱，而且还花钱如流水，高级车、豪华别墅、房地产，这不就是造成泡沫了，真正需要住房的人却买不起房。这是个令人深思的问题。

在这次研讨会上，国家发改委副主任朱之鑫言及：“我们既要解决眼下近忧的问题，也要谋划好中国中长期发展的远虑问题，不但要解决好眼前中国发展所面临的困难和矛盾，更要着眼于增强中国的可持续发展能力……中国的发展还存在着明显的经济发展这条腿长，而社会发展这条腿短的问题，而一个瘸脚的人是难以成为优秀的运动员的。”花旗银行亚太区首席经济学家黄益平指出，4万亿计划中，更重要的内容或许并不是与钢筋水泥相关的建设项目，而是“把更多的钱投在社会福利体系上也许更好”，只有这样，在经济下滑中，将遭受最大冲击的民工等低收入人群将可能在政府帮助下熬过艰难时期，而从长期而言，中国的经济增长才有可能主要由国内需求支持。黄益平认为：“如果我们把4万亿，或者说各省提出来的投资建议25万亿中的大部分都花到社会福利体系，给民工提供保障，那么即使是经济增长速度下来了，低到4%、5%、6%，社会还是可以稳定的。”清华大学公共管理学院院长薛澜并不担心刺激经济计划的实施，各级政府的增长冲动使中国有了30年的成就，但现在是转变增长方式的时候了。他的忧虑在于：“我们的整个经济社会系统，对不同的政策反应是有选择的，选择往增长型的方向走，对于规制型的则有很强的抵制，如果没有制度上的创新，我们长期的转型很难实现。”[②]而在此之前的2008年岁末，分别代表官方和民间的中国两大智囊机构——中国社科院世界经济与政治研究所和北大国家发展研究院

---

① 《南方周末》2009年1月1日版，发表了得州太平洋集团董事总经理单伟建的一篇文章，名为《学会花钱》，文章认为：贸易创造价值，全球化势不可挡。美国人少花点钱，中国人多花点钱，是解决全球经济危机失衡的最好办法。

② 《南方周末》2009年1月15日C14版。

首次聚在一起，讨论中国走出困境的种种可能。这次会议的结论是：不补出口，不刺激房地产投资，不能无限制地刺激固定资产投资；要补人，要大幅减税，要放松服务业市场管制，要让汇率利率更加市场化。大致内容如下：

不补出口：现在，美国等这些靠资本流入来保持经济增长的国家都已经不愿再过度消费，各国已经没有更多的能力来吸收中国如此庞大的出口产品，因此中国依靠外需来拉动增长的方式已经不可持续。中国通过人民币贬值和出口退税刺激出口只能是恶化贸易条件，对于增长出口没有什么帮助。

而且，出口退税中有一半以上实际上补贴给了外国消费者。

不刺激房地产投资：尽管可以通过支持房地产扩张来维持经济增长速度，但中国房地产投资占GDP的比例已经大大高出过去100年当中日本和美国的最高峰。不管房地产有没有泡沫，这里有一个资源配置问题。我们不能将这么多资源用于房地产建设，与医疗、教育、环境、科技等比较，房地产投入的资源已经过度。中国经济的可持续增长不可能建立在钢铁和水泥之上。

不能无限制地刺激固定资产投资：除了铁路建设和能源方面的投资，中国扩大投资的余地有限。我们应该看到，中国的投资占GDP的比例已经是全世界最高的，中国原来就是因为投资增长率过快、投资占GDP的比重过高而导致了严重的产能过剩问题，我们不能让这个问题进一步发生。

要补人：如果将原定用于出口退税的资金用于政府支出或者对居民进行转移支付，则对国内收入和GDP的促进作用将大幅度提高。

或者将对出口企业的财政补贴直补农民工。

在市场需求已经大幅度萎缩的情况下，补企业不如直接补给工人。1998年的经验，补工人所花的资金量远少于补企业。建议政府考虑对返乡农民工直补，见一个发一个，先发六个月，六个月之后如果形势还不好继续发三个月。这种办法比干预价格参数或对银行施加放贷压力要好。

要大幅减税：可考虑果断将增值税的整体税率大幅降低，而不仅仅是现在的允许企业抵扣新购入设备所含增值税。同时，大幅降低进口税，减少贸易顺差。所得税方面也需要采取措施。如果没有把握，大幅度减税可以暂定实行一年。

要放松服务业市场管制：台湾王永庆2000年就想在北京办一个5000床位的医院，结果到今天也没有办成；但是他要办石化或其他工业项目，从上到下都得到热烈欢迎。这说明，很多可以投资的领域并没有放开。为什么一段时期以来，推进市场准入的改革动力不足？因为仅仅制造业出口就把GDP增长率推高到了12%，哪里还需要改其他？

其实，在医疗、卫生、社保、教育、铁路、快递、金融等服务业部门蕴藏着巨大的投资机会，政府需要放松对这些部门的市场准入，以拉动消费和就业。

要让汇率利率更加市场化：过去几年中国经济高增长基础不稳的一个制度原因就是人民币汇率机制问题。如果要总结经验教训，倒应该说，人民币升值升晚了。现在看，主动早调整付出的代价小，被动晚调整的痛苦更大。

另外，只有利率更加市场化，才能过滤掉不好的投资项目，提高经济效率，同时避免房地产需求的大幅波动对经济造成的震荡。

虽然目前经济面临短期收缩压力，但是我国经济仍处于工业化、城市化推进阶段，基本面条件没有根本改变。如果能利用目前全球再平衡的机会，将短期应对措施与涉及政策基础的中长期改革有机结合，推进经济结构的重新调整，中国完全有能力应对目前的挑战，并使经济在下一阶段健康、稳定地增长。①

座谈会上，许多人的发言直面中国的危机：

易纲（央行副行长）：中国是这一轮经济全球化最大的受益者。过去10年尤其是过去5年，中国的经济增长率、财富增长率、人民的福祉、通货膨胀、贸易顺差等几乎所有指标，除了环境，都是提高得最快的5年。这5年也是中国崛起速度、国际地位提高最快的5年。“悲惨的2万亿”

---

① 参见《南方周末》2009年1月8日版，《刺激内需的另一种可能》，邓锦、肖华文。

也就是发生在这 5 年，从 2000 多亿美元增加到 2 万亿美元。我觉得，中国不能什么都要。

第二，除了高增长外，可以这么说，综观全世界，这次危机打击相对比较轻的是中国。中国能比较好地抵御这次危机，比如人民币没有发生大的波动，和这 2 万亿美元是有关的，我们也要看到汇率相对稳定的所得，除了滤掉噪音之外，我们要知道中国凭什么让全世界对人民币抱有稳定的信心！

姚枝仲（中国社科院世经所研究员）：外部需求变化主要由外部收入变化和外部价格变化两方面引起。通过对中国 1992 ~ 2006 年的数据研究，我们发现外部价格每上升 1%，出口就上升 0.46%，外部收入每下降 1%，出口就下降 4.7%。

也就是说，当外部国家人民收入下降时，中国出口将显著受影响。但是中国出口产品价格降低导致出口上升的可能性非常小，这是因为中国产品在海外市场上面对的是“自己人”的竞争，而不是与其他国家产品的竞争。

这也意味着，出口退税政策中的一半以上实际上补贴给了外国消费者。而即使通过种种补贴降低价格，对出口的拉动作用也非常有限。不如将原定用于出口退税的资金用于政府支出或者对居民进行转移支付，对国内收入和 GDP 有更为明显的促进作用。

卢锋（北大国家发展研究院教授）：消费通常比较稳定，中国消费比重过低的经济结构导致宏观经济面临外生冲击时波动更为剧烈。

我国消费占总需求比重多年持续下降，近年只有 50% 左右。尤其居民消费仅为 36%，可能属于世界最低之列。

这是因为，过去数年，中国居民收入比重和消费倾向“双下降”，而企业和政府收入比重及其储蓄双双增长。

这种现象的出现，与两个领域改革滞后有关。一是向公共财政体制转型改革相对滞后：税收超常增长，民生性支出比重增长相对滞后，具有提升储蓄率作用。二是近年垄断改革乏力，一些宏观调控措施加大准入限制，导致国有企业垄断利润超常增长和储蓄率过高。数据显示，近年国有企业利润七成左右来自“石油天然气”和“电力热力”等四个行政垄断和准入限制较多部门。

张斌（中国社科院世经所研究员）：中国经济非常独特。从供给角度看，工业占 GDP 的比重不仅大大高于同等收入水平国家，也高于当初美日韩等重工业发展阶段。而服务业在 GDP 中比重非常低，只有 41%，世界平均水平是 59%，发达国家超过 70%。

低估的汇率、投资办厂的优惠……由于激励机制与政策扭曲，我国经济资源过度流入资本密集度高的工业部门，收入分配朝着有利于资本但不利于劳动的方向倾斜，利润比工资增加更快，消费在 GDP 中的比重就会下降。

如果经济结构得不到尽快改善，那么内需将会持续不足，对外依存度还会提高，经济增长与福利改善之间的距离会越来越远，中国的经济增长最终会丧失根本的动力源泉。

如果能推进政府部门相关激励机制和政策的改革——比如放松服务业部门的市场准入，由市场来调节资源在制造业与服务业之间的分配，那么此次经济下滑会为下一轮发展奠定良好的基础。如果政策重点是一味地保护 GDP 增长，不能有效地解决结构性失衡，中国经济即便在 2009 年有些恢复，新一轮发展也难见曙光。①

综上所述，改善中国经济结构的核心是激活民营经济、激活中小企业，用合理的产业政策还富于民，扩大我国中产阶级的比重，这样才能真正地“扩大内需”。所以，有人提出“中国病”的总根子还在于“中国粗放规模式”的铺摊子、上项目，刺激经济勿忘民营经济。②

2009 年 1 月 1 日，《南方周末》登载了名为“2009 开年十大猜”的系列文章，预测中国社会 2009 年将有可能发生的事情，提出了如下十项

---

①《南方周末》2009 年 1 月 8 日版，《为什么这个冬天特别冷》一文，记者肖华、邓瑾。

②《经济观察报》2008 年 12 月 1 日发表社论《刺激经济勿忘民营经济》，文章指出：从已公布的 4 万亿项目看，无论是铁路、公路或者机场建设，乃至一些能源项目，国有企业尤其是中央企业分得了更大的蛋糕。现在拉动中国经济增长的主动力是民营企业，民营经济在 GDP 中所占的比重超过 60%，新增就业大部分是在私营部门。而民营企业大多分布在制造业和第三产业，能够吸收大量的就业。刺激经济最重要靠落实到消费上来。如果民营经济还处在边缘化状态，失业问题将更加严峻。对于民营企业，除了救急，还应一劳永逸地解决融资难题。银行系统和金融业应该大幅度调整信贷政策，产业政策上也要破除“玻璃墙”现象，该是为民营经济大门洞开的时候了。

猜测：

一、国庆大阅兵会无与伦比吗？

二、GDP增长能“保八”吗？

三、农民工、应届大学生会“家里蹲”吗？

四、个税起征点还能上调吗？

五、股市、楼市会触到大底吗？

六、陈水扁会蹲监狱吗？

七、全国能统统取消农业户口吗？

八、群体事件会越来越少吗？

九、中国还不会放开生二胎吗？

十、2009年会是很闷的一年吗？

这些猜想代表了《南方周末》对社会问题的责任，虽然有些猜想很敏感，虽然有些猜想根本不可能，但也暗含了一种殷切的期望，比如取消农业户口和放开生二胎。但是，从政治学层面来说，中国最重要的有两大问题，一个是中国法治的进程，二是如何妥善处理愈来愈多的群体事件。因为无论是食品安全、药品安全，还是“官员问责”，都离不开法治。而“杨佳事件”、“6·28瓮安事件”、“7·19云南孟连事件”则提醒中国的公务员，在法治的轨道上要增强处理突发事件的能力，愈来愈多的群体事件证明了我国政治体制的缺陷和社会矛盾的激化，这对执政党是一个巨大的考验。2008年岁末，先后在重庆、海南三亚市等地发生了出租车罢运事件，在政府及有关部门的高度重视和积极回应下，各起罢运事件很快平息。受到罢运事件的触动，有关方面迅速启动问责机制，并就出租车行业的管理体制、司机维权等问题，着手建立协调协商的长效机制。出租车司机提出的一些合理的利益诉求得到了维护，同时也有效推动了政府的工作，这样的情形，应该说是比较令人满意的。[①]正如汕头市副市长所言，“当前交通运输市场存在的问题，反映了其职能部门、执法部门管理的失职和不作为，反映工作上存在办事不廉、执法不公。此次事件

---

① 《经济观察报》2008年12月1日版，潘洪其文《“一闹就重视”是恶劣暗示吗》。

也反映出管理部门存在对非法营运打击取缔不利，也不排除存在的内外勾结、个别政府工作人员有腐败现象等问题”。

中国社科院社会学专家单光鼎研究员是这一领域的专家，长期关注这一领域，他认为：就我们的分析来看，中国现在的群体性事件尚表现为“集体行为”和“集体行动”，是广义社会运动的初始阶段。它既不是诉求明确、组织化程度高、持续时间长的“社会运动”；更不是带有鲜明政治诉求，有党派势力从中作祟的、社会危象频仍的“革命”前夜。海外有媒体渲染的“瓮安起义”、“陇南暴动”，显然是夸大其词。现有的群体性事件，大多呈现为两种形态：其一是无诉求、无组织、多带有情绪宣泄的集体行为，如前几年的万州事件（重庆市万州区一名自称局长的男子与其妻当街暴打挑夫后，引发公愤致使出现群体性事件）；其二是有明确诉求目的、组织化程度稍高一些的集体行动，其中有的事件因其持续时间较长、组织化程度高一些，已见社会运动的端倪，如前些年的汉源事件（四川汉源因移民对补偿标准有意见引发大规模群体性事件）。而有的事件起初是诉求、目标明晰的集体行动，随着其他人裹挟进去，又演变为没有目的而仅是发泄愤恨情绪的集体行为，整个事件表现为两种形态的混合体。如前两年的广安事件（因医患纠纷引发群体性事件）、大竹事件（因女工离奇死亡引发群体性事件）和去年的瓮安、孟连、陇南事件。目前群体性事件的诉求以经济、民生利益居多，且是单一议题，如提升劳动福利待遇、提高移民补偿标准、抗议企业污染环境、追索医疗责任、要求查明亲属死因、抗议客车涨价等。

这些大规模群体性事件大都没有既定的预谋，矛头也大多是指向企业、地方权势阶层和地方政府的不当之处，没有指向中央政府，更很少质疑执政党的领导权威。……

群体性事件往往援引中央政策和法律法规证明自己行为的正当性、合法性。2004年，四川汉源的农民因征地补偿纠纷在水坝工地上聚集时，打着“共产党万岁！”、“毛主席万岁！”的横幅，喊着“拥护胡锦涛为总书记的党中央”等口号。他们对时任国务院副秘书长的汪洋的到来是欢迎的。新华社四川分社的同志到村里与群众座谈，男女老少跪了一大片，企望有“青天”为他们做主。2007年厦门“散步”取得问题的妥善解决后，2008 年年初的上海市民反对磁悬浮和年中的成都市民反对彭州石化项目，参加者都力图借鉴厦门的经验；2008 年的出租车事件也明显地从一个地方迅速向更大范围蔓延开了，且还提出搞出租车司机协会，成立能代表自己权益的组织。

单光鼎研究员说：

有人说 2008 年是群体性事件最激烈的一年，这个我还在思考，倒未必是，我还不接受这样的说法。之所以有这样的说法，我想可能一方面是信息更公开了，大家看到的听到的多了，前几年也许比去年更厉害，只是没有报道出来而已。另一方面就是 2008 年出了好几个恶性的个体事件，像杨佳案等，让大家觉得好像气氛比较紧张。

我有个基本判断：我们还不能仅根据几件群体性事件，就轻言它们表明了民众对党和政府存在严重与普遍不满；也不能就此推论出中国已陷入了社会危机，马上就有发生大面积社会动荡的可能。我依然信从这样的结论："大局稳定，问题不少"。

我们要给民众一个合理表达诉求的渠道。现在是各地民众自己在寻找理性有效的表达方式，老百姓在不断"试水"，一方面，他们希望以这种无组织、有规矩的和平抗议方式表达自己的诉求；另一方面，也力求尽可能做到不违背现有的社会规制。因此创造了"散步"、"购物"、"集体喝茶"、"集体休息"等形式。这也实属无奈之举。像厦门、上海和成都都是中产阶级维权，相当理性；这次重庆出租车司机是蓝领维权。重庆人是有名的火爆脾气，但仍能做到这样理性，也很不容易。

这种方式在某种程度上也得到了地方政府的宽容。厦门散步事件得到了妥善解决；针对上海市民反对磁悬浮的散步，市委书记俞正声说"冷处理，徐图之，慎用警"；在重庆这次出租车事件中，市委书记薄熙来和行动者直接对话，解决问题；瓮安事件，省委书记石宗源三次向群众鞠躬致歉，果断免除四位县委、县政府领导。这些都是政府应对的亮点，是值得充分肯定的。省、市领导开明、亲民形象赢得了广泛赞誉。这也证明民众是可以和政府理性互动的，双方都在其中学习民主、学会妥协、学会良性互动。[①]

在一个经济不景气的“封闭”社会，如果社会没有宽松的机制和渠道让群众表达自己的诉讼和意见，就很容易发生群体性事件。如果一味地采取对所谓的“反社会行为”的镇压手段，就很容易引发“暴力事件”破坏社会的稳定与和谐。执政党应该有充分的政治自信，正确对待群众上访和维权中的弱势群体，以民主和理性解决群体事件，尤其要防范一些地方政府和官员以“维护稳定”为名，形成官官相护的利益共同体，甚至以欺骗手段威胁上级为其胡作非为形成保护伞。

具体到中国改革的文化问题，核心是教育改革。《南方周末》2009年2月5日发表了安徽高三学生章锐的文章《我被中国教育逼疯了》，直指中国的高考制度的弊端，在教育界引起巨大反响。有人认为“教育改革的主题是改革教育管理部门”，还有人“吁请全国人大掌舵教改新政”。海南改革发展研究院公共政策研究所所长方栓喜在答《新京报》记者问时说道，“医改和教改最能拉动内需”。他主张：内需不足，根在教育、医疗保障不够；投资医改和教改，比投资公路等产出更大；加大基本公共服务投资要长期坚持；实现城乡基本公共服务“均等化”，钱不是问题。他说：消费需求的长期低迷，有城乡居民收入增长缓慢的因素，但最重要的原因是城乡基本公共服务的短缺，挤出了居民的日常消费，降低了居民的消费预期。在未来子女教育、医疗、养老等方面没有保障的情况下，即使居民收入增长速度加快，也很难提高居民消费率。据测算，2005年我国城乡居民用于教育和医疗的额外支出，对其他商品和服务消费产生的挤出效应达到5810.7亿元。如果政府在教育、医疗等公共服务领域的投入到位，消费率至少可以提高4～5个百分点。我们现在面临的矛盾是过去典型的生产相对过剩的矛盾，西方克服这种危机的办法，最有效的途径就是抓基本公共服务，包括美国这样的自由主义国家也不例外，建立了比较完善的社会福利保障制度。20世纪30年代的大萧条之后西方的危机不再是过剩危机，与此直接相关。因此，这次扩大内需要兼顾

① 《南方周末》2009年15日“时局”版，《“散步”是为了避免暴力——社科院专家解析2008年群体性事件》一文，记者覃爱玲。

短期和中长期目标，应当把扩大内需的重点放在扩大基本公共服务投资上，同时推进公共服务体制创新，奠定发展型社会的制度基础。改革开放走到今天，市场经济体制框架基本建立，社会利益多元化了，从国家层面，我们没有一套协调利益关系的体制性安排。在基本公共服务供给上，城乡、地区、不同社会群体存在很大的差距，是拉大收入分配差距的重要因素，扩大了机会和能力的差距。所以我认为要启动社会体制改革，协调重大利益关系，缩小城乡地区贫富三大差距，实现经济社会协调发展，国家最起码要做的也是必须做的，就是进行基本公共服务投资，让大家都享受大致相当的基本公共服务。这样也能够避免政府过多干预市场的弊端，使政府做自己应做的事情。

加大基本公共服务投资是一项长远的事情，至少 2020 年前都应当做，真正让基本公共服务惠及 13 亿人，达不到这个不叫全面小康，在制度安排上也难以说进入现代社会的大门。

我国三大差距最主要表现为城乡差距。城乡居民实际收入分配差距在 6∶1 左右，如果农村居民享受与城市大致相当的基本公共服务，差距直接将缩小到 3∶1 左右，更重要的是，农村居民能得到更多的发展机会，提高自身素质，使得我国完成由人口大国向人力资源大国的转变。

现在农村仍然保持一家一户的落后生产，到何时才能有大规模现代农业？这是大家关心农村土地流转的重要原因。但如果农村仍由土地承载农民的基本社会保障功能，土地流转的确会出很多问题。如果能够把农民基本公共服务解决了，土地流转的社会阻力就基本排除了。这是现代社会的一个基本条件，发达国家无不是走了这条路。

十七届三中全会提出城乡经济社会一体化，二元户籍制度打破是最起码的。但户籍本身只是一张纸，城乡差别无非是基本公共服务的含金量不同。抓住了基本公共服务城乡均等化，统筹城乡发展全盘皆活。

城乡基本公共服务均等化基本上不是一个简单财政支出问题，而是一个制度安排问题。如果政府仍然是一个经济建设型政府，什么时候都拿不出这笔钱，如果在制度安排上是一个公共服务型政府，即使举债也要投资。

按照中国（海南）改革发展研究院测算，未来 12 年，将基本公共服务财政投入每年提高1%～1.4%，平均每年投入0.5万亿～0.6万亿，总计投入财政资金6.42万亿，就可以达到在2020年实现城乡基本公共服务均等化的目标，这一投入对于我国未来财政并不会构成太大的负担。

事实上，许多国家建立社会保障体制的时候，人均财政收入不比我们现在高。现在除财政比较宽裕外，许多专家也提出了许多主意，包括用国有资产充实社会保障，土地出让金等都可以用。当然，还可以发挥财政的杠杆效益，四两拨千金，吸引和鼓励民间资本投资学校医院等，不要都搞成政府垄断经营，花费会更少。这就需要启动事业单位改革等。[①]

按照《中国人类发展报告2007/08》的测算，当前中国每增加1元农村教育投资，可使农牧业产值增加8.43元，而每增加1元农村基础设施投资，农牧业产值仅增加6.75元，前者比后者高25%。可见，无论从政治层面上还是经济层面上讲，对人的全面发展是整个社会的根本，一旦对人的教育失败了，再高的经济发展速度、再高的GDP增长又有何意义？因此，我们每个人都不应该被这个野蛮的物质主义时代所迷惑，一切增长的核心是围绕人的“现代化”，我们不能再耽误我们的下一代了。人的进步是一切社会进步的根本。

---

①《新京报》2009年2月14日B05版，《医改和教改最能拉动内需》一文，记者赵继成。